JN066311

47 都道府県ご当地文化百科

北海道

丸善出版 編

丸善出版

刊行によせて

　「47都道府県百科」シリーズは、2009年から刊行が開始された小百科シリーズである。さまざまな事象、名産、物産、地理の観点から、47都道府県それぞれの地域性をあぶりだし、比較しながら解説することを趣旨とし、2024年現在、既に40冊近くを数える。

　本シリーズは主に中学・高校の学校図書館や、各自治体の公共図書館、大学図書館を中心に、郷土資料として愛蔵いただいているようである。本シリーズがそもそもそのように、各地域間を比較できるレファレンスとして計画された、という点からは望ましいと思われるが、長年にわたり、それぞれの都道府県ごとにまとめたものもあれば、自分の住んでいる都道府県について、自宅の本棚におきやすいのに、という要望が編集部に多く寄せられたそうである。

　そこで、シリーズ開始から15年を数える2024年、その要望に応え、これまでに刊行した書籍の中から30タイトルを選び、47都道府県ごとに再構成し、手に取りやすい体裁で上梓しよう、というのが本シリーズの趣旨だそうである。

　各都道府県ごとにまとめられた本シリーズの目次は、まずそれぞれの都道府県の概要（知っておきたい基礎知識）を解説したうえで、次のように構成される（カギカッコ内は元となった既刊のタイトル）。

Ⅰ　歴史の文化編
　「遺跡」「国宝 / 重要文化財」「城郭」「戦国大名」「名門 / 名家」
　「博物館」「名字」
Ⅱ　食の文化編
　「米 / 雑穀」「こなもの」「くだもの」「魚食」「肉食」「地鶏」「汁

物」「伝統調味料」「発酵」「和菓子／郷土菓子」「乾物／干物」

Ⅲ　営みの文化編

「伝統行事」「寺社信仰」「伝統工芸」「民話」「妖怪伝承」「高校
野球」「やきもの」

Ⅳ　風景の文化編

「地名由来」「商店街」「花風景」「公園／庭園」「温泉」

　土地の過去から始まって、その土地と人によって生み出される食文化に進み、その食を生み出す人の営みに焦点を当て、さらに人の営みの舞台となる風景へと向かっていく、という体系を目論んだ構成になっているようである。

　この目次構成は、一つの都道府県の特色理解と、郷土への関心につながる展開になっていることがうかがえる。また、手に取りやすくなった本書は、それぞれの都道府県に旅するにあたって、ガイドブックと共に手元にあって、気になった風景や寺社、歴史に食べ物といったその背景を探るのにも役立つことだろう。

＊　　　＊　　　＊

　さて、そもそも47都道府県、とは何なのだろうか。47都道府県の地域性の比較を行うという本シリーズを再構成し、47都道府県ごとに紹介する以上、この「刊行によせて」でそのことを少し触れておく必要があるだろう。

　日本の古くからの地域区分といえば、「五畿七道と六十余州」と呼ばれる、京都を中心に道沿いに区分された8つの地域と、66の「国」ならびに2島に分かつ区分が長年にわたり用いられてきた。律令制の時代に始まる地域区分は、平安時代の国司制度はもちろんのこと、武家政権時代の国ごとの守護制度などにおいて（一部の広すぎる国、例えば陸奥などの例外はあるとはいえ）長らく政治的な区分でもあった。江戸時代以降、政治的区分としては「三百諸侯」とも称される大名家の領地区分が実効的なものとなるが、それでもなお、令制国一国を領すると見なされた大名を「国持」と称するなど、この区分は日本列島の人々の念頭に残り続けた。

　それが大きく変化するのは、明治維新からである。まず地方区分

は旧来のものにさらに「北海道」が加わり、平安時代以来の陸奥・出羽の広大な範囲が複数の「国」に分割される。政治上では、まずは京・大阪・東京の大都市である「府」、中央政府の管理下にある「県」、各大名家に統治権を返上させたものの当面存続する「藩」に分割された区分は、大名家所領を反映して飛び地が多く、中央集権のもとで中央政府の政策を地方に反映させることを目指した当時としては、極めて使いづらいものになっていた。そこで、まずはこれら藩が少し整理のうえ「県」に移行する。これがいわゆる「廃藩置県」である。これらの統合が順次進められ、時にあまりに統合しすぎて逆に非効率だと慌てつつ、1889年、ようやく1道3府43県という、現在の47の区分が確定。さらに第2次世界大戦中の1943年に東京府が「東京都」になり、これでようやく1都1道2府43県、すなわち「47都道府県」と言える状態になったのである。これが現在からおよそ80年前のことである。また、この間に地方もまとめ直され、京都を中心とみるのではなく複数のブロックで扱うことが多くなった。本シリーズで使っている区分で言えば、北海道・東北・関東・北陸・甲信・東海・近畿・中国・四国・九州及び沖縄の10地方区分だが、これは今も分け方が複数存在している。

　だいたいどのような地域区分にも言えることではあるのだが、地域区分は人が引いたものである以上、どこかで恣意的なものにはなる。一応1500年以上はある日本史において、この47都道府県という区分が定着したのはわずか80年前のことに過ぎない。かといって完全に人工的なものかと言われれば、現代の47都道府県の区分の多くが旧六十余州の境目とも微妙に合致して今も旧国名が使われることがあるという点でも、境目に自然地理的な山や川が良く用いられているという点でも、何より我々が出身地としてうっかり「○○県出身」と言ってしまう点を考えても（一部例外はあるともいうが）、それもまた否である。ひとたび生み出された地域区分は、使い続けていればそれなりの実態を持つようになるし、ましてや私たちの生活からそう簡単に逃れることはできないのである。

＊　　　＊　　　＊

　各都道府県ごとにまとめ直す、ということは、本シリーズにおい

ては「あえて」という枕詞がつくだろう。47都道府県を横断的に見てきたこれまでの既刊シリーズをいったん分解し、各都道府県ごとにまとめることで、私たちが「郷土性」と認識しているものがどのようにして構築されたのか、どのように認識しているのかを、複数のジャンルを横断することで見えてくるものがきっとあるであろう。もちろん、47都道府県すべての巻を購入して、とある県のあるジャンルと、別の県のあるジャンルを比較し、その類似性や違いを考えていくことも悪くない。あるいは、各巻ごとに精読し、県の中での違いを考えてみることも考えられるだろう。

　ともかくも、地域性を考察するということは、地域を再発見することでもある。我々が普段当たり前だと思っている地域性や郷土というものからいったん身を引きはがし、一歩引いて観察し、また戻ってくることでもある。有名な小説風に言えば、「行きて帰りし」である。

　本シリーズがそのような地域性を再発見する旅の一助となることを願いたい。

2024年5月吉日　　　　　　　　　　　　　　執筆者を代表して

　　　　　　　　　　　　　　　　　　　　　森　岡　　　浩

目　　次

Ⅳ　風景の文化編　191

【注】本書は既刊シリーズを再構成して都道府県ごとにまとめたものであるため、記述内容はそれぞれの巻が刊行された年時点での情報となります

北　海　道

▌知っておきたい基礎知識▌

- 面積：83,456km²
- 人口：513万人（2023年現在・速報値）
- 道庁所在地：札幌市
- 主要都市：旭川、函館、小樽、苫小牧、釧路、室蘭、帯広、根室、北見、稚内、千歳
- 道の植物：エゾマツ（木）、ハマナス（花）
- 道の動物：タンチョウ（鳥）
- 該当する旧制国：なし（蝦夷地［大半］および和人地［渡島半島の南部］）→北海道渡島国、後志国、胆振国、日高国、石狩国、天塩国、北見国、十勝国、釧路国、根室国、千島国
- 該当する大名：松前藩（松前氏）
- 農産品の名産：ジャガイモ、トウモロコシ、タマネギ、ユリネなど
- 水産品の名産：昆布、ニシン、ホタテ、シャケなど
- 製造品出荷額：6兆489億円（2020年工業統計）

●道　章

明治時代に北海道の開発・開拓を担当した政府機関である開拓使の旗として用いられていた「紺地に五つの角を持つ星」をモチーフに、同じく明治時代にデザインの一案としてあった七稜星に戦後にしたもの。北海道の旗も、この紋章を赤に塗ったうえ紺の地のうえに配したものである。

●ランキング１位

・**そのほかの肉の消費額**　牛・豚・鶏以外の肉の消費額が多いということ
をさす。原因はジンギスカンに用いる羊肉と推測される。北海道には明治
時代に羊毛目的で羊の移入が始まり、その副産物となる肉の消費促進が行
われていた。戦後になってようやくこの消費が定着している。

●地　勢

　本道のみで「北海道地方」を構成することも多い、47都道府県中最大面
積の都道府県である。全体的に寒冷な気候であり、特にオホーツク海の低
気圧や寒流である千島海流（親潮）の影響を強く受ける東部地域、および
内陸の寒さは特に厳しい。このため、日本列島としては珍しく、平地にも
泥炭地およびそれを主体とした湿原が発達している。

　海岸線は南に大きく突き出した渡島半島をはじめ、東の根室岬、知床半
島などの突出部があるが、全体的には細かい出入は激しくない。平地は石
狩川沿いの石狩平野、十勝川沿いの十勝平野などがあり、特に十勝平野は
国内屈指の畑作地域として知られている。

　山岳地帯としては南北に伸びる天塩山系・大雪山系・襟裳山脈が特に大
きいが、それ以外にも南西部の有珠山やニセコ、北部の知床に続く山系な
どが多数存在する。また、大雪山系西麓には国内屈指の炭田である石狩炭
田が存在していた。

●主要都市

・**札幌市**　アイヌ語では「サッポロペッ」。北海道最大の都市であり、全
人口の半分近くを占める北海道の一極集中都市。1869年に将来の北海道の
中心都市となることを目論んで開拓がはじまり、北海道特有の碁盤の目の
街並みが顕著に形成されている。

・**旭川市**　アイヌ語では「チュクペッ」だが、「チュプペッ」（太陽の川）
と勘違いされたことで誤訳され命名された、内陸部上川地方の中心都市。
その発展は屯田兵の入植と、戦前まで国内有数の軍団が配置されていたこ
とによる。上川地方は、夏は高温になるため、稲作が比較的盛んな地域と
して知られる。

・**函館市**　南部・渡島地方の中心都市であり、古くは室町時代の道南十二

舘の一つが所在した都市。幕末には開港5港の一つにも選ばれ、長らく本州からの北海道への玄関口であった。このため、初期の開拓使はこの町におかれている。

・**小樽市**　アイヌ語では「オタオルナイ」。札幌市の外港であり、北海道初の鉄道の出発点としても知られた都市。大戦前は「北のウォール街」とも呼ばれるほど、日本銀行支店をはじめ多数の銀行が集中していたことでも知られる。

・**苫小牧市**　森林を原料とした製紙業で知られる町。また、2020年に開設されたウポポイは、室蘭市とこの町との中間地点にある。

・**釧路市**　アイヌ語の由来には「クシュル」「クスリ」など諸説あり。釧路炭田を背景に栄えた工業と港湾の都市。

・**室蘭市**　アイヌ語は「モルエアニ」とされる。南岸においては珍しく鉤のように突き出した岬によってできた良港を中心に発展した都市。外国に向けた石炭の積み出し、及びその石炭が重要な材料となる製鉄によって発展した工業都市である。

・**帯広市**　アイヌ語は「オペレペレケプ」。十勝地方の中央に位置する、道東地区最大の都市。十勝地方は道東の中では港に恵まれず、かつ西部からの陸路も不便なことから、道内でも特に独立心が強い地域ともいわれている。

・**根室市**　日本列島全都市中で最東端に位置する北洋漁業の町。すぐ先には通称「北方領土」こと、1945年8月15日のポツダム宣言受諾から9月2日の降伏文書調印までにロシアに占領された島々が横たわっている。

・**北見市**　北部沿岸地域の最大都市として知られる町。「北見」という地名は明治期に新設された北見国に由来し、その名は「北［樺太］が見える」ということから松浦武四郎がつけたという。なお、現在北見市が属するオホーツク総合振興局の管区を見ると読者はこのことを疑問に思うだろうが、本来の北見国は現在の稚内市も含んでいた。

・**稚内市**　アイヌ語は「ヤムワッカナイ」。日本列島全都市の中でも最北端に位置する、もはや対岸には樺太が望める町。大戦以前は樺太へと渡るための要港として、大戦後には漁業の中心地として栄えた。

●**主要な国宝**

・**白滝遺跡群出土品**　2023年に指定されたばかりの、黒曜石を主体にした

石器の山。15,000〜30,000年前のものと推定されている。この黒曜石はジオパーク登録されているほどの顕著なものである。また、北東北各地、特に三内丸山遺跡でも北海道産と推定される黒曜石が出土している。

●道の木秘話

・エゾマツ　北海道に広く分布する針葉樹。アイヌ語では「スンク」と呼ばれ、伝説にもたびたび登場する。なお、北海道ではもう一つ、トドマツも広く分布する。

・ハマナス　英語では「Japanese Rose」という呼び名もあるほど、日本列島の沿岸部の砂浜海岸に広く分布するバラ科の植物。アイヌ語では「マウニ」とも呼ばれ、お茶にも用いられた。

●主な有名観光地

・釧路湿原　ラムサール条約湿地にも登録されている、釧路市近くを流れる釧路川沿いに広がる広大な泥炭湿原（でいたんしつげん）。タンチョウの飛来地としても有名。なお、泥炭地は石狩平野など寒冷な北海道各地に広がるが、水はけが悪すぎるなどの理由で農業には不向きである。石狩平野の農地化は排水事業や客土などを動員して行われている。

・札幌の時計台　1881年に農学校の演舞場併設時計台として運用開始以来、札幌市に鐘の音を響かせ続けている名物。なお、今は市街地と化しているが、曳家（ひきや）されてわずかに南に移動しているものの、その位置はいまだにかつての札幌農学校敷地内である。

・函館山と函館港　函館旧市街地の南側にそびえる、夜景で有名な低山。函館を道南有数の波穏やかな良港にしたのは、この函館山が形成する砂洲によってつくられた入江であった。

・有珠山（うすざん）と洞爺湖（とうやこ）　山体形成の記録が克明に残されている昭和新山をはじめ、道内でも特に火山活動が活発な地域。しかし、その火山活動の詳細な記録こそが、2000年の大噴火における事前避難の達成と死者ゼロにつながった。一帯はサミットの会場にもなった風光明媚な地域。

・ニセコ　蝦夷富士とも呼ばれる羊蹄山（ようていざん）や、名山ニセコアンヌプリを望む、道南地方のスキーリゾート。20世紀初頭以来、多くの文人にも愛されてきた道内屈指のリゾートである。

・オホーツクの流氷　アムール川河口付近やオホーツク海北部などに発生

した氷が北見地区、網走の沿岸へと吹き寄せられる現象。

・知床半島　北東部、世界遺産にも登録された、多種多様な動植物と降水量・気温の面で入り組んだ気候、奇岩や入り組んだ山並みによって構成された大地。由来となったアイヌ語「シリエトク」は「大地の先」を意味する。

●文　化

・ソーラン節　古くは漁師の歌。「ニシン来たかとカモメに問えば／わたしゃ立つ鳥波に訊け」という歌詞の通り、北海道の主要産品であったニシンの漁の労働歌であった。同じような経緯を持つ歌には江差追分などもある。

・ユーカラ　アイヌに伝わる叙事詩の総称。神々（カムイ）のことをうたったものと、英雄叙事詩をうたったものがある。明治以降のアイヌへの同化政策の中で危うく失われかけたその伝承に道筋をつけたのが、登別出身の知里幸恵によるノートへの記録と、アイヌ語学者金田一京助の協力によるそのアイヌ語から日本語への翻訳、さらにアイヌ語から「アイヌ学」としての文化研究に道を築いた幸恵の弟の知里真志保たちであった。

・さっぽろ雪まつり　戦後に開催が始まった、巨大雪像の制作で有名な祭り。特に札幌オリンピック（1972年）以降、世界的にも有名になったとされる。

●食べ物

・いももち　蒸したジャガイモをつぶして片栗粉をつなぎとして成形し、たれを絡めつつ焼いた料理。明治期には現在のように耐寒性が高い稲の品種がなかった北海道では、広く食べられた。また、ジャガイモは近世の移入以降にアイヌでもひろく栽培され、凍らせることで水分を追い出して乾燥させて保存性を高める手法がとられている。

・オハウ　アイヌの伝統料理の一つで、獣肉や菜を塩と獣脂を中心に味付けして仕立てた汁物。

・十勝豚丼　濃い目のたれで味付けした豚肉を乗せたどんぶり。昭和時代の初期、当時養豚が盛んだった帯広の町で始まったとされる。

・ザンギ　鶏のから揚げの北海道での呼び名。釧路から戦後以降に徐々に広まっていったとされるが、近年ではタコなどのから揚げ一般にも呼び名

が広まっている。

・乳製品　寒冷な北海道において、牛などの畜産業は大きなウェイトを占めており、東部の根釧台地のような他の農耕条件が悪い地域では、パイロットファームなども開かれた。

●歴　史

●古　代

　平安時代、近畿地方に政権の中心を置く政府が東の境として認識していたのは陸奥、すなわち東北地方である（東、と疑問に思われる人もいるだろうが、大祓の祝詞において北は佐渡島で、かなり時代が進むまで、日本は東西に長い国土だと認識されていた）。つまり、北海道はそもそも近世までは日本の「外」である。しかし、人がいる以上当然ながら島外との交流はあった。まず北だが、そもそも北海道に最初にわたってきた人類は3万〜2万年ほど前に宗谷海峡が陸化した時にわたってきたと推定されている。この北は樺太（サハリン）や千島列島（クリル諸島）だが、北方の物産、特に毛皮などの流通があり、その交易が古くからの住民の生業の一つであったことは、現在では広く知られている。また、5世紀頃からオホーツク海・樺太あたりに見られるものと同様の文化の南下がみられ、この樺太の先にある大陸の北方遊牧民やさらに中国からのものも取り入れていた。

　南の津軽海峡は深く、陸化することはほぼなかったが、もう一つ影響を与えたのは、寒冷なために稲作も海峡はわたらなかった、ということであった。このため、島の住民は主に狩猟採集を中心とする生活を送った。しかし、これは彼らが単なる狩猟採集民であることを意味せず、南部の住民は本州と、中央部の住民は日本海側の住民と、それぞれ交易をおこなっていたようである。この奈良時代〜平安時代の日本とほぼ並行して本島西部・南部地域で栄えた文化を、土器に施された特徴的なヘラ紋様から、擦文文化とも呼ぶ。ただし、渡らなかったのはあくまでも稲作で、雑穀栽培はかなり流入。また、合わせて鉄も大量に流入しており、南からの重要な交易品はこれではと推定されている。また石狩川沿い平野にいくつかある古墳も、東北地方との交流の結果もたらされたものではないかと推定されている。

　やがて、平安時代が武家の世に移り変わろうとする12〜13世紀にかけ

て、北のオホーツク地方の文化と、南の擦文文化とが融合、我々が「アイヌ」とよぶ先住民文化につながるものが形成されていく。

● 中 世

　アイヌ文化は主に漁労・狩猟採集・交易を中心とするもので、コタンと呼ばれる村を営みつつ、衣服などは独自に生産していた。その交易品には北方経由で中国から入ってくる絹織物や、本州の鉄器といった遠来のものに加え、毛皮や大鷲の羽など、他地域で珍重される地元産のものも含まれていた。しかし、同時に並行して、この時代からいよいよ「和人」、すなわち本州島以南に住む日本語を話す住民の移住とアイヌとの摩擦が強まっていく。

　この間、本州島の方では、近畿地方に本拠地を置く政権の支配地域が、「エミシ」と呼ばれた人々の居住地を征服し、着実に北上を続けていた。すでに平安時代初期に太平洋岸では宮城県多賀城、日本海側では秋田県秋田城（近世の秋田県の中心だった「久保田城」とは別なので注意）に達していたその勢力が、本州最北端の津軽半島や下北半島に到達したのは、11世紀〜12世紀頃と推定されている。ここから13世紀、津軽から秋田を本拠地として、北海道との交易の権益を持った武士の氏族を安東氏という。

　安東氏が鎌倉時代に渡島半島を「蝦夷地」として領域支配していたかどうかは本人の主張以外定かではないが、少なくとも14世紀には本州でアイヌにふれた文献が登場しており、また日本語を話す住民が南部渡島地方に住むようになっていたこと、さらに北方産品を目当てに日本海からの船が交易に訪れていたことはほぼ確実である。そして遂に記録によれば15世紀中ごろ、安東氏の時の当主が、本州で南部氏との争いに敗れて津軽を逃れ、渡島に一族郎党もろとも移住する。これとほぼ同時期、北方貿易に影響を与えていた中国の明王朝は、1449年の土木の変で皇帝が北方に誘拐されたことに伴う大混乱の最中にあり、結果、アイヌと外部との関係上、南方、特に和人との関係が相対的に強まる事態となった。

　この混乱は1457年、前年に鉄器の注文を巡る言い争いが殺傷事件に発展したことをきっかけに始まったコシャマインの戦いによって噴出を見る。一時渡島沿岸の和人地域の拠点「舘」の大半を落としたアイヌ勢力は、その後安東氏側の巻き返しにあって敗退するものの、その後100年にわたり、一応の協定なども結ばれたとはいえ小競り合いは続いた。松前藩が後に家

史としてまとめた（やや信憑性には疑問が残る）文献『新羅之記録』によれば、彼ら松前氏の祖はこのコシャマインの戦いにおいて、安東氏の一門蠣崎氏にその戦功を見込まれて養子に入った、若狭（福井県日本海沿岸南部）出身の武将なのだという。

● 近　世

　アイヌと和人の争いの転機となったのは、1591年〜1593年にかけて、和人最大勢力であった蠣崎慶広が、主家安東氏から独立した大名であると豊臣秀吉によって認められたことである。これによって本州島の中央政権による後ろ盾を得た彼は、秀吉の死後、1599年に徳川家康の許可の下で氏を松前に変えると、さらに1603年、「蝦夷地の交易については全て松前氏の許可を得る必要がある」とする家康の朱印状を獲得する。このことが、江戸時代における北方貿易の拠点都市たる松前の繁栄をもたらし、本州一帯の海上交易の隆盛をも招いた一方、アイヌ支配・搾取の強化につながっていく。

　すでに何回か触れているように、北海道の本島には稲作の移入がほぼなかった。そのため、この島に拠点をおいた松前氏は、他地域では米によって与えられる知行の代わりとして、特定の場所におけるアイヌとの交易権を家臣に与えた。これを商場知行制といい、この副産物として、それまでアイヌが行ってきた北方貿易が規制される事態に陥る。さらにはアイヌと和人の間に設定されていた漁労物の交換レートの不利な改訂、砂金取りなどでの川の荒廃などが相次ぎ、ついに1669年、アイヌ首長間の争いをきっかけにこの不満が「シャクシャインの反乱」として蝦夷地全土に広がる。しかし、この反乱は最終的に松前藩によるだまし討ちでの中心人物シャクシャインの殺害により鎮圧され、以降もこの状態が続いた。さらには、「商場」は18世紀の早い段階で商人による経営に任されるようになり（場所請負制）、その商人は当時長崎貿易での需要が高まっていたナマコや昆布などの海産品や、肥料用のイワシ・ニシンを求めて周辺のアイヌを労働力にした。特にこれは徐々に和人影響下に入っていった東部で顕著で、1789年にはこれに反発したクナシリ・メナシの乱がおこっている。

　しかし、和人の勢力拡大に影響したのも北方なら、松前藩の蝦夷地支配を揺らがせた原因も北方であった。ロシア帝国はすでに17世紀以来進出していたシベリアから、東方へとさらに探検隊を派遣。その結果、1792年の

ラクスマン根室来航など、千島列島沿いに南下して蝦夷地にロシア船が到達する事例が頻発したのである。事態を重く見た幕府は、1799年に東蝦夷地、1807年には西蝦夷地についても幕府直轄とした。また、海防のための北方の探検も行われ、有名な間宮林蔵による、樺太が島であることの確定的な確認をもたらした探検は1809年のことである。

　1821年にこの直轄化はいったん解除され、松前藩の支配地に戻されるも、1854年の箱館開港や、1855年のロシアとの日露和親条約を機とした北方防備のため、再び直轄領にされた。この時、津軽藩や南部藩など警備の割り当てを命じられた主に東北の諸藩は、そのための入植を実施している。日本で数少ない西洋式城塞の五稜郭はこの頃の築造物である。アイヌへの場所請負制はこの間も存続し、アイヌの生活の圧迫は続いた。

● 近　代

　蝦夷地が対ロシアの最前線となる、という状況は、幕府が倒れ新政府となり、戊辰戦争によって箱館（函館）に逃れた幕府軍残党が降伏した後も変化はなかった。1869年、かつて蝦夷地を探検した松浦武四郎の提案した名称に基づき、蝦夷地は「北海道」に改称される。さらに同年、開拓使が設置され、中央政府がロシアに対応しての開拓を推し進める、という姿勢が明白になった。開拓使は札幌におかれ、開港場函館や小樽といった町々の開設や開拓が、屯田兵による開拓と合わせすすめられていく。北海道には、江戸時代に北方警備を割り当てられていた旧会津藩や旧仙台藩などの諸藩の士族の移住も多く、また地理的に近接しかつ日本海交易を通じたつながりもあった東北・北陸地方からの移民も明治・大正時代に多かった。また、明治時代の開拓によって、ついに北海道でも大規模な稲作が石狩川流域を中心として始まり、さらに現代においても北海道の主産業として知られている酪農や、ジャガイモなど寒冷地特有の畑作などが広まっていく。

　それは一面において、アイヌに対し日本人への同化を推し進めるという、近代諸国において「先住民」に対する政策と同様の物をもたらした。また、北海道はこの間、開拓の対象地として本州からの多数の移住者が発生したことにより、アイヌの生活基盤はますます奪われていった。1899年、これによる「保護」を名目とする「北海道旧土人保護法」が制定されたものの、現代におけるこの法の評価は、アイヌを日本人に同化させようとした一方で、アイヌの日本人社会からの排除及びアイヌ文化の未継承をもたらした

とされる。1997年、これに代わり、アイヌ文化振興法が成立し、さらに2019年のアイヌ民族支援法によって、ようやくアイヌが「先住民族」であることが明記された法律が誕生した。

　なお、1882年の開拓使廃止に伴い、新たに函館県、札幌県、根室県の3県が設置されたものの、あまりの人口密度の希薄さに非効率との指摘があり、結果、1886年に改めて北海道庁が設置された。ただし当時の北海道は前述の事情により、他の県などと違って内務省の直轄におかれた。最終的に現在のような他の都道府県と同格の権限を持つ地方自治体となるのは、第2次世界大戦後の1947年のことである。現代の北海道は、日本では珍しい北方性の気候を基にしたリゾート地や観光地、また農林水産業全般における一大拠点として知られている。一方で、ロシアとの間には北方領土（国後、択捉、色丹、歯舞諸島からなる根室から北東に連なる島々。南千島ともいう）問題を抱えており、また道内最大の都市である札幌とその周辺地域を例外として、ほぼ全域で人口が減少している。開拓によって日本人が生活圏を広めてきた北海道は、今もなお、日本列島北辺の地としての古くからの歴史による課題を抱えている。

【参考文献】
・桑原真人ほか『北海道の歴史』山川出版社、2010
・関根達人ほか編『アイヌ文化史辞典』吉川弘文館、2022
・田端宏編『蝦夷地から北海道へ』吉川弘文館、2004
・長沼孝ほか『新版 北海道の歴史』上・下、北海道新聞社、2011（上）、2006（下）

I

歴史の文化編

遺　跡

最寄貝塚（被甕葬）

地域の特色　北海道は、日本列島の北端に位置しており、西は日本海、東は太平洋、北はオホーツク海、南は津軽海峡と四方を海に囲まれている。中央部に4本の山地（北見・日高・天塩・夕張）が位置し、石狩岳をはじめ高山が連なっている。この中央山地の東側には、千島火山帯に属する山地が形成される。中央山地の西側には、石狩川の沖積平野である石狩低地帯が広がる。その西には後志火山群を形成する那須火山帯、渡島山地、鳥海火山帯があり、石狩低地帯以西の渡島半島などは、本州の津軽や下北半島と近似した地質的性質をもつ。河川は中央山地を発して日本海や太平洋岸に達するもので、石狩川、天塩川、十勝川、釧路川、常呂川などがある。

　こうした河川の河岸段丘や扇状地などの流域に主な遺跡が立地するほか、上記のような地形が文化的要素の展開にも影響を与えている。縄文時代に続く、農耕を営まない「続縄文時代」の末期には、土師器（はじき）が本州より波及し在来土器にも影響を与えたが、石狩低地帯より東、中央山地を越えては広がらなかった。後続する「擦文文化」は7〜13世紀初頭にかけて北海道全域と本州北端部に展開したが、これと併行する5〜10世紀にかけて発展した「オホーツク文化」は、北海道東北部沿岸から、サハリン、千島列島、カムチャッカ半島に広がるものの、中央山地以西には広がらず、その文化的広がりは複雑な様相を示す。13世紀以降は「アイヌ文化」が形成されていくが、本州の影響が次第に強まり、15世紀には東北地方北部の和人が道南地域に拠点を築き、アイヌとの衝突を招いた。16世紀末以降、蠣崎氏（かき）（松前氏）が活躍し、幕藩体制に組み込まれていく。松前藩は蝦夷地を藩士に分け（商場知行制（あきないばちぎょうせい））、後には商人に請け負わせるなどして（場所請負制）、アイヌを使役する漁業経営を行い、再びアイヌとの争いを生じた。

　1868年、新政府は蝦夷地経営に着手するも、旧幕府軍の占領により中断。翌年に開拓使が置かれ、1869年、北海道と改称された。一方、松前藩は

　凡例　**史**：国特別史跡・国史跡に指定されている遺跡

廃藩置県で館県と改称したが、1869年に廃止。1872年には全道が開拓使
の直轄地となる。その後、道内は3県体制が敷かれたが、1886年北海道庁
を設置。千島列島を含む北海道全域が管轄下となった。

主な遺跡

白滝遺跡群
しらたき

*紋別郡遠軽町：湧別川両岸の標高約300～450mの丘陵、
段丘上に位置　**時代** 旧石器時代　**史**

　遠軽町（旧白滝村字旧白滝・白滝・上白滝・奥白滝）に点在する遺跡群
であり、現在までに100カ所ほどの遺跡が確認されている。1927年に遠間
栄治によって先駆的な発見がなされ、戦後、1952年には吉崎昌一によっ
て旧石器時代に属する遺跡であることが確認された。以後、断続的に小規
模な調査が行われ、1956年の北海道大学、1959～61年の白滝団体研究会、
1961年の明治大学による調査は著名である。

　その後、1995～2008年には旭川・紋別自動車道の建設工事に伴い、約
14万m²の大規模な調査が行われ、総数752万点、11.8トンの石器が出土
した。黒曜石が約99％を占め、湧別技法をもつ白滝型舟底形石器や広郷
型ナイフ形石器、細石刃、細石刃核、ホロカ型彫器、有舌尖頭器、小型
舟底形石器など、北海道内で見られる多様な石器群が出土している。文化
層を2つに分け検討が行われており、14C年代測定法では27,000～10,000
年前の年代値が得られている。多くの接合資料が復元され、黒曜石資源を
背景とした原産地での石器製作の実体が解明されつつある。

ピリカ遺跡

*瀬棚郡今金町：ピリカベツ川左岸の標高150～160mの丘
陵に位置　**時代** 旧石器時代　**史**

　1983～84年に後志利別川の支流、ピリカベツ川のダム建設に伴い北海
道埋蔵文化財センターにより調査された。16カ所の石器集中ブロックと
墓と推定される遺構が検出されている。遺物は峠下型細石核、荒屋型彫
器などを主体とする石器群と蘭越型細石核や玉類が出土した。さらに上位
には、有舌尖頭器、局部磨製石斧、石刃、広郷型細石刃核などが検出され、
これらが3つの文化層に分離できる可能性が指摘されている。黒曜石の産
地は、赤井川（余市郡赤井川村）産が87％、十勝三股（上士幌町）が1％、
白滝産は8％、置戸（常呂郡置戸町）産4％で、北海道内の主要な黒曜石
産地のものがすべて出土している点は興味深い。

東釧路貝塚
ひがしくしろ

*釧路市：釧路湿原に北面した海岸段丘上、標高14～16m
前後に位置　**時代** 縄文時代早期～擦文時代　**史**

1910年、塩田弓吉によって「茂尻矢貝塚」の名で紹介され、多くの研究者が訪れた。戦後、1949年以降、58、60、65、66年に釧路考古学研究会や釧路市立博物館によって組織的な調査が実施された。貝塚は東西120m、南北90mの範囲に広がり、西側が開いた馬蹄形を呈していた。11のブロックに分かれていたが、鉄道や道路工事で4ブロックは消滅した。南側の7ブロックが史跡となっている。2枚の貝層を境として、その上部に2層、下部に3層以上の文化層が確認されている。縄文時代早期、前期、中期の土器のほか、続縄文時代、擦文時代の土器も出土している。これらに伴った石器、骨角器も多量に出土した。また土坑墓や縄文時代早期、中期の竪穴住居跡も検出されている。貝層はアサリが主体で70%を占め、カキ、オオノガイ、ウバガイなどが見られる。また、貝層中にイルカの頭骨を放射状に配し、火を焚き、ベンガラを散布した埋葬遺構が検出され、注目を浴びた。いわゆるアイヌ文化における「物送り」の習俗の祖型とする説も提起されている。

垣ノ島遺跡　＊函館市：太平洋に面した海岸段丘上、東斜面の標高32〜50mに位置　**時代** 縄文時代早期〜後期

　2000年、国道建設に伴う発掘調査が行われ、縄文時代早期後半の土坑墓群から副葬品と見られる子どもの足形をつけた足形付土版が出土したほか、後期後半の漆塗り注口土器や香炉形土器なども認められた。2003〜10年にも発掘調査が実施され、直径10mを超える縄文時代中期前半の大型住居跡や多数の後期の住居跡、コの字を呈する縄文時代中期末〜後期初頭の長軸約120mに及ぶ国内最大級の盛土遺構が検出されている。遺跡全体の規模も、舌状の海岸段丘のほぼ全体、南北500m、東西200mに広がり、拠点的集落であったことがうかがわれる。また約6,000年の長期にわたる定住の様相を具体的に示しており、きわめて貴重な遺跡といえる。

サイベ沢遺跡　＊函館市：函館平野の東側に発達した標高約25mの段丘上に位置　**時代** 縄文時代前期〜中期

　1881年に坪井正五郎によって報告され、本格的調査は1949年に市立函館博物館と北海道大学によって行われた。サイベ沢南岸段丘の東側と西側の2地点が調査され、25層の文化層が認められた。このうち円筒土器を含む下層のⅠ〜Ⅳの文化層は円筒下層式に対比され、上層のⅤ〜Ⅷの文化層は円筒上層b式〜d式に対比され、北海道における円筒土器編年の基準資料として評価されている。下層の文化層からは土器以外に石鏃・石斧などの石器や釣針・骨銛などが出土し、石囲いのある仰臥屈葬の人骨も検

出された。上層の文化層からは上記の石器に石冠を加え，石製飾玉・土製玉・土製環飾などの装身具，土偶も出土した。

静川遺跡
しずかわ

*苫小牧市：安平川の北側、厚真台地北端部、標高 10 ～ 20m に位置 **時代** 縄文時代中期後半

厚真台地の先端部に点在する縄文時代の遺跡の1つ。苫小牧東部工業地帯の造成に伴い、1982年に苫小牧市教育委員会によって調査された。きわめて特徴的なのは、遺跡東側のA地区で検出された深さ約2m、全長138.5mに及ぶヒョウタン形の環濠である。内部には2軒の住居跡があり、少量の余市式土器が出土した。谷を挟んだ西側のB地区では27軒の住居跡が検出され、時期的にはA地区同様のものが大半を占めていたが、一部、縄文晩期にあたる住居跡も存在した。環濠をもつ集落跡については、防御施設や祭祀場といった説が提起され、議論が続いている。

美々遺跡群
びび

*千歳市：美沢川左岸の台地、標高 10 ～ 20m に位置 **時代** 縄文時代後期～晩期・擦文時代・アイヌ文化期

1976年、新千歳空港建設に伴って発掘が始まり、以後断続的に調査が行われている。美々4遺跡からは、多数の土坑墓が検出され、人骨、玉類、櫛、耳飾、石棒、石斧、土器などの副葬品が多数出土している。特筆されるのは、「環状土籬」と呼ばれる周堤墓として築かれている点で、直径10mを超える竪穴状の構築物をつくり、周りに土手を盛り上げたもので、土手の頂上から竪穴底部までは約2mを測る。竪穴内に土坑墓がつくられており、形質人類学の成果では、青年骨が多く、男女が混在して埋葬されているという。北海道特有の墳墓であり、千歳市内では、国指定史跡となった「キウス周堤墓群」などが著名である。この遺跡からは、高さ31.5cm、最大幅16.2cm、胴および上下肢をもった特異な形態の動物形土製品が出土し、その装飾や文様からは、東北地方の縄文晩期の影響がうかがわれる。加えて1985年の調査では、縄文時代晩期終末（約2,300年前）に降灰した樽前c火山灰の下から、人間の歩いた足跡やウサギ、キツネ、シカのものと思われる足跡（ケモノ道）が発見されたことは特筆される。

また、1981年から調査された美々8遺跡は、美沢川水面下に位置する。樽前山の火山灰堆積で川の水位上昇が起こり、集落の低地部が埋没したものと考えられる。擦文時代の土器のほか、アイヌ文化期の住居跡や舟着場、水場遺構、炭化物集中（炉跡・送り場）などの遺構や珠洲系擂鉢、近世陶磁器、刀子のほか、漆器椀や箸、茶筅、下駄、樽、ヒキリ板と杵といった大量の木製品も出土し、和人との交流を示唆する遺物も多い。

1990年には、メカジキが刻まれた早櫂水掻部と車櫂受台が出土した。アイヌ文化において、メカジキは「レプン・カムイ（海の神様）」とされ、神聖なものであり、漁の対象でもあり、人々の思いを伝える遺物といえよう。当地は東蝦夷地と西蝦夷地を結ぶ「シコツ（勇払）越」の道筋にあたり、松浦武四郎の『再航蝦夷日誌』（1846年）に現れる「ミミ憩所」あるいは「ビビ小休所」と推定される建物跡も検出されている。

フゴッペ洞窟

＊余市郡余市町：小樽市西方約12kmの積丹半島北側の通称丸山に開口、標高約7mに位置　**時代** 続縄文時代　**史**

　地元住民により洞窟の存在は知られていたが、1950年、札幌から海水浴に来た中学生が再発見、兄が在学していた高校の郷土研究部の顧問や名取武光を中心に発掘調査を行った。その後、河野広道を中心として別の高校が調査を行い、続縄文時代の岩壁彫刻を発見、新聞紙上で功名争いとなる事態となった。その後1951年、52年に名取らにより正式な発掘がなされ、数百に及ぶ岩壁彫刻の存在が明らかとなった。砂質凝灰岩の海食洞穴で、間口約7m、高さ約8.2m、奥行約6m。陰刻されたモチーフは人物像や動物、海獣、舟などで、壁面下部ではやや具象的表現のものが、上部には抽象的なものが多くなる傾向が認められた。洞穴内には貝層や灰層が計75層にもわたって堆積し、多数の土器や石器、骨角器、装身具、自然遺物が出土した。土器では下層に古墳時代併行の続縄文後期の土器（後北C$_2$式、D式）、上層には続縄文文化終末期の北大式が見られるが、全体としては江別式後半のものが多い。洞穴内が土砂で埋没していたことから、後世の追刻の可能性はなく、かつて1866年に小樽港北端で発見され、長らく真偽論争のあった手宮洞窟遺跡（小樽市）の彫刻も続縄文時代のものであるとの評価が定まった。なお、これらの彫刻は北東アジアに連なるトーテミズム・シャーマニズム的な要素を反映したものと考えられている。

最寄貝塚（モヨロ）

＊網走市：網走川河口の左岸、標高約5mの砂丘上に位置　**時代** オホーツク文化期を代表する複合遺跡　**史**

　1989年に『東京人類学会雑誌』において初めて報告がなされ、1910年代には米村喜男衛らによって保護・調査活動が行われた。1936年には国指定史跡となったが、1941年5月、海軍基地建設に際して破壊の危機に瀕したものの、米村の努力で最小限にとどめられた。戦後、1947年以降に、東京大学・北海道大学・網走市郷土博物館による共同調査が3回にわたり行われた。アイヌ文化期、オホーツク文化期、続縄文期、縄文晩期の遺構、遺物が検出された。土器は刻文・貼付浮文が多数を占め、ソーメン文と

呼ばれる粘土紐貼付文をもつ厚手深鉢が多い。

　石器は少ないが、骨角器では、骨鏃・骨銛が多く出土した。また骨製箆・骨斧・骨鍬など特徴的遺物も見られる。直刀や蕨手刀、内反小刀といった鉄器や錫製耳環、青銅製品、切子玉、硬玉・軟玉類なども出土した。また、オホーツク期の貝層および下位層より、被甕葬や配石葬、木郭墓など各種の墓坑が発見された。人骨の形質人類学的特徴はアイヌとは異なり、エスキモー・アリュート系あるいはウリチとの類似が指摘されている。

志苔館跡

＊函館市：津軽海峡を望む標高 18 〜 25m の海岸段丘上に位置
時代 室町時代（15 世紀前半）　　　　　　　　　　　**史**

　松前藩の史書『新羅之記録』（1646 年）には、和人の豪族によって築かれた館（砦）が渡島半島の津軽海峡から日本海にそって12館存在したことが記されており、そのうちの1つが志苔館である。1983年、84年に史跡整備の一環として函館市教育委員会によって調査が行われた。南側は急斜面地形、西側は志海苔川に面する郭内の面積は約4,100㎡で、四方を高さ1.5〜3mほどの土塁で囲まれ、外側には二重の壕がめぐらされている。柵列によって3区画に分けられ、柱穴群や井戸、土坑が検出された。遺物には中国産の青磁や白磁といった磁器、瀬戸・珠洲など国内窯の陶器や鉄、銅製品、木製品が出土している。また特筆されるのは、遺跡に近接した道路工事に際して、合わせて約37万4,000枚の銭貨を埋納した越前珠洲窯の大甕が3基検出され、中世館館としての位置を示しているものとして注目される。なお、ほかの12館跡のうち、大館跡（松前郡松前町）は松前氏の祖・蠣崎氏の居城となった館で、松前城の背後の丘陵上にあり、土塁、空壕、土塁跡が残されている。

フシココタンチャシ

＊釧路市：太平洋に面する舌状台地の突端部、標高約 20m に位置　**時代** アイヌ文化期

　1974年、チャシの背後に昆布干場が造成されることとなり、チャシの全面発掘としては嚆矢となる調査が行われた。チャシの類型では、海に臨む崖上に築くいわゆる「面崖式」にあたる。台地の基部に壕を掘り、両斜面にはピットが多数認められ、逆茂木のようなものが構築されていたと考えられる。また郭内の壕の周囲にも柱穴があり、柵列（アイヌ語では「サギリ」）を形成していたと思われる。特筆されるのは、アオウミガメの「送り場」の遺構が検出されたことで、頭を海に向けた状態で1体埋葬されていた。「送り」とは、アイヌ文化に特有の儀礼の1つで、獲得し利用する動物たちを神の化身ととらえ、天上界へと帰る動物（遺体）に供物を捧げ

ることで、その再訪を期待したと考えられる。

ポロモイチャシ ＊沙流郡平取町：沙流川左岸の河岸段丘の先端部、標高 47mに位置 **時代** アイヌ文化期

　1984年に調査が行われ、段丘突出部の基部に弧状の濠が認められたほか、土塁上に柵列を検出した。いわゆる「丘先式」チャシである。壕の中間部から北東に伸びる弧状の濠によって区画された2つの郭が形成され、中央部に建物跡を検出した。内耳鍋、刀子、鎌、鉈など多量の鉄製品のほか，16～17世紀初頭の唐津大皿や鹿角製銛先が出土している。川が蛇行しているところにできる淵をアイヌ文化では「モイ（moy）」といい、遡上するサケが日中、休息場にするとされることから、こうした場所に築かれるチャシを「砦」ではなく、生業に関わる活動をしていた遺跡と考える研究者もいる。

　また、沙流川流域にも多数のチャシ跡や集落跡が点在し、例えば沙流川支流のカンカン川とポンカンカン沢に挟まれた台地に位置するイルカエシ遺跡（平取町：標高約60m）では、掘立柱建物跡が21棟（チセ〈家屋〉12棟・プー〈倉庫〉9棟）検出され、集落跡と考えられる。住居は3時期にわたり建替えが行われたと考えられている。多数出土した遺物のなかには、肥前系磁器や唐津系陶器なども認められたほか、墓跡（南東頭位の女性）からは副葬品として、鉄鎌や刀子、煙管、漆器椀などが検出された。興味深い点は、足元に鋤先と鉄鍋が置かれていたことで、ほかの遺跡の女性墓でも、鉈、鎌、鍋などが副葬される事例が知られている。東へ50mほどの距離には比高差20m上にシラッチセチャシがあり、17世紀前半段階でのコタンとチャシとの関係を検討するうえで貴重な遺跡といえる。

シベチャリチャシ ＊日高郡新ひだか町：静内川の左岸の河岸段丘上、標高約80mに位置 **時代** アイヌ文化期（17世紀）

　いわゆる舌上台地の端部に形成され、「丘先式」のチャシ。1963年に調査が行われ、段丘突出部の基部に柵列や幅8m、深さ1.5mの空壕が検出された。さらに、外側にも壕が形成されていたとされるが、現存しない。鉄鍋や鉄斧、陶器、漆器、煙管といった遺物が出土している。樽前b火山灰（1667年降灰）が壕内に堆積しており、17世紀後半には活動していたと推定される。弘前藩の官撰史書である『津軽一統志』（1731年）には、「沙武者」が「渋沙里（静内を指す）」の居城で「籠居」したことが記されており、シャクシャインの戦い（1669〈寛文9〉年）に関わるチャシ跡として評価されている。別名、不動坂チャシ。

国宝 / 重要文化財

尖頭器

地域の特性

　日本の最北に位置する北海道は、日本の全面積の約5分の1を占める大きな島である。元来アイヌの人たちが暮らすアイヌ・モシリ（アイヌの島）で、近代以前は蝦夷地（えぞち）と呼ばれていた。中央部に大雪山（だいせつざん）があり、その北に北見山地（きたみさんち）、南に日高山脈が走っている。南北にのびる山地の西側に石狩平野、東側に十勝平野（とかちへいや）、島の南東部に根釧台地（こんせんだいち）が広がる。近代になって、広大な平地の原生林が農地へと大きく変貌した。

　鎌倉時代から和人（わじん）が移住し始めると、アイヌと和人との仲違いが激しくなった。江戸時代には蝦夷地に松前藩が置かれた。1648年のシャクシャインの戦いでアイヌたちが敗北すると、アイヌは和人に隷属化した。18世紀に外国船がたびたび訪れるようになり、1807年に全島が幕府直轄地となった。1854年に日米和親条約が締結され、箱館が開港された。明治維新により1869年に開拓使が置かれて、北海道と改称された。

国宝 / 重要文化財の特色

　美術工芸品の国宝は1件、重要文化財は26件である。唯一の国宝は、函館市著保内野遺跡（ちょぼないのいせき）から出土した縄文時代の土偶である。重要文化財の多くは遺跡から出土した考古資料で、それ以外には江戸時代以降の歴史資料などが少量ある。建造物に国宝はなく、江戸時代中期以降の寺院や城郭、近代以降の官庁や学校の建物など29件が重要文化財となっている。考古資料を除くと、重要文化財は主に道西部に分布し、江戸時代以降の和人の活動を示す文化財である。

　アイヌの文化財は、有形文化財の国宝／重要文化財に含まれていない。その代わりに民俗の分野で、アイヌの丸木舟、アイヌの生活用具コレクション、アイヌのユーカラ、アイヌの建築技術および儀礼、アイヌ古式舞踊（こしきぶよう）が重要文化財に指定されている。また道南部日高支庁の沙流川（さるがわ）流域では、

アイヌの伝統に関連する文化的景観が保存されている。

◎白滝遺跡群出土品

遠軽町の白滝ジオパーク交流センターで収蔵・展示。旧石器時代の考古資料。道北東部の北見山地から東へ流れる湧別川流域の白滝遺跡群から出土した石器で、全部で1,858点ある。道路建設に伴い23遺跡、面積約14haに及ぶ大規模な発掘調査が行われ、そのうち旧石器時代を主体とする遺跡が20か所あり、総数約767万点の石器や剥片が出土した。そして服部台2遺跡、奥白滝1遺跡、上白滝2遺跡、上白滝5遺跡、上白滝7遺跡、上白滝8遺跡の6遺跡から出土した主に黒曜石でつくられた石器が重要文化財に指定された。また遺跡群の一部の範囲が史跡に指定された。付近には通称赤石山を中心とする日本最大の黒曜石原産地がある。今から約3万〜1万2,000年前の後期旧石器時代のもので、特徴として細石刃と呼ばれる石器があげられる。細石刃とは、長さ3〜5cm、幅1cm以下の薄くて細長い小さな石器で、骨や木などの棒に細い溝を彫って、複数の細石刃を溝にはめ込んで刃部にするのである。この小さな石器は、ユーラシア大陸からアラスカまで広い範囲で出土している。細石刃以外に、動物の解体・加工に使用された削器や掻器、穴を穿つ錐形石器、骨・角・牙などに溝を彫るために使用された彫器、槍の先に装着された尖頭器など、さまざまな用途に応じた石器が製作された。なかでも長さ30cm以上の大型尖頭器が多数出土した。白滝産黒曜石はサハリンや北海道南部の遺跡でも見つかっていて、広い流通ネットワークの存在が想定されている。

●土偶

函館市の縄文文化交流センターで収蔵・展示。縄文時代後期の考古資料。像高40cmを超える大きな土偶で、中が空洞になっている中空土偶である。亀田半島北東海岸近くの著保内野遺跡で、1975年に農作業をしていた主婦が偶然発見した。顔面をやや上に向け、顎から耳にかけて細かい円形文様で髭が表現されている。同じ円形文様が下腹部にも見られる。頭部、頸部、両乳部、腰部、膝部、脛部に細い隆帯で幾何学模様がめぐらされ、両脚には縄文が施されている。頭部の髪飾りと両腕が欠損しているが、これは縄文人が祭祀などで故意に破壊したからである。

2006年に遺跡が再調査され、土偶出土地点の北側で直径約6mの環状配石遺構と土坑墓群が確認された。環状配石遺構は大型礫を円形に配した外帯と、破砕された礫を不規則に配した内帯で構成されていた。土坑墓の一

つから、ヒスイの勾玉と漆櫛の残片が出土した。漆櫛残片に放射性炭素による年代測定を実施したところ、3,270±40年前だった。この土偶は、葬送儀礼の一環として死者に添えられたと考えられている。

◎松法川北岸遺跡出土品

羅臼町の羅臼町郷土資料館で収蔵・展示。オホーツク文化期の考古資料。オホーツク文化は、6〜11世紀にオホーツク海沿岸やサハリンに広がった独特な文化である。松法川北岸遺跡は知床半島東岸、羅臼町市街地から約4km南に位置し、国道の改修工事に伴って発掘調査された。15軒の住居跡が発見され、大半はオホーツク文化のもので、3軒が火災によって焼けていた。屋根に土をかぶせた土葺の住居だったため、竪穴住居の内部は炭焼き窯状態となり、非常な高温で熱せられた木製品が腐敗せずに良好な状態で出土した。注目された木製品は、注口部に熊の頭が写実的に彫り出された細長い槽（おけ）で、口縁下部には海の神であるシャチの背鰭のモチーフが付されていた。山の神のヒグマと海の神のシャチを合体させた容器で、神聖な儀礼に関する祭祀道具だったと考えられている。現在でも知床半島にはヒグマとシャチが多数生息し、人々に畏敬の念を抱かせている。

◎美々8遺跡出土品

江別市の北海道立埋蔵文化財センターで収蔵・展示。擦文文化からアイヌ文化の考古資料。美々8遺跡は、千歳空港建設に伴って発掘調査され、千歳市と苫小牧市の境界を東西に流れる美沢川流域に位置している。旧石器時代からアイヌ文化（中近世）までのさまざまな時代にまたがる複合遺跡で、中でも低湿地で見つかった擦文〜アイヌ文化期の交通、集落、漁撈、送り場などに関する遺構・遺物が特徴的だった。斜面を上り下りした道跡、アイヌ墓、舟着場、建材群、舟小屋、幣棚（ヌササン）、立杭列、杭穴列、水場遺構、炉跡、灰送り場跡、錘石（ピッ）などの集中箇所があった。これらの遺構の時期は、有珠山と樽前山の噴火による火山灰層によって年代が確定された。出土した遺物には、生業や日常生活に関わる多種多様な用具類、アイヌの伝統的な自製品、本州からもたらされた和産物などの移入品が混在していた。重要文化財に指定されたのは、土器・陶磁器・土製品、木製品、漆器、繊維製品、石製品、ガラス玉、骨角製品、金属製品で、合計1,164点である。美々8遺跡の出土品から、人と物資の交流地点で繁栄したアイヌたちの生活がうかがえる。

◎北海道庁旧本庁舎

札幌市にある。明治時代の官公庁舎。1869年に蝦夷地が北海道と改称され、開拓使が設置された。開拓使が廃止されて1886年に北海道庁が設置されると、旧開拓使札幌本庁舎（1879年に焼失）の跡地に新しい庁舎の建設が始まり、1888年に完成した。設計者はアメリカで建築学を学んだ平井晴二郎で、手宮機関車庫（1885年竣工）なども設計している。アメリカ風ネオ・バロック様式のレンガ造である。地下1階、地上2階、スレート葺、東面して左右南北に翼棟を配し、中央屋根上に八角の塔屋（ドーム）が立つ。焼失した開拓使札幌本庁舎にも八角塔があり、それをしのんで道庁舎の屋上にも塔屋が設けられた。1896年に八角塔・換気塔などが撤去され、1909年に火災でレンガ壁体を残して室内と屋根が焼失し、1911年に復旧工事が完成した。1968年に創建時の姿に復元された。

旧本庁舎の建物内に北海道立文書館所蔵の箱館奉行所文書がある。江戸時代末期に五稜郭が築かれて箱館奉行所が置かれたが、1869年の函館戦争で建物が焼失し、奉行所にあった文書も被災した。しかし外交・貿易事務などを担当した運上会所や、オホーツク海側の紋別御用所などの文書は出先機関にあったので残り、重要文化財に指定された。

◎旧花田家番屋

北海道西海岸の小平町にある。明治時代後期の漁家。1910年代に北海道で鰊漁が最盛期を迎えた。多数のヤン衆（雇漁夫）が働き、財をなした網元は鰊御殿を建てた。花田家は18か統の鰊定置網（建網）を経営し、雇人も500人を超え、米蔵、網蔵、船倉、粕蔵、作業場など100棟近い建物を建てた。蒸気機関のウィンチ、トロッコの使用、各漁場間に施設電話を設置するなど、当時の最新機器を取り入れた大鰊漁家だった。番屋とは鰊漁網元の家の総称で、旧花田家番屋は1905年に建てられた。海岸に面した桁行16間、梁間12間の大きな2階建の主屋に、離れや居室が付随している。玄関を入ると、巨大な梁組による高い吹き抜けが目に入り、土間から漁夫溜り、そして奥の壁際の3段寝台へと広大な空間が見渡せる。多い時には200人もの漁夫が寝泊まりしていた。網元の居室は天井が高く、欄間には透彫を多用して、鰊魚場親方の豪放な気性がうかがえる。現在では衰退してしまった鰊漁の、かつて喧騒だった様子を今に伝えている。

☞ そのほかの主な国宝 / 重要文化財一覧

	時 代	種 別	名 称	保管・所有
1	旧石器	考古資料	◎美利河1遺跡出土品	ピリカ旧石器文化館
2	縄 文	考古資料	◎カリンバ遺跡墓坑出土品	恵庭市郷土資料館
3	縄 文	考古資料	◎船泊遺跡出土品	礼文町町民総合活動センター
4	縄 文	考古資料	◎動物形土製品／千歳市美々第4遺跡出土	千歳市
5	続縄文	考古資料	◎江別太遺跡出土品	江別市郷土資料館
6	続縄文	考古資料	◎有珠モシリ遺跡出土品	伊達市開拓記念館
7	オホーツク文化期	考古資料	◎目梨泊遺跡出土品	オホーツクミュージアムえさし
8	南北朝	考古資料	◎志海苔中世遺構出土銭	函館市立函館博物館
9	室町～安土桃山	考古資料	◎上之国勝山館跡出土品	上ノ国町
10	江 戸	歴史資料	◎蝦夷三官寺国泰寺関係資料	厚岸町海事記念館
11	江 戸	歴史資料	◎箱館奉行所文書	北海道立文書館
12	江 戸	歴史資料	◎銀板写真（石塚官蔵と従者像）	函館市立函館博物館
13	江戸中期	寺 院	◎法源寺山門	法源寺
14	江戸後期	寺 院	◎上國寺本堂	上国寺
15	江戸末期	寺 院	◎龍雲院	龍雲院
16	江戸末期	城 郭	◎福山城（松前城）本丸御門	松前町
17	江戸末期	役 所	◎旧ヨイチ運上家	余市町
18	明 治	官公庁舎	◎豊平館	札幌市
19	明 治	文化施設	◎旧旭川偕行社	旭川市
20	明 治	文化施設	◎旧函館区公会堂	函館市
21	明 治	学 校	◎旧札幌農学校演武場（時計台）	札幌市
22	明 治	学 校	◎遺愛学院（旧遺愛女学校）	遺愛学院
23	明 治	交 通	◎旧手宮鉄道施設	小樽市
24	明 治	住 居	◎旧本間家住宅	増毛町
25	大 正	宗 教	◎函館ハリストス正教会復活聖堂	函館ハリストス正教会

松前城天守

城　郭

地域の特色

　北海道は明治2（1869）年まで蝦夷地と呼ばれ、道東を中心にアイヌ民族の生活の場であった。アイヌ民族はチャシと呼ばれる施設を、道東・道南を中心に約500か所築いた。チャシは空堀、堀切、物見台などからなり、まるで本州の中世の丘城と同様な構造で残っている。最も多くの人に知られる根室半島のチャシ群、日高郡新ひだか町のシベチャリチャシ、陸別町のユクエピラチャシなどがある。

　幕府は享和2（1802）年、蝦夷奉行所を箱館（現函館）に新設、樺太（サハリン）、千島に警固兵を派遣。文化4（1807）年には松前藩を梁川に移し、東北諸藩に蝦夷地の要所要所への台場築城を命じロシアの南下を警備した。その2年後、間宮林蔵が樺太とシベリア間の海峡を発見している。

　幕府は嘉永7（1854）年、日米和親条約を結び、箱館と下田を開港。箱館の奉行所を諸大名に警備させ、さらに五稜郭を築いて蝦夷地経営の本拠とした。明治元（1868）年榎本武揚が率いる旧幕府軍が新政府に対し挙兵。五稜郭に籠城し、箱館戦争となった。戦闘は翌年、海上からの新政府軍の攻撃により、五稜郭は開城に及んだ。

　今日、五稜郭の中に望楼が上がる奉行所が木造復元されている。五稜郭は全方角から攻撃目標を絞らせない星形の西洋式構造で築かれている。にもかかわらず望楼をあげ城の中核を築き、郭外からの砲撃の的をあげてしまった。この望楼めがけて明治政府軍は砲弾を撃ち込んだ。五稜郭は7か月で開城に及んだ。

　五稜郭の北3.5km地点に四稜郭がある。4か所の稜堡があり、土塁、空堀づくりで完存する。明治2（1869）年春に榎本武揚ら旧幕府軍が築き官軍と攻防戦となり、開城となった。

　西洋式星形の五稜郭は、ここ箱館の他にもう一か所、長野県佐久市田口に龍岡城がある。小規模ながら石垣・堀・御台所櫓が良く残る。

主な城

松前城　別名 福山城、福山館　所在 松前町松城　遺構 本丸御殿、御殿殿舎、外観復元天守　史跡 国指定史跡

　松前は唯一蝦夷地の出入り口として港が開かれた地にあった。初めて和人として城を築いたのは、享徳3（1454）年、相原正胤という安東氏旧臣で、大館に居を構えた。この大館が松前城の前身で、コシャマインの反乱では康正2（1456）年に大館が大襲撃された。永正10（1513）年、蠣崎信純が大館に入り、その子光広、義広が大館を大改修し「徳山館」と称し蠣崎一族の本拠とした。以後、蠣崎氏は蝦夷地唯一の武家として蝦夷地を支配下に組み込む。

　文禄2（1593）年、蠣崎慶広は肥前名護屋城の豊臣秀吉を訪ね、「蝦夷朱印」を受け蝦夷地総領家となった。徳川政権が樹立されると慶広は大坂城に徳川家康を訪ね、蠣崎を「松前」に改め松前藩を開き、城を大改修した。寛永14（1637）年、城と城下は大火災で焼失。同16年に再築した。文化4（1807）年、幕府は松前氏を奥州梁川に移し、直轄地とした。松前氏の復帰運動も奏功して、文政4（1821）年に松前復帰を果たす。嘉永2（1849）年には幕府の命令により松前福山城の築城に着手。安政元（1854）年完成し、大砲中心の西洋式築城を取り入れた。明治元（1868）年には榎本武揚が入城。箱館戦争の舞台となった。

五稜郭　別名 柳の城、柳野城　所在 函館市五稜郭町　遺構 石垣、土塁、堀、復元箱館奉行所

　五稜郭は、守備・攻撃の主眼とする大砲の砲台である稜堡を5か所に設けた稜堡式で築城されている。その形状が星形五角形をしていることから、五稜郭と呼ばれる。安政3（1856）年、北辺防備を担当していた箱館奉行が、五稜郭築城上申書を幕府に提出。翌4年、武田斐三郎の設計で築城に着手。元治元（1864）年に一応の完成を見た。しかし、幕府は財政難で、搦手の石垣普請を中止しての構築だった。

　明治元（1868）年12月、旧幕臣たちは北海道開拓者を名乗り五稜郭を占拠、榎本武揚を総裁に、永井尚志を箱館奉行に選び、新政府の樹立を宣言した。明治新政府は兵1500名を箱館へ派遣。翌2年5月12日より総攻撃に出た。5日後に旧幕府軍は降伏、五稜郭を明け渡した。

五稜郭は城外より内部の様子が分からぬよう、またどの方角にいるかわからぬよう築き上げた城郭であったが、主殿に望楼をあげ籠城。望楼が攻撃対象となり開城に及んだのである。現在主殿にあたる箱館奉行所の建築が復元公開されている。

四稜郭　所在 函館市陣川町　遺構 土塁　史跡 国指定史跡

五稜郭の北へ約3.5km地点、函館市街地を望む傾斜地に、四辺に土塁と空堀があり、蝶が羽根を広げたような堡塁の四稜郭がある。箱館平野と海を一望とする五稜郭の出城として、旧幕府軍200人と地元農民100人が昼夜兼行で、数日間で完成させたという。東西100m、南北70mで四隅に砲座（稜堡）を設けたことから四稜郭の名がある。南側に設けられた虎口は小桝形を呈している。ここから西南2km時点にある神山稲荷神社は当時の東照宮があったところで、境内には権現台場が築かれた。本殿背後に一部の土塁が残る。

志苔館　所在 函館市志海苔町・赤坂町　遺構 土塁、堀　史跡 国指定史跡

函館市街地から東側9km、函館空港に隣接し太平洋に面する志海苔の丘によく保存される土塁と空堀からなる館跡がある。道南十二館の一つに数えられる志海苔館である。「新羅之記録」（松前藩の史書）に長禄元（1457）年、館主小林良景がいた館がコシャマインの乱で陥落したと記され、永正9（1512）年4月にもアイヌとの戦で陥落した記述がある。発掘調査によって出土した柱穴跡、建物跡、塀跡などが現地展示され、整備されている。また、館の近隣から銭の詰まったカメが出土しており、この地域のかつての繁栄を物語る。

白老仙台陣屋　所在 白老郡白老町　遺構 土塁　史跡 国指定史跡

仙台藩が安政3（1856）年、三好監物の設計で白老に築いた陣屋で、兵120名が配備された。さらに広尾、厚岸、根室、千島国後、択捉5か所が整備される対象で、それぞれ出張り陣屋が築かれた。1年交代で寒さ厳しい中での警備についた。慶応4（1868）年戊辰戦争で新政府軍が襲来すると、守備兵は、支笏湖畔にしばらく潜伏して小樽から船で仙台へ撤退。陣屋は放置された。翌年白老郡を統治することとなった一関藩は陣屋を壊し、廃

材で役所と移民小屋10棟を建てた。現在陣屋址には資料館が建てられ陣屋をめぐる事跡が展示されている。

戸切地陣屋 (へきりち)
別名 松前陣屋、清川陣屋　**所在** 北斗市野崎　**遺構** 土塁、空堀、虎口、砲台、復元大手門、搦手門　**史跡** 国指定史跡

　安政2(1855)年松前崇広が築いた陣屋で、今も空堀、土塁、虎口、物台がよく残る。四辺形の星形城郭で、そのうち東側の先端は特に大きく突出する。6基の砲座を配備する台場が設けられている。面積は本陣のみで43,000㎡で、藤原主馬の設計によりつくられた。陣屋は備頭竹田作郎以下、横目付をはじめ18名と守備兵若干名が、家族を伴い移住しており、警備と並行して開拓にもあたった。屯田の形態をとっていた。四稜堡は高さ3mの土塁が囲み、外側にみごとな幅5m深さ3mの空堀が囲む形で残る。また裏門の西方230mには火薬庫の跡が発見・整備されている。遺構はよく保存され、戸切地陣屋公園として整備されている。桜の名所として有名である。

シベチャリチャシ
所在 日高郡新ひだか町静内　**遺構** 空堀　**史跡** 国指定史跡

　チャシとはアイヌ民族が築いた城郭のことである。ここシベチャリチャシは、静内川が太平洋に注ぐ河口東側に、比高80mの丘上にあるチャシで、すこぶる展望が良く太平洋沿岸はもちろん日高山地の山並みを眺望できる。チャシ址は現在二条の空堀が認められる。

　アイヌ民族の反乱はオニビシとシャクシャインの抗争が何度か繰り返され、寛文8(1668)年、オニビシはシャクシャインにより滅ぼされた。翌9年に起きたシャクシャインを大将とするアイヌ民族の蜂起は、江戸幕府を震撼させたが、シャクシャインが居たのが、ここシベチャリチャシだった。シャクシャインは松前軍のだまし討ちであえない最期を迎える。今日、真歌公園にはシャクシャインの像が建つ。

根室半島チャシ跡群
所在 根室半島　**史跡** 国指定史跡

　今日北海道内には500か所ほどのチャシの遺跡が確認されている。最も遺跡が集中しているのが根室市域で32か所のうち、根室半島で24か所が確認され、国指定遺跡とされている。

　チャシが根室で築かれたのは16世紀から18世紀までで、本土の戦国時

代から江戸中期にあたる。チャシが築かれているのは、丘陵の先端や谷間をかかえる丘の上か舌状台地先端の丘上。地続を掘り切り、空堀として半独立状の地をつくり、城地としている。現在見学できるのはヲンネモトチャシ跡、ノッカマフ1号・2号チャシ跡で、良好に残る2か所である。

モシリヤチャシ 　所在 釧路市城山　史跡 国指定史跡

　釧路川河口から上流に約2kmの、釧路川左岸に半島状に突き出た比高20m余りの丘陵地先端部にあるチャシである。築城は宝暦年間（1751〜64）にこの地方を支配下に置いたトミカラアヤノであるとされていて、ウライケチャシの築城者でもある。チャシは舌状台地の先端を掘り切って、台地上の二つの曲輪からなり、河口に接する丘の先端に位置、2段からなる。楕円形のチャシで「お供え山」ともいわれる。近くにある釧路市立博物館ではアイヌ文化と歴史を紹介するとともに発掘調査で出土した遺物を展示する。

戦国大名

北海道の戦国史

　延文元年（1356）に成立した「諏方大明神絵詞」によると、当時蝦夷地には渡島半島東部の「日ノ本」、南西部の「渡党」、北西部の「唐子」の3類があったという。そして、「日ノ本」が千島列島、「唐子」は樺太と通じて外国とつながる一方、「渡党」は陸奥外ヶ浜（青森県）にも拠点を持って交易していただけでなく、陸奥安東氏のもとで合戦に加わることもあったという。

　陸奥国津軽郡十三湊（青森県五所川原市）の福島城に拠っていた下国家の安東盛季は嘉吉3年（1443）南部義政によって蝦夷松前に追われた。その後安東氏は陸奥に戻ったのち、政季は享徳3年（1454）武田信広、相原政胤、河野政通を伴って蝦夷に渡った。

　松前藩の史書『新羅之記録』によると、政季は在島した2年間に渡島半島先端部を「下之国」「松前」「上之国」の三つに分割、「下之国」に下国家政、「松前」に下国定季、「上之国」に武田信広の3人の守護を置く、三守護体制をつくりあげた。また、副守護として「下之国」に河野政通、「松前」に相原政胤、「上之国」に蠣崎季繁を置いたという（異説あり）。そして、この三守護のもとに道南十二館と呼ばれる十二の館と館主がいた。

　安東政季は康正2年（1456）湊安東氏の尭季の手引きによって出羽に転じると、翌長禄元年（1457）にアイヌのコシャマインが蜂起、道南十二館のうち、下之国の茂別館（下国家政）と上之国の花沢館（蠣崎季繁）を除く十館を落とした。このとき、蠣崎季繁のもとにいた武田信広がコシャマインを討ち、やがて季繁の養女を妻に迎えて蠣崎氏を継ぐと、館主層を次々と被官化、永正11年（1514）には大館（松前町）に移り、以後事実上松前を支配した。

　そして天正18年（1590）慶広は豊臣秀吉に謁して諸侯に列し、文禄2年（1593）には蝦夷地全体の支配を認知された。

厚谷氏 渡島の比石館（檜山郡上ノ国町字館野）館主。嘉吉元年（1441）に畠山重忠の一族である重政が陸奥田名部（青森県むつ市）から移り住んだのが祖とも、松前氏の祖である若狭の武田信広の重臣ともいう。コシャマインの蜂起で比石館は陥落したとされていたが、近年の発掘で戦国期の館であるとみられている。

蠣崎氏 蝦夷の戦国大名。家譜によると、若狭武田氏の国信の子信広が足利を経て陸奥国田名郡蠣崎（青森県むつ市川内町）に移り住んで蠣崎武田を称したのち、享徳3年（1454）に蝦夷に渡って安東氏に属し、花沢館にいた同族の蠣崎季繁の客将となったと伝える。しかし、若狭武田氏の系図には信広の名はない。また、南部氏の一族が蝦夷地に渡って蠣崎氏になったとも、陸奥蠣崎村の土豪蠣崎氏が南部氏と対立して蝦夷に渡ったともいい、はっきりしない。長禄元年（1457）コシャマイン蜂起の際に信広がこれを平定、やがて季繁の女婿となって蠣崎氏を継いだ。信広の子光広は大館に移り、以後実質的に松前を支配した。天正18年（1590）慶広は豊臣秀吉に謁して諸侯に列し、のち蝦夷地全体の支配を認知された。慶長4年（1599）宗家は松前氏と改称、以後は分家のみが蠣崎を称した。

小林氏 渡島の志苔館（函館市志苔町）館主。康正3年（1457）良景のときコシャマインの蜂起で陥落した。その後志苔館主に復帰したが、永正9年（1512）のアイヌの蜂起で子良定が討死し、以後は蠣崎氏の家臣となった。近年、館跡南西の銭亀沢で40万枚に及ぶ大量の蓄蔵銭が発掘されて注目を集めている。

下国氏 下之国の茂別館主。安東政季の弟家政は茂別館（北斗市）に拠って下之国守護となり下国氏を称したという。コシャマインの叛乱では、花沢館の蠣崎氏と茂別館の下国家政のみが陥落を免れた。永禄5年（1562）家政の孫師季のときに落城。以後は蠣崎（松前）氏に仕えて重臣となる。江戸時代は代々松前藩家老をつとめた。

名門 / 名家

◎中世の名族

蠣崎氏
<small>かきざき</small>

蝦夷の戦国大名。清和源氏若狭武田氏の一族というが不詳。家譜によると、若狭武田氏の国信の子信広が陸奥国田名郡蠣崎（青森県むつ市川内町）に移り住んで蠣崎武田を称したのが祖で、1454（享徳3）年蝦夷に渡って安東氏に属し、花沢館にいた同族の蠣崎季繁の客将となったと伝える。しかし、若狭武田氏の系図には信広の名はない。また、南部氏の一族が蝦夷地に渡って蠣崎氏になったとも、陸奥蠣崎村の土豪蠣崎氏が南部氏と対立して蝦夷に渡ったともいい、はっきりしない。

いずれにせよ、57（長禄元）年コシャマインの蜂起が起こった際に、信広は道南地区にあった館主の惣大将としてこれを平らげ、やがて季繁の女婿となって蠣崎氏を継ぐと、館主層を次々と被官化したとみられる。

信広の子光広は1514（永正11）年大館に移り、以後実質的に松前を支配した。90（天正18）年慶広は豊臣秀吉に謁して諸侯に列し、93（文禄2）年には蝦夷地全体の支配を認知された。99（慶長4）年宗家は松前氏と改称、以後は分家のみが蠣崎氏を称した。

◎近世以降の名家

稲田家
<small>いなだ</small>

静内に移住した徳島藩家老。尾張国（愛知県）の出で、貞祐の時織田信安に仕えた。子植元（植元）は蜂須賀正勝に仕え、1585（天正13）年の蜂須賀家の阿波入国に従って家老となり、その子示植の時に淡路洲本城代となった。以後代々九郎兵衛を称して洲本城代兼徳島藩家老をつとめ、1万4000石を領した。

幕末、邦植<small>（くにたね）</small>は討幕派として活躍、佐幕派の徳島藩と対立した。維新後の

稲田家独立を目指した動きに対して、1870（明治3）年に徳島藩士が稲田家を襲撃（庚午事変）、これを機に淡路島は兵庫県に編入され、稲田家は北海道静内（新ひだか町静内）に移住した。96（同29）年邦植が男爵となる。

岩田家
松前城下（松前町）の豪商。代々金蔵を襲名した。初代金蔵が青森から松前に渡って酒造業で成功、岩田屋と号した。1776（安永5）年にはシャコタン場所を請け負い、以後7代にわたって漁業家として活躍した。

蠣崎家
松前藩主松前家の分家。戦国大名蠣崎氏は江戸時代松前家と改称したが、分家は蠣崎家を名乗り続けた。12代藩主資広の五男から蠣崎家を継いで画家・漢詩人として知られた蠣崎波響が著名。わずか18歳で家老もつとめる一方、江戸で画を学び、「松前の応挙」とも呼ばれている。1984（昭和59）年にはフランスのブザンソン市立博物館の収蔵庫で11点のアイヌ絵が発見され、話題を呼んだ。

下国家
松前藩家老。蝦夷茂別館主の末裔。1454（享徳3）年に渡島に渡った安東政季は弟家政を茂別館（北斗市）に置いて下之国守護とし、家政は下国氏を称したという。57（康正3）年のコシャマインの叛乱では、花沢館の蠣崎氏と茂別館の下国家政のみが陥落を免れた。後蠣崎（松前）氏に仕えて重臣となり、江戸時代は代々松前藩家老をつとめ、安芸を称した。幕末の崇教は筆頭家老となり、榎本武揚が蝦夷地に上陸して松前藩を占領すると、藩主徳広を連れて津軽に逃れている。

関川家
江差の豪商。越後出身。江戸時代初期に初代関川与左衛門が松前城下に移り、間もなく江差の姥神町に定住したのが祖。当初は酒屋だったが、2代目が回船業や米穀問屋、金融業、醸造業などを経営して豪商となった。北前船三隻を有して江差随一の豪商といわれ、松前藩の御用達をつとめ、名字帯刀も許されていた。1897（明治30）年9代目の時に江差を離れている。現在はその別荘が一般公開されている。

伊達家
伊達市に入植した仙台藩主一族亘理伊達家。伊達稙宗の三男実元が祖。子成実は1591（天正19）年伊具郡16郷を与えられて角田城に拠っ

た。その後、成実は出奔したが、後に許され、1602（慶長7）年亘理城で2万石を領した。成実の跡は伊達政宗の九男宗実が継ぎ、後2万4350石となる。明治維新後、邦成は旧臣を率いて北海道有珠郡紋鼈村（伊達市）に移住し、1892（明治25）年男爵となった。

伊達家
石狩当別に入植した仙台藩主一族岩出山伊達家。伊達政宗の四男宗泰が、1603（慶長8）年に玉造郡岩出山城（宮城県玉造郡岩出山）を与えられたのが祖。代々弾正を称し、一門の中でも特に有力な一族であった。91（元禄4）年3代敏親が開設した有備館は著名。4代村泰は妻が冷泉家の出だったことからしばしば京都に赴き、竹林の造成を移入。これをもとにした竹細工を奨励して岩出山の名物とした。1871（明治4）年邦直の時に北海道石狩郡当別（当別町）に移住している。92（同25）年正人の時に男爵となる。

伊達家
松前城下（松前町）の豪商。初代林右衛門は陸奥国伊達郡貝田村（福島県）の出で、1788（天明8）年に蝦夷地に渡り、93（寛政5）年江戸の両替商・本家伊達浅之助家の支援を受けて松前城下に「伊達屋」を開いた。1810（文化7）年には栖原角兵衛と共同で樺太漁場を開き、幕府の蝦夷地御用達となっている。54（安政元）年3代目林右衛門は松前藩士となり、勘定奉行に抜擢された。維新後、5代目林右衛門は漁場を栖原家に譲渡して撤退している。

西川家
小樽で住吉屋と号した豪商。近江国八幡（滋賀県）の出身。初代伝右衛門は荒物行商から身を起こして1650（慶安3）年松前に渡る。3代伝右衛門は寛延・宝暦年間（1748〜1764）頃に茂入・祝津場所（余市・小樽市）を請け負った。維新後も近江に本拠を残しつつ、引き続き建網二〇数カ所で漁場経営を継続した。明治時代、貞二郎は他業種へも展開、大阪商船や大日本帝国水産の設立に関わり、八幡銀行の初代頭取もつとめている。

藤野家
松前城下（松前町）で柏屋と号した豪商。近江国犬上郡下枝村（滋賀県犬上郡豊郷町）の枝村商人の出。1790（寛政2）年に初代喜兵衛が蝦夷

地松前に渡ったのが祖。1800（同12）年には四郎兵衛が福山湊に出店を設けて蝦夷地産物の交易を始め、06（文化3）年余市場所を請け負った。本店当主は代々喜兵衛を称した。

　以後、近江の本家を残したまま蝦夷地各場所を次々と請け負い、蝦夷を代表する場所請負人に成長。箱館が開港されると、58（安政5）年には箱館に本拠を移した。維新後は、北海道奥地に広大な漁場を経営する一方、みずから日本海航路を運営する海運業者でもあった。また、93（明治26）年には網走牧場を開設するなど牧場経営も行った。

松前家

松前藩主。戦国大名蠣崎氏の末裔。宗家は松前を名乗り、分家は従来通り蠣崎を称した者が多かった。

　江戸時代は福山藩（通称松前藩）を立藩して諸侯に列したが、蝦夷地では米が穫れないため石高はなく、1万石格とされていた。1855（安政2）年陸奥・出羽に所領を得、3万石となった。68（明治元）年旧幕軍に攻められて館城（厚沢部町）に移った。84（同17）年修広の時子爵となったが、1944（昭和19）年当主の正広が戦死して直系は断絶した。

　1889（明治22）年老中をつとめた12代藩主崇広の子隆広が分家して男爵を授けられている。

村山家

松前城下（松前町）の豪商。江戸中期、能登国羽咋郡安部屋村（石川県羽咋郡志賀町）生まれの初代伝兵衛が蝦夷に渡って松前に住み、阿部屋と号して廻船業を構えたのが祖。3代目伝兵衛直旧の時に藩主や有力家臣の場所請負人となって急成長、安永年間には名字帯刀を許された。1782（天明2）年には町奉行下代兼町年寄となり、95（寛政7）年には松前湊の問屋株も取得、松前を代表する豪商となった。

横山家

江差の豪商。1769（明和6）年能登国珠洲郡三崎（石川県珠洲市）出身の初代宗右衛門が江差に移住。1822（文政5）年から廻船問屋を営んだ。7代目当主の横山けいは、にしんそばの考案者としても知られる。同家の店舗・蔵・住宅は、横山家住宅として北海道の有形民俗文化財に指定され、一般公開されていたが、2018（平成30）年8代目敬三が急死し、以後休館している。

博物館

三笠市立博物館
〈大型アンモナイトの化石〉

地域の特色

　北海道は大きい。面積は全国1位で、第2位の岩手県の約5.5倍。一方、人口密度は1番低い。しかし面積が広いので人口は526万人（2020（令和2）年1月末現在）と兵庫県とほぼ同じ。気候的には冷帯（亜寒帯）に属し、「梅雨」がない。津軽海峡で本州と隔られていて、ヒグマやシマフクロウが生息するなど本州とは異なる独特な自然が残されていて、知床は世界自然遺産である。世界文化遺産の「北海道・北東北の縄文遺跡群」、先住民族であるアイヌの文化、明治からの「開拓」など独特の文化と歴史もある。

　博物館の世界でも北海道はユニークである。道内初の博物館「札幌仮博物場」が1877（明治10）年に開場するのは、開拓使顧問ケプロンが開拓使次官黒田清隆に「文房」（図書館）と「博物院」（博物館）の設立を提案したことによる。79（明治12）年に開場した開拓使函館仮博物場（旧函館博物館1号）は現存する国内最古の洋風木造建築の博物館で、開拓使の廃止に伴い発足した三つの県の一つ函館県に移管されたので、日本における地方博物館の先駆けといわれている。クラーク博士の進言により86（明治19）年には札幌農学校に日本で2番目の植物園も開園している。

　近代的博物館が早い時期に設置されたことや、独特の自然や文化歴史を背景として、多彩な博物館が各地にあり、数も多い。北海道博物館協会（事務局：北海道博物館、加盟館園125館園）には、学芸員の部会やブロック別連絡協議会もあり、活発に活動している。

主な博物館

北海道博物館　札幌市厚別区厚別町

　北海道の中核的総合博物館。総合展示（常設）は「北東アジアのなかの北海道」「自然と人とのかかわり」をコンセプトに、「プロローグ」と「北海

道120万年物語」「アイヌ文化の世界」「北海道らしさの秘密」「わたしたちの時代へ」「生き物たちの北海道」の五つのテーマで北海道の自然・歴史・文化を紹介している。総合展示には七つの「クローズアップ展示」があり、定期的に入れ替えて新収集資料、保存の上展示の期間が限定される資料、時々の話題などを紹介している。

北海道百年記念事業の一つとして1971（昭和46）年に「北海道開拓記念館」が開館。行政の効率化もあり道立アイヌ民族文化研究センター（1994（平成6）年開所）を吸収して、建物の改修も行い2015（平成27）年春に「北海道博物館」として新規開館した。

開拓記念館の開館時の展示（一部残っている）は展示デザイナーが積極的に関わった立体的な空間構成や多彩な技法の展示で、その後続々と整備される県立級博物館の展示に大きな影響を与えた。

北海道大学総合博物館　札幌市北区

札幌農学校開校以来の400万点超の学術標本を保存活用する大学博物館。常設展示は、札幌農学校以来の「北大の歴史」、大学全体の教育・研究を紹介する「北大のいま」、博物館バックヤードの一部を見せる「ミュージアムラボ」、標本を手にとることができる「感じる展示室」、標本の一部を公開する「収蔵標本の世界」で構成されている。

以上は旧理学部本館の建物を使い2001（平成13）年に公開展示が開始された総合博物館の「本館」で、この他に開拓時代の農具などが展示され、建物は国の重要文化財の「札幌農学校第2農場」、函館キャンパスの「水産科学館」の3施設で総合博物館は構成されている。

市民の生涯学習の支援にも力を入れ、学術標本・サンプルを正しく同定し整理する能力をもつ「パラタクソノミスト」の養成講座や植物・菌類、昆虫、骨格、考古学資料の整理や標本制作のボランティア活動など大学の専門性を生かしたユニークなプログラムを展開している。

国立アイヌ民族博物館　白老郡白老町若草町

日本の貴重な文化でありながら存立の危機にあるアイヌ文化の復興・発展のための拠点となるナショナルセンター「民族共生象徴空間（ウポポイ）」を構成する博物館。愛称「ウポポイ」は、アイヌ語で「（おおぜいで）歌う

こと」を意味する。ウポポイの主要施設として他に慰霊施設とアイヌの文化の体験型フィールドミュージアムである国立民族共生公園とがある。

博物館の展示は、アイヌ民族の視点で「私たち」という切り口で語る構成になっている。解説パネルや表示は、アイヌ語を第一言語として最初に表示している。基本展示（常設展）は「ことば」「世界」「くらし」「歴史」「しごと」「交流」の六つのテーマで展開している。

「アイヌの歴史・文化基礎研究」と「博物館機能強化のための研究」を調査研究の柱としている。なお、アイヌのコミュニティが創立・運営していた「アイヌ民族博物館」は、ウポポイ建設に伴って閉館した。

おたる水族館　小樽市祝津

1958（昭和33）年に北海道大博覧会の「海の会場」として建設、翌年に小樽市立水族館として開館。本館では、北海道と寒帯に生息するイトウ、オヒョウ、ホッケ、ミズダコなど約250種類5千点が展示され、野外の自然岩礁を生かした海獣公園ではトド、セイウチ、ゴマフアザラシ、ゼニガタアザラシなどの鰭脚類が飼育され、豪快なダイビングのトドショーも実施。ニシン漁で潤った網元が建てた鰊御殿が近くにあり、見学ができる。

サケのふるさと千歳水族館　千歳市花園

1994（平成6）年に開館し、2015（平成27）年にリニューアルした。サーモンゾーンや支笏湖ゾーンなど、サケや北方圏のさまざまな淡水生物が飼育展示され、地下には国内初の千歳川の水中を見ることができる「水中観察ゾーン」があり、産卵のため遡上するサケなどを観察できる。敷地内にサケ・マスの増殖事業に用いる親魚を捕獲する捕魚車（インディアン水車）が設置されている。道内にはサケ専門の札幌市豊平川さけ科学館、標津サーモン科学館もある。

北海道大学植物園　札幌市中央区

13ヘクタールの園内に約4千種類の植物を育生・展示している。明治の開拓以前の自然が残っている。高山植物園、灌木園、北方民族植物標本園、草本分科園、温室、宮部金吾記念館、北方民族資料室、博物館などがある。「博物館」は開拓使の博物場が移管されたもので重要文化財（大学総合博物

館とは別)。クラーク博士の「植物学の教育には植物国が必要」との進言で発足した。正式名称は北海道大学北方生物圏フィールド科学センター植物園。

北海道立北方民族博物館　網走市字潮見
ほっかいどうりつほっぽうみんぞくはくぶつかん

　北海道を含めた北方地域の人々の文化的特徴、歴史的形成過程、民族間の相互関係などを調査研究し、成果を展示などで公開する北方専門の民族学博物館。常設展示は東はグリーンランドのイヌイト(エスキモー)から、西はスカンディナビアのサミ(ラップ)までの北方諸民族を、衣・食・住・生業・精神文化・文化の伝承などのテーマ別に、また先史文化は北海道のオホーツク海沿岸に栄えていたオホーツク文化を中心に紹介している。

釧路市立博物館　釧路市春湖台
くしろ　し　りつはくぶつかん

　春採湖を一望する丘の上にある個性的な外観の博物館。タンチョウが両翼を広げた形をイメージしたデザインは地元出身の建築家毛綱毅曠による。
はるとりこ

　常設展示は1階にシンボルのマンモスホールや釧路の自然。2階には釧路の歴史。4階にはアイヌ文化の「サコロベの人々」と半円形の大きなジオラマ(ダイオ・ネイチュア・ドーム)の「タンチョウ」の展示と展望室がある。市の埋蔵文化財調査センターも入っていて、センター関係の展示もある。

北海道開拓の村　札幌市厚別区厚別町
ほっかいどうかいたく　　　むら

　北海道が設置した野外博物館。敷地面積54.2ヘクタール。市街地、漁村、農村、山村のゾーンに明治から昭和初期の道内各地の50以上の建造物を移築復元・再現している。夏は国内唯一の馬車鉄道を、冬は馬そりを運行している。多くのボランティアがいて、ニシン漁家の人々、農家の人々、わらを綯う人などの「むらびと」として、当時の衣装で生業・作業の様子を再現して生活文化を紹介している。村内の見所を巡るガイドツアーもある。
な

旭川市旭山動物園　旭川市東旭川町
あさひかわ　し　あさひやまどうぶつえん

　「行動展示」、飼育動物にとって居心地が良く、本来もっている能力や行動、感性を引き出すことを主眼に考えた飼育施設に力を入れている。面積は15ヘクタール。全体が傾斜地で、その特性を生かした配置になっている。

学校、大学と連携した旭山動物園教育研究会（GAZE）をつくるなど動物園教育にも力を入れている。1990年代廃園の噂も流れる中、当時の園長小菅正夫氏の下に改革を行い入園者を大幅に増やしたことで有名になる。

北海道立文学館　札幌市中央区中島公園

　北海道に関係する文学の資料を収集し公開する中核的文学館。常設展の「誕生から現代まで」ゾーンではアイヌ民族の文学、20世紀への胎動……変転する現代とほぼ時間軸に沿って、「さまざまなジャンル」ゾーンでは児童文学、詩、短歌、俳句、川柳、千島・樺太の文学など分野ごとに北海道の文学を紹介している。北海道は文学館の多い地域で有島記念館、井上靖記念館、小樽文学館、函館市文学館、三浦綾子記念文学館などがある。

市立函館博物館　函館市青柳町

　函館に関する総合博物館。日本の地方博物館の先駆け的存在でルーツは1879（明治12）年に開場した開拓使の「函館仮博物場」（建物は現存し道内最古の博物館施設）。82（明治15）年の開拓使廃止で函館県博物場となりさまざまな経緯を経て現在の博物館になった。前身施設が収集展示した膨大な資料も引き継いでいる。本館の他、所蔵する資料を展示する分館的施設、すなわち郷土資料館（旧金森洋物館）、北洋資料館、北方民族資料館、函館市文学館を市内に分散設置している。

小樽市総合博物館　小樽市手宮

　本館と運河館で構成。本館は北海道の鉄道発祥の地、旧手宮駅5.8ヘクタールに当時の国鉄が開設した元北海道鉄道記念館。蒸気機関車「しづか号」など歴史的鉄道車両50両や自動車を保存・展示。蒸気機関車の運行もしている。館内にはプラネタリウム、体験型展示が並ぶ科学展示室がある。
　運河館（小樽市色内2丁目）は1893（明治26）年造の旧小樽倉庫（木骨石造）を活用し、所蔵の約2万点資料の展示で小樽市の歴史と自然、遺跡を紹介している。

博物館網走監獄　網走市字呼人

　1890（明治23）年に釧路集治監の分監として発足した網走刑務所の旧建

造物を保存公開する野外歴史博物館。広大な敷地に重要文化財である舎房および中央見張、教誨堂、通用門などの建物が並ぶ。囚人の生活は人形で再現している。北海道の監獄は囚人を開拓の労働力として使うという狙いがあった。監獄歴史館では囚人が従事した中央道路の開削をマルチ映像で紹介している。現在の網走刑務所の食事を再現した「体験監獄食」も食べられる。

三笠市立博物館　三笠市幾春別錦町

　北海道産のアンモナイト約190種600点を中心に約1千点の化石を展示しているので日本一のアンモナイト博物館といわれているが、基本的には総合博物館。郷土出身者、開拓と囚人、炭鉱と人々の暮らしの展示も充実。
　三笠ジオパークのジオサイト（見学場所）の一つも近くにある。

斜里町立知床博物館　斜里郡斜里町本町

　知床の厳しい自然と歴史の総合博物館。展示は1階に歴史民俗、2階に知床の自然・動物があり、体験型のこどもミュージアムや映像室もある。隣の姉妹町友好都市交流記念館では沖縄県竹富町、青森県弘前市を紹介。知床半島には、知床世界遺産センターは知床羅臼ビジターセンターがある。

帯広百年記念館　帯広市緑ケ丘

　十勝地域の総合博物館。第1展示室で自然、十勝で本格的な開拓が始まって以降の様子を、第2展示室で日高山脈の誕生から先住の人々の生活・文化を紹介している。館内にアイヌ民族文化情報センター「リウカ」もある。分館の埋蔵文化財センターでは発掘調査した資料を展示している。

夕張市石炭博物館　夕張市高松

　夕張市はかつて炭鉱で栄えた地域で、常設展示は2階に炭鉱の開発と衰退の歴史を、エレベーターで降りた地階は坑内風の空間になっており、採炭に使用した機械・器具や人形で採炭の技術を紹介している。この他、実際に掘ってつくった「模擬坑道」もあり本物の石炭層が露出している。

函館市 縄文文化交流センター　函館市臼尻町

北海道初の国宝「中空土偶」など市内発掘の縄文時代の遺物を展示する博物館と道の駅を併設した施設。センターがある高台から国指定史跡「垣ノ島遺跡」を一望できる。市内では垣ノ島遺跡と大船遺跡がユネスコ世界文化遺産「北海道・北東北の縄文遺跡群」の構成資産になっている。

わっかりうむ稚内市青少年科学館　稚内市ノシャップ

国内最北の科学館、プラネタリウム。科学、環境、南極などの展示や天文台がある。南極越冬隊資料展示館では居住棟、雪上車などを展示。わっかりうむは隣のノシャップ寒流水族館との共通の愛称。オオカミウオなど寒流の魚類が泳ぐ回遊水槽やアザラシのショーがある。

開陽丸記念館　檜山郡江差町字姥神町

開陽丸は徳川幕府がオランダに発注した軍艦。1868（明治元）年江差沖に停泊中に暴風雨で、座礁、沈没。1974（昭和49）年から海底調査を実施し3万2,905点の遺物を引き揚げた。90（平成2）年に開陽丸を実物大で再現し係留。艦内に引揚遺物や歴史的背景を展示している。大砲発射の模擬体験もできる。

酪農と乳の歴史館・札幌工場　札幌市東区苗穂町

酪農と乳業の発展の歴史を伝承する目的で1977（昭和52）年に開館した雪印メグミルクの企業博物館。札幌工場に隣接し、工場見学もできる。2階には創業当時からの乳製品の製造機械を、3階には乳牛に関する基礎知識と新聞広告・パケージなどによる社史の展示がある。1階はPRコーナー。

奥尻島津波館　奥尻町字青苗

1993（平成5）年7月、マグニチュード7.8の地震が発生した。奥尻島は日本海観測史上最大級の地震と大津波で壊滅的な被害を受けた。災害の記憶を伝え、教訓を残すために震災から8年後の2001（平成13）年にオープンした。常設展示は記録写真や映像、模型で、災害の様子とその後の復興を紹介している。館内には、考古史料の展示室もある。

平取町立二風谷アイヌ文化博物館　沙流郡平取町二風谷

　沙流川流域のアイヌ文化を中心とした博物館。展示は「アイヌ―人々の暮らし―」「カムイ―神々のロマン―」「モシリ―大地のめぐみ―」「モレウ―造形の伝統―」の四つのゾーンで構成し、重要文化財の民具などを展示。屋外には重要文化的景観にも選定されたチセ（民家）群もある。

札幌市円山動物園　札幌市中央区宮ヶ丘

　北海道初の動物園で1951（昭和26）年開園。動物の生息する自然環境を再現し、また動物と観客が一体に感じられる「生息環境展示」も採用している。開園100年目に向け基本方針「ビジョン2050」を策定し、「命をつなぎ　未来を想い　心を育む動物園」を基本理念に改革が進んでいる。

松前城資料館　松前郡松前町字松城

　松前城（福山城）は北方警備の拠点として幕府が松前藩に築城を命じ、1854（安政元）年に完成。国宝の木造天守は1949（昭和24）年に焼失し、61（昭和36）年に鉄筋コンクリートで再建され、内部が資料館になった。城下を描いた松前屏風（複製）や、松前家、幕末の歴史などを展示している。

穂別博物館　勇払郡むかわ町穂別

　地元の荒木新太郎氏が首長竜の化石を発見したのを契機に、1982（昭和57）年に開館。その後全長8mの新種の恐竜カムイサウルス（通称鵡むかわ竜）も発見された。常設展示はこれら穂別地区産出の動物化石を中心に紹介。館内に北海道大学総合博物館古生物学研究分室がある。

浦幌町立博物館　十勝郡浦幌町字桜町

　浦幌を中心とする東十勝と釧路西部にまたがる白糠丘陵一帯の自然、歴史、生活、文化の博物館。常設展示は自然からのメッセージ・アオサギの世界・石器と土器の文化・十勝浦幌の自然誌・アイヌのくらし・十勝浦幌のあゆみの6コーナーで構成。活発な教育活動、情報発信で知られる。

名 字

◆地域の特徴

北海道で最も多い名字は佐藤。それも人口の3%近くを占めて圧倒的に多い。道内にある35の市すべてで佐藤が最多で、音更町、七飯町、幕別町、新ひだか町、中標津町といった人口の多い町でも最多は佐藤。佐藤が最多でないのは、東神楽町・東川町（高橋が最多）、雨竜町・真狩村（佐々木が最多）、占冠村（鈴木が最多）、留寿都村（渡辺が最多）など人口の少ない町村を中心にごくわずかしかなく、道内全域にまんべんなく分布している。

2位の高橋は人口の1.7%ほどで佐藤の6割ほどしかないが、やはり道内一帯に広がっている。東神楽町、東川町、天塩町、沼田町などで最多となっているものの、とくに集中している地域はみあたらない。3位の佐々木もとくに多い地域はなく、やはり全道に広く分布している。

市町村別にみても、札幌市のベスト20と全道のベスト20に登場する名字は全く同じである。これは、道南の函館市、道北の旭川市、道東の釧路市でも同じで、各市のベスト10と全道のベスト10はあまり変わらない。

名字ランキング（上位40位）

1	佐藤	11	加藤	21	菅原	31	本間
2	高橋	12	山本	22	菊地	32	石川
3	佐々木	13	斎藤	23	山口	33	松本
4	鈴木	14	山田	24	山崎	34	森
5	伊藤	15	阿部	25	千葉	35	太田
6	田中	16	木村	26	藤田	36	後藤
7	吉田	17	工藤	27	池田	37	橋本
8	渡辺	18	斉藤	28	長谷川	38	清水
9	小林	19	三浦	29	村上	39	成田
10	中村	20	林	30	遠藤	40	松田

実は、道内の市町村では、極端に人口の少ない自治体を除いて、地域を問わずほとんどの市町村で佐藤が最多となっており、以下、高橋、佐々木、鈴木、伊藤といった、北海道全体に多い名字が上位に並んでいる。要するに地域的な特徴がほとんどみられないのである。

　そもそも、地域的な偏りは中世に各地で誕生した地名や地形、方位に由来する名字に起因する。この時代に各地域で独特の名字が誕生し、やがて分家や転封などの武士の移動によって次第にシャッフルされていった。明治以降は、東京や大阪といった大都市では全国から人が集まって来ることで平準化した。さらに、戦後大都市近郊に誕生したベッドタウンでは、元からいた人たちよりも新たに移り住んで来た人の方が増えて地域の特徴がなくなった。一方、他地域からの人の流入が少ない山間部などでは、中世以来の名字がそのまま残り独自の名字分布となっていることが多い。

　北海道では、先住民のアイヌは名字という制度を持たなかった。そのため、道内の地名などをルーツとする中世以来の名字はほとんどなく、地域独特の名字というものも少ない。そもそも、現在北海道に住んでいる人の大多数は、本州、四国など道外から移り住んで来た人の子孫である。

　こうしたなか、比較的独特の分布がみられるのが道南地区である。道南は室町時代にはすでに和人が治めており、江戸時代には北前船の終着点として関西の商人も住んでいた。また、対岸の青森県の影響も大きく、工藤や三浦といった名字は、道内でも比較的道南地域に多い。

　函館市では木村が6位、工藤が7位とベスト10入りしているほか、小山内・長内、二本柳など青森県独特の名字も多い。北前船の寄港地である秋田市などと同じく、秋田谷、伊勢谷、越後谷、越中谷、加賀谷、津軽屋、能登谷、若狭谷といった屋号由来の名字も多くみられる。

　江差町でも工藤が2位であるほか、松前町では4位斎藤、5位吉田とやや独特のランキングになっている。

● 北海道移住の歴史と名字

　北海道への移民は、江戸中期にはすでに政策として唱えられていたが、本格化したのは江戸時代の終わり頃のことである。最初の移民は武蔵国八王子に住んで農業に従事しながら甲州街道の警備を担当していた幕臣、八王子千人同心の二男や三男たちだった。寛政12（1800）年に蝦夷地東部の白糠・勇払に100人が派遣されたものの、あまりの寒さに死者が続出して

失敗した。

　続いて幕末に、出羽の庄内藩（山形県）が蝦夷地北部の留萌や天塩へ藩士や農民を送り込んだ。雪国出身のため彼らは八王子千人同心と比べると寒さに慣れており、ある程度の成果を上げたものの、戊辰戦争で朝敵になったことから明治維新の際に引き揚げている。

　大規模な移民が行われるようになったのは明治以降である。明治政府は北海道開拓のために、内地から開拓農民が移住することを奨励した。とくに戊辰戦争で朝敵となって所領を減らされた東北各藩では、多くの藩士が北海道に新天地を求めて移住した。仙台藩では、藩主一族の亘理（わたり）伊達家や岩出山伊達家、家老の片倉家・石川家が家臣を率いて移住した。室蘭市の隣の伊達市は、この伊達一族が移住したことに因む地名である。同じく朝敵だった会津藩士は余市郡に移住した。なかには、静内に移住した徳島藩家老で淡路城主の稲田家のように、藩主と対立して移住した一族もある。

　明治7（1874）年、明治政府は屯田兵制度をつくり、宮城県・青森県・山形県などで募集した約200戸の士族を琴似（札幌市）に入植させた。以後、次々と屯田兵を送り込み、明治20年代以降はその中心が士族から農民の組織的な移住に転換していった。

　こうした移住者を出身の都道府県別にみると、青森県と新潟県が約5万戸で最も多い。以下、秋田県・石川県・富山県・宮城県と続き、東北と北陸で全体の7割を占めている。その他では、徳島県と香川県からも1万戸以上が移住しているなど、四国出身者も多い。

　つまり、北海道の人たちの多くは、東北・北陸・四国の人たちの子孫であるといえる。北海道で佐藤が最多なのは、東北で圧倒的に多い名字が佐藤だからである。以下、高橋、佐々木、鈴木、伊藤はすべて東北地方に多い。30位付近には、長谷川、本間といった新潟県に集中する名字がみられるほか、上位に山本、中川、森といった四国に多い名字も入っているなど、確かに東北・北陸・四国の名字の集大成のような感じになっている。

　たとえば、「さいとう」という名字は、東北や関東では斎藤が多く、それより西では斉藤が主流。東北と北陸からの移住者が多い北海道では、13位に斎藤、18位に斉藤と、斎藤と斉藤の両方とも多い地域となっている。

● 道南十二館と箱館

　現在の住民の多くが移民の子孫とはいえ、道南地域では中世からすでに

和人が活動していた。

　鎌倉時代、東北北部では安東一族が下国家、檜山家などに分かれて、現在の青森県から秋田県北部にかけての広い地域を支配していたとみられる。しかし、室町時代になると、南部氏の勢力がこの地方にまで広がり、嘉吉2 (1442) 年には下国家の安東盛季が南部義政によって本拠地の十三湊 (青森県) を追われ、蝦夷地の松前に逃れたという。このあたりの経緯には諸説あってはっきりしないが、室町時代後半には下国安東氏が松前を拠点として蝦夷の経営を任されていた。

　これと前後して、今の函館市から上ノ国町にかけての海岸線上に12の城 (館) ができ、周辺の和人を支配して漁獲物やアイヌとの交易品を独占する小領主たちが誕生した。これらをまとめて「道南十二館」という。

　道南十二館は、松前の大館に拠って松前守護を称していた下国氏を筆頭に、函館市の志苔館 (小林氏)・宇須岸館 (河野氏)、北斗市の茂別館 (下国氏)、木古内町の中野館 (佐藤氏)、知内町の脇本館 (南条氏)、福島町の穏内館 (蒋土氏)、松前町の覃部館 (今井氏)・禰保田館 (近藤氏)・原口館 (岡辺氏)、上ノ国町の比石館 (厚谷氏)・花沢館 (蠣崎氏) の12館で、大館には出城として小館 (相原氏) があった。これらの名字は、北海道のなかではかなり歴史の古い名字といえる。なお、彼らの多くは名前に安東氏の通字である「季」を使っており、安東一族の影響下にあることは間違いない。

　そして、アイヌの大酋長コシャマインの大規模な叛乱を機に、花沢館主蠣崎季繁のもとにいた武田信広が蠣崎氏を継いで道南を支配し、戦国大名に成長した。

● 松前氏のルーツ

　松前氏の祖、武田信広は清和源氏の末裔で若狭武田家の一族と伝えられているが、若狭武田家の系図には信広という名前はみえず信憑性は乏しい。しかし、これを機に蠣崎 (武田) 信広は清和源氏武田家の末裔と称すようになった。以後、着実に勢力範囲を広げて松前地区全体を支配下におくと、安東家の代官も蝦夷地から追放した。そして、蠣崎慶広は豊臣秀吉に拝謁して松前領主と認められ、やがて蝦夷地全体の支配を任された。

　慶長4 (1599) 年、蠣崎家は地名をとって松前家と改称、江戸時代は福山藩 (通称松前藩) を立藩して諸侯に列した。蝦夷地では米がとれないため石高はないが、1万石格とされていた。

なお、蠣崎という名字は藩主の分家が受け継いでおり、江戸時代中期の画家蠣崎波響は松前藩第12代藩主の五男である。

◆北海道ならではの名字

◎秋田谷

函館に集中している「〜谷」という屋号由来の名字の一つ。函館は北前船の執着地であり、江戸時代から多くの商家が立ち並んでいた。こうした商家の屋号は、取引先の地名を屋号にすることが多く、秋田と取引する多くの秋田屋があったと考えられる。そして、明治時代になって戸籍に登録する際に「屋」を「谷」に変えて秋田谷を名字として登録した。現在は同じく北前船の寄港地だった青森県つがる市にも多い。なお、「谷」に変えずに登録したケースもあり、函館市には津軽と取引していた津軽屋という名字もある。

◎加我

函館市に集中している名字。全国の8割以上が北海道にあり、その大半が道南地域にある。函館には、加賀、加賀谷などが多く、加賀から漢字が変化したものとみられる。

◎部田

服部に由来する名字。服部を「はっとり」と読むことから、「部」を「とり」と読むと考えた人がおり、部田と書いて「とりた」と読むもの。鳥田から漢字が変化したものである。

◎鉢呂

もともとは富山県南砺市の旧平村の名字である。平家の落武者で、本来は鉢蝋と書いたという。現在は北海道に多く、とくに札幌市と旭川市に多い。

◆北海道にルーツのある名字

◎門別

北海道の地名をルーツとする数少ない名字の一つ。門別は日高支庁の地名で、アイヌ語のモペッ（静かな川の意）に漢字をあてたもの。全国のこの名字の9割が北海道にあり、その半数はいまでも日高町（旧門別町）にある。

◆珍しい名字

◎帰家

大坂夏の陣の際、飛騨高山城主の金森可重に従って出陣した武士が、戦

功を挙げて無事帰還したことから、帰家の名字を賜ったという。現在でも岐阜県にあるが北海道の方が多い。

◎ 朳 _{もぎき}

　マスコミで紹介されることも多いため近年有名になったが、これで「もぎき」と読む超難読名字。一部の難読名字辞典では「えだなし」「つなし」など、複数の読み方を掲載していることがあるが、実際には「もぎき」のみと思われる。この読み方は、「木」という漢字の両側の払いがもげていることに因むもので、行書体では「木」の先をはねるため、朳さんも縦棒の先は跳ねるのが正しいという。

◎平目 _{ひらめ}

　日高地方にある名字で、文字通り「ひらめ」と読む。魚のヒラメに因むのだが、この地方でかつて大津波があり、引いた後、木にヒラメが架かっていたのを名字にしたと伝えている。

◎ 港道 _{みなとみち}

　様似町や函館市などにある名字。一般に「湊」は陸上の部分を、「港」は水上の部分を指すため、「湊」で始まる名字はいくつかあるが、「港」で始まる名字は珍しい。港道とは「港」に続く道を指すため、陸上の部分である。

〈難読名字クイズ解答〉
①あせび／②あみや／③あるきまち／④えりも／⑤さっか／⑥しこにちゃ／⑦しゃごつ／⑧せんぞく／⑨つくみ／⑩てしべ／⑪とりた／⑫ねっぷ／⑬ねでふじ／⑭ひよどり／⑮もぎき

Ⅱ

食の文化編

米 / 雑穀

地域の歴史的特徴

　蝦夷地などとよばれていた土地が北海道と改称されたのは1869（明治2）年である。命名のもとになったのは「この国に生まれたもの」を意味する加伊という言葉だった。加伊を海にして命名された。翌年には士族や東北の農民が移民に応募して、札幌本府予定地周辺などに移住を開始した。

　1871（明治4）年、大阪府出身の中山久蔵は単身現在の北広島市島松に入植して開墾して1873（明治6）年に1,000㎡の水田を開き、コメの収穫に成功した。現地には「寒地稲作この地に始まる」という碑が立つ。中山は、北海道が有数のコメ産地となる礎を築いた。

　1875（明治8）年には屯田兵の第一陣が琴似（現在は札幌市）に入植した。屯田兵は、北海道の警備と開拓のため1904（明治37）年まで配置された兵士である。彼らは厳しい環境の中で、原野を開いて農地に変えていった。

　1891（明治24）年には屯田兵の山口千代吉、加藤米作が上川地方の旭川で稲の試作を行い、翌年には2合を収穫した。当時、上川地方は稲作に向かないとされていたが成功した。旭川市永山の永山神社入り口には「上川水田発祥の地」の碑が立つ。

コメの概況

　北海道は全国の耕地面積の25.6％を占め、2位の新潟県の耕地面積の6.7倍もある。耕地面積に占める水田率は19.4％で、沖縄県、東京都に次いで3番目に低いものの、田の面積は新潟県の1.5倍あり日本一である。北海道における米づくりは、石狩川流域の石狩平野や、上川盆地、富良野盆地が中心である。

　水稲の作付面積の全国シェアは7.1％、収穫量は7.2％で、全国順位はともに新潟県に次いで2位である。

　収穫量の多い市町村は、①岩見沢市、②旭川市、③深川市、④新十津川

町、⑤名寄市、⑥美唄市、⑦士別市、⑧当麻町、⑨沼田町、⑩鷹栖町の順である。ただ、北海道の総面積は四国の4倍以上と広大なだけに、トップの岩見沢市のシェアは6.4%にとどまっている。

北海道における水稲の作付比率は、うるち米92.9%、もち米6.8%、醸造用米0.3%である。作付面積の全国シェアをみると、うるち米は7.0%で新潟県に次いで全国2位、もち米は12.3%で全国で最も高く、醸造用米は1.5%で16位である。

遠別町は日本最北の米どころである。日本海を流れる対馬暖流の影響で穏やかな気候の遠別町では、1901（明治34）年に稲作に成功して以来、水田が広がっている。1982（昭和57）年には、うるち米からもち米に全面転換し、現在では450haの水田すべてでもち米を栽培している。

知っておきたいコメの品種

うるち米

（必須銘柄）彩、あやひめ、おぼろつき、きらら397、大地の星、ななつぼし、ふっくりんこ、ほしのゆめ、ほしまる、ゆきひかり、ゆめぴりか
（選択銘柄）きたくりん、北瑞穂、そらゆき、ゆきさやか、雪の穂、ゆきのめぐみ

うるち米の作付面積を品種別にみると、「ななつぼし」が最も多く全体の50.3%を占め、「ゆめぴりか」（21.1%）、「きらら397」（9.7%）がこれに続いている。これら3品種が全体の81.1%を占めている。

- **ななつぼし**　2015（平成27）年産の1等米比率は97.2%ときわめて高かった。道産の「ななつぼし」の食味ランキングは、2010（平成22）年産以降、最高の特Aが続いている。馬産地である新ひだか町静内のしずない農協のななつぼしのブランド名は「万馬券」である。

- **ゆめぴりか**　生産者、JA、北海道の3者が「北海道米の新たなブランド形成協議会」を結成して、タンパク質含有率などの基準を設け、それに達している商品だけを出荷している。2015（平成27）年産の1等米比率は95.1%とかなり高かった。「ゆめぴりか」の食味ランキングは、2011（平成23）年産以降、最高の特Aが続いている。

- **きらら397**　2015（平成27）年産の1等米比率は97.8%ときわめて高か

った。「きらら397」の食味ランキングはAである。

- **ふっくりんこ**　北海道が「空系90242B」と「ほしのゆめ」を交配し、2003（平成15）年に育成した。一粒一粒がふっくらとした、おいしそうなイメージが名前の由来である。2015（平成27）年産の1等米比率は97.8％ときわめて高かった。道産の「ふっくりんこ」の食味ランキングは、2015（平成27）年産以降、最高の特Aが続いている。

- **そらゆき**　「上育455号」と「大地の星」を交配して育成した。外食産業用のコメである。業務用として安定的に供給できるように、寒さや病気に強く、収穫が多いといった特徴がある。2015（平成27）年産の1等米比率は100％ときわめて高かった。

- **大地の星**　北海道が「空育151号」と「ほしのゆめ」を交配して2000（平成12）年に育成した。加工用のコメである。粘りが少なく、チャーハン、ピラフ、冷凍米飯などに向いている。

- **ほしのゆめ**　北海道が「あきたこまち×道北46号」と「上育397号（後のきらら397）」を交配して育成した。2015（平成27）年産の1等米比率は95.8％とかなり高かった。

- **おぼろづき**　北海道が「あきほ」と「北海287号」を交配して2003（平成15）年に育成した。2015（平成27）年産の1等米比率は92.8％と高かった。

- **きたくりん**　北海道が「ふ系187号×空育162号」と「ふっくりんこ」を交配して2012（平成24）年に育成した。2015（平成27）年産の1等米比率は98.4％ときわめて高かった。

- **ゆきさやか**　農研機構が「北海PL9」と「空育160号」を交配し2011（平成23）年に育成した。アミロースとタンパク質の含有量が低い。出穂後の気温変化に影響されにくく、味が安定していると地元が期待を寄せている新品種である。

もち米

（必須銘柄）風の子もち、きたゆきもち、しろくまもち、はくちょうもち
（選択銘柄）きたのむらさき、きたふくもち

　もち米の作付面積を品種別にみると、「風の子もち」（36.1％）、「はくちょうもち」（32.7％）、「きたゆきもち」（27.8％）の3品種が96.6％を占めて

いる。

- **風の子もち**　寒さに強く、北の大地にしっかりと根をおろし、大きく育つことを願って命名された。2015（平成27）年産の1等米比率は98.7％ときわめて高かった。
- **きたゆきもち**　2015（平成27）年産の1等米比率は88.9％だった。

醸造用米

（必須銘柄）吟風、彗星
（選択銘柄）きたしずく

　醸造用米の作付面積の品種別比率は「吟風」が最も多く全体の67.7％を占め、「彗星」（20.7％）、「きたしずく」（11.6％）が続いている。

- **吟風**　主産地は空知地方、上川地方である。
- **彗星**　北海道が「初雫」と「吟風」を交配して2006（平成18）年に育成した。北の空にきれいにまたたく満天の星をイメージして名付けられた。
- **きたしずく**　北海道が「雄町×ほしのゆめ」と「吟風」を交配して2013（平成25）年に育成した。

知っておきたい雑穀

❶小麦

　小麦の作付面積、収穫量の全国順位はともに1位である。栽培品種は「きたほなみ」「春よ恋」「ゆめちから」「キタノカオリ」「はるきらり」などである。収穫量の多い市町村は、①北見市（5.5％）、②帯広市（4.9％）、③岩見沢市（4.6％）、④音更町（4.3％）、⑤大空町（4.2％）、⑥小清水町（3.8％）、⑦網走市（3.8％）、⑧芽室町（3.7％）、⑨美瑛町（3.4％）、⑩斜里町（3.2％）の順である。

❷二条大麦

　二条大麦の作付面積の全国順位は6位、収穫量は4位である。網走市が道内における収穫量の66.6％と3分の2を占めている。これに富良野市（10.9％）、北見市（5.7％）、中富良野町（4.8％）、南富良野町（4.6％）と続いている。

❸はだか麦

はだか麦の作付面積の全国順位は15位、収穫量は11位である。産地は滝川市、佐呂間町などである。

❹トウモロコシ（スイートコーン）

北海道は全国のスイートコーン収穫量の45.8％と半数近くを占める全国1位の産地である。作付面積の全国シェアは37.8％であり、生産性の高いことを示している。主産地は芽室町、士幌町、帯広市、美瑛町、安平町、名寄市、富良野市などである。芽室町では1971（昭和46）年に加工工場が建設されたのをきっかけに作付けが増え続け、作付面積、収穫量とも日本一の産地になった。大阪市場では8月～9月、東京市場では9月～10月にスイートコーンの流通は北海道産が大半を占めている。

❺そば

そばの作付面積、収穫量の全国順位はともに1位である。主産地は幌加内町、深川市、旭川市などである。栽培品種は全体の89.4％が「キタワセソバ」である。

❻大豆

大豆の作付面積、収穫量の全国順位はともに1位である。収穫量の多い市町村は、①音更町（道内シェアは6.6％）、②長沼町（5.9％）、③岩見沢市（5.6％）、④士別市（5.3％）、⑤美唄市（4.0％）の順である。栽培品種は「ユキホマレ」「スズマル」「音更大袖」「いわいくろ」などである。

❼小豆

収穫量の全国シェアは93.4％で、北海道は小豆の国内総生産の大半を占めて1位である。三重県伊勢市の名物「赤福餅」はすべてのあんが北海道産である。主産地は、収穫量の多い順に①音更町（道内のシェア11.0％）、②芽室町（9.7％）、③帯広市（9.2％）、④幕別町（6.0％）、⑤士幌町（4.5％）などで十勝地方に集中している。主な品種のうち「エリモショウズ」は道内の主流品種である。ポリフェノール含有量の多い「きたろまん」は十勝・道東、大粒系大納言小豆の北海道主流品種の「アカネダイナゴン」、極大粒で大納言系代表品種の「とよみ大納言」はそれぞれ道央・道南、こしあん向きの「しゅまり」は道央地域に多い。

コメ・雑穀関連施設

- **スノー・クール・ライス・ファクトリー**（沼田町）　雪冷熱を利用した コメの貯蔵施設で、当時、世界初の取り組みとして1996（平成8）年か ら稼働している。2月下旬～3月に施設周辺の雪を入れ、5月中旬～7月 中旬頃まで雪エネルギーによる冷房を行い、貯蔵庫内を温度5℃、湿度 70%に保つ。コメはもみのまま保存し、出荷の際に籾すりする。同様の 施設はその後、道内各地に増えている。

- **寒地稲作発祥の碑と旧島松駅逓所**（北広島市）　中山久蔵（p.32参照）が 導入して試作に成功したのは「赤毛種」である。太陽の光をあてながら 水田に水を流す暖水路なども用いた。宿泊と馬などによる輸送機能をも つ島松駅逓所は1873（明治6）年に設置され、1884（明治17）年からは 久蔵が住み込んで経営にあたった。クラーク博士が米国に帰国の途中立 ち寄り「青年よ大志をいだけ」の名言を残したのはこの地である。

- **住吉頭首工**（今金町）　同頭首工は、一級河川後志利別川から農業用水 を取水し、約1,000haの水田を潤す地域の基幹的な農業水利施設である。 1967（昭和42）年に地域の基幹的な農業水利施設として建設された。 堤長は51m、堤高は2.1mである。2003（平成15）～04（同16）年に 国営かんがい排水事業として改修を行った。

- **聖台ダム放水路**（美瑛町）　1937（昭和12）年に完工した聖台ダムの補 完工事として施工された。ダム湖の聖台貯水池の有効貯水容量は321m^3 である。旭川市と東神楽町の1,050haに水を供給している。1889（明治 22）年に付近の台地が皇室の御料地に編入され離宮建設の構想もあった が、その後、高台一帯が払い下げられることになり、地元では感謝の気 持ちを込めて聖台と名付けた。

- **北海幹線用水路**（赤平市、砂川市、奈井江町、美唄市、岩見沢市、南幌 町）　石狩川中流域の空知平野の水田地帯2万6,000haに農業用水を供給 している。この面積は北海道の水田面積の1割に相当する。赤平市の北 海頭首工から南幌町までの水路の延長は82kmで、国内最長の農業専用 水路である。1928（昭和3）年に完工した。美唄市には、札幌ドームの 6.5倍の大きさの光珠内調整池がある。同市の大区画化ほ場は地下かん がいシステムを導入している。用水路の受益地域は、上記6市町のほか

新篠津村である。

- **篠津中央篠津運河用水**（江別市、当別町、月形町、新篠津村）　広大な泥炭地を農地として開発する国家的プロジェクトとして、19年の歳月と、当時で217億円の巨費を投じて1970（昭和45）年に完工した。石狩川を水源に頭首工から篠津運河に導水している。運河の全長は23.4 km、受益面積は石狩川下流地域右岸の7,540 ha である。

コメ・雑穀の特色ある料理

- **いかめし**（道南）　函館市を中心とした道南地方では夏になるとイカがたくさん獲れる。特に刺し身にも使われるヤリイカは身が柔らかく、煮ても硬くならないため、いかめしに多く使われる。イカの足と内臓を取り出し、一晩水につけておいたもち米とぶつ切りにしたイカの足を詰めて煮込む。煮汁がなくなったら、切り分ける。
- **ウニ・イクラ丼**　イクラは、サケの卵のスジコをほぐして、しょうゆや酒につけて加工したものである。サケ漁が行われた北海道の漁村では、これを炊きたてのご飯の上にのせたイクラ丼が昔から食べられてきた。今は、これにウニを加えたウニ・イクラ丼が名物料理になっている。
- **豚丼**（帯広市）　甘辛いたれで味付けした豚肉をご飯の上にのせた丼である。肉は一般にロースやバラ肉を使う。帯広の食堂の店主が鰻丼をヒントにして、しょうゆ味の豚肉を使ったのが最初とされる。帯広豚丼、十勝豚丼とよばれることもある。
- **オリエンタルライス**（根室市）　ドライカレーに牛サガリ（ハラミ）肉のステーキをのせ、特製のソースをかけたものである。特製ソースは店により異なり、デミグラスソース、ステーキソース、独自の専用ソースまでさまざまである。根室のご当地グルメである。

コメと伝統文化の例

- **寒中みそぎ祭り**（木古内町）　木古内町の佐女川神社に1831（天保2）年から伝わる豊作、豊漁などを祈願して行われる伝統神事である。津軽海峡に面したみそぎ浜に飛び込んで寒中みそぎを行う若者は質実剛健な男子から毎年1人が選ばれ、1年目は弁財天、2年目は山の神、3年目は稲荷、最後の4年目は最高位の別当を務める。開催日は毎年1月13日〜

15日。

- **厳島神社例大祭**（白糠町）　五穀豊穣と海の安全を祈願する例大祭である。威勢のよいソーラン節の後、掛け声とともに神輿ごと海に入る海中みこしは圧巻である。初日は宵宮祭、2日目は例祭、最終日は町内での神輿徒御の後、白糠漁港の前浜の海で御神体を清め、80段の階段を駆け上がり宮入りする。開催日は毎年7月下旬の金曜日〜日曜日。

- **ペカンペ祭**（滝川市）　アイヌの伝統行事であるヒシの実の収穫を神に感謝する祭りである。アイヌ古式舞踊やアイヌ料理などアイヌ文化にふれ、アイヌ文化継承者との交流を深める。会場は國學院大學北海道短期大学部のアイヌの森である。同短期大学部アイヌ文化交流の集い実行委員会の主催、滝川市の後援。開催日は毎年9月下旬の日曜日。

- **五勝手鹿子舞**（しし まい）（江差町）　この地方は、ヒノキの産地で、1678（延宝6）年頃からヒノキが盛んに伐採された。このため、南部、津軽地方（現在の青森県）から多くの労働者が出稼ぎでやってきて、土着した。鹿子舞は、山神社（現在の檜山神社）の山岳信仰から発生した民俗芸能である。以来、祭事のたびに舞い、五穀豊穣や海上安全などを祈願して神に捧げている。

こなもの

札幌ラーメン

地域の特色

　明治2（1869）年、明治政府は北海道に開拓使を置き、さらに北海道庁を置いて開拓を始めた。明治8（1875）年には札幌農学校が開設され、北海道の開拓は進展していった。広大な農地と恵まれた土地資源を活かし、大規模で専業的な農家を主体とする農業が展開されている。

　地理的には、日本列島の最北端にあり、日本海・オホーツク海・太平洋に囲まれ、津軽海峡を間にして本州からは切り離されたようになっている。中央部には天塩山地・北見山地・石狩山地や夕張山地・白糠丘陵・日高山脈が南北に連続して存在している。その間に名寄・上川・富良野盆地があり、石狩・十勝・釧路・天塩川などの下流には、平野が発達し、農作物の栽培が行われている。平成21（2009）年の調査では、農耕地面積は115.8万haもあり、全国の25.1％も占めている。畑作物では、てん菜、インゲン、小豆、バレイショ、コムギなどが多く栽培されている。地域によってはソバも栽培している。とくに、旭川市の江丹別地域ではソバの生産に力を入れている。

　北海道では砂糖の原料となるビートの粉末も利用されている。このように、粉の原料は穀類、イモ類、ソバ、その他とするところに地域的特徴もある。

　明治元（1868）年に北海道に導入された「八列トウキビ」は、冬になると粉にし、粥に入れて食べた。

食の歴史と文化

　北海道は、蝦夷地とよばれていたものを、アイヌ文化に精通し、開拓使の高官だった松浦武四郎により明治2（1869）年に、現在の名前の北海道と名付けられた。江戸時代には、松前藩の領地であったが、幕末には箱館（後の「函館」）などの一部は、江戸幕府の直轄の領土となり、幕府の重要

な経済的基盤となっていた。明治2年に開拓使の本府が札幌に置かれ、蝦夷地の本格的な開発を進めた。北海道の農業・漁業の生産額は全国1位で、食料自給率は200％に近い。しかし、高齢化と少子化により人口が減少しているので、これからの農業や漁業に携わる人口に課題が生じると考えられている。

　古くから大規模酪農や農業の経営が特色であり、北海道を囲む沿岸は暖流と寒流の交わる好漁場であり、四季折々に漁獲される魚介類の美味しさは、格別である。

　新開地北海道には、日本全国から集まった人々が、伝統にしばられないけれどもアイヌ民族の文化の影響もみられる味覚文化を創出してきている。松前藩の拠点であった渡島半島や日本海沿岸地域には、東北地方から渡った漁民たちが多かった。彼らは、日本海で漁獲した海産物を北陸地方や近畿地方から進出してきた商人に売りさばくなどして、これら地方の商人との交流も発生した。その特徴の一つが松前料理で、東北風と京都風をとりいれた料理であった。さらに、江戸時代中期以降に北国の物資を北海道から東北・北陸を経由して西国へ、西国の物資を北国へ運ぶ北前船が北海道と北陸や京都、大阪との交流に重要な役割を果たした。

　北海道の生活では、魚介類が大切なたんぱく質供給源であったから、魚介類を使った保存食や郷土料理が発達した。北海道の農作物の大半は、明治維新後に導入されたもので、タマネギ（札幌黄タマネギ）、トウモロコシ（八列トウキビ）、ジャガイモ（男爵、メークイン、農林1号、キタアカリ、インカのめざめ）、キャベツ（札幌大球キャベツ）、アスパラガス、大野紅カブ、夕張メロンなどのブランド野菜は相変わらずの人気である。郷土料理には、北海道で収穫できる野菜と漁獲できる魚介類を使った鍋物、漬物などの郷土料理がある。また、北海道で収穫できる穀類や粉を使ったクッキー、スイーツなどのアイデア品や惣菜などが創作されている。

アイヌの葬式と団子

　死者がでると、アイヌの村人は団子の材料（アワやヒエ）の穀類を持ち寄り、臼で粉にして大きな団子を作り、細長く4等分に分け、真ん中の2つの細長い部分を死者への供え物とする。残った両端の半月状の部分は、手伝いや死者の関係者に分ける。

だんご・まんじゅう類

①うずら豆入りそばだんご

　軟らかく煮たうずら豆やササゲの一種の金時豆を入れたそばだんご。これらの豆を煮たときに作り、おやつとしてはゴマ味噌やゴマ入り砂糖醤油、砂糖醤油、砂糖味噌をつけて食べ、惣菜としては野菜の入った「おつゆ」に浮かせて「そばだんご」として食べる。うずら豆（または金時）を煮た中に、そば粉より少し大目の水を入れて、この中にそば粉を入れてよくかき混ぜ、手にジャガイモデンプン（またはかたくり粉）をつけながら丸めて、味噌だれをつけて食べるか、つゆに浮かせて食べる。

②糖蜜入りそばだんご

　十勝地方にビートを原料とする製糖工場ができてから、十勝地方の人々は工場からビートの糖蜜を分けてもらい、これにそば粉とつなぎとしての小麦粉を入れてかき混ぜ、だんごにして蒸したものである。一度にたくさん作る。焼いて食べる方法と煮て食べる方法がある。厚鍋で焼くと、混ぜたビート糖に焼き目がつき、ビート糖の甘さはさらっとした食感での甘味となる。煮て食べる方法は、厚鍋に入れ、煮ものにする。

③べこもち

　5月の端午の節句にはかならず作る。うるち米またはアワともち米を半々に混ぜて、5時間ほど水に浸してから、ザルにとり3時間放置して水切りを行う。胴がくびれている白（女臼）で手杵を用いて搗き、篩にかけて粉にする。黒砂糖を溶かした熱湯で、搗いた米の半分をしめらす。残りの粉は砂糖を加えた熱湯でしめらす。水をしめらせた白と黒の粉は、一緒にして素早くかき混ぜて、丸めて小判型のだんごにして、ふかし鍋で蒸かす。白と黒のまだらのべこもちを笹の葉にのせる。中に練餡を入れることもある。

　出来上がった外観の白と黒の混じった模様がホルスタインの模様に似ているので、牛の方言の「べこ」をつけて「べこもち」といっている。

④そばまんじゅう

　北海道の積雪の多い冬は、子どもたちは外で遊ぶ時間が少ない。屋内で

の生活の多い子供たちの誕生祝に、甘いそばまんじゅうを作り、家族で楽しむ。長いも、そば粉、モチキビ（イナキビ）の粉、砂糖を混ぜ、水を加えて練ってから揚げてまんじゅうの生地を作る。小豆餡を包んで、蒸す。

⑤よのこまんじゅう

　北海道の特産物である筋子（サケの卵巣の塩蔵品）を米粉の生地で包んだまんじゅうで、松前地域では、10月のえびす講のときに作る。えびす講は、商家で、商売繁盛を祈って恵比須をまつり、親類・知人を招いて祝う行事である。もともとは旧暦の10月20日、11月20日、1月10日に行う。サケは秋から冬にかけてとれ、卵巣はイクラや筋子などの塩蔵品として貯蔵し、北海道では、正月に欠かせない食べ物である。

⑥華まんじゅう

　北海道はジャガイモの産地である。そのジャガイモのデンプンを利用したのが、この華まんじゅうである。一般には、ジャガイモで作るが、ジャガイモデンプンも使うことがある。法事や葬式に提供する華やかなまんじゅうである。ジャガイモやジャガイモデンプンを混ぜて作ったまんじゅうの生地で小豆餡を包み、蒸かす前にまんじゅうの表になる面に、赤・青・黄に染めた生地で花模様をつける。

⑦いももち（いもだんご）

　ジャガイモに小麦粉・デンプンを混ぜて練り合わせ、丸めて薄く延ばしオーブンで焼くか揚げたもの。食べやすいように串に刺してあるものもある。

豆類

①旭豆

　旭川の地方色のある豆菓子。北海道産の大豆と甜菜糖（てんさいとう）に着目して作られた古くからの豆菓子。豆が中心であるが、小麦粉も使う。炒った大豆を甜菜糖と小麦粉で包むことにより、甘い豆菓子となっている。大豆の風味を生かした豆菓子で、一度食べると後をひく。明治35（1902）年1月に旭川の住人・片山久平という人が作り上げた豆菓子で「旭豆」の商品名で売り出している。昔の製法を守り続けている北海道の銘菓の一つである。

お焼き・お好み焼き・たこ焼き・焼きおやつ類

①きんつば

　お焼きともいう。小麦粉に重曹を加え、軟らかい生地を作る。底が巴模様の鉄製の器具で、小豆餡を挟んで大判焼き風のおやきである。出来上がった姿が刀の金鍔に似ているので、「きんつば」の名がある。

②こうれん

　お盆近くなると「こうれん」を作る。お盆の13日には、仏壇の前にたくさんの「こうれん」をすだれのように吊るす。松前地域の干し餅風のもの。米粉に白糖を溶かしてから蒸す。これを小さくちぎり煎餅のように延ばしてから乾燥する。食べ方は、金網に載せて焼いてから食べる。

③元祖　月寒あんぱん

　創業明治39（1907）年の「ほんま」が、北海道では歴史あるお菓子として、売り出した「月寒あんぱん」は、地元の人々になくてはならないおやつとされてきた。半生菓子で、小豆あんや白餡を小麦粉や鶏卵、砂糖、水飴、蜂蜜からなる生地で包んだ栗饅頭に似たパンである。小豆は北海道産のものにこだわり続けている。月寒から平岸へ抜ける道路の通称は「あんぱん道路」で、月寒あんぱんを食べながら歩いたのでついたといわれている。

④わかさいも

　洞爺湖周辺の名産。「わかさいも本舗」が大福豆を使った白餡で、焼きイモのほくほく感と、むちっとした舌触りを表現したサツマイモ風の菓子。イモの筋に見立てた金糸コンブ入りで、薄皮には卵醤油を塗って香ばしくやき揚げてある。サツマイモを使わないで焼きイモ風につくってある。

　大正12（1923）年に誕生し、最初は「やきいも」の名称であった。北海道ではサツマイモの入手が困難だったので、焼きイモは憧れの食べ物であった。

麺類の特色　北海道は、うどんの原料である小麦の生産量は、日本全国の6割以上である。最近、めん用の小麦として北海道立北見農業試験場では、北見79号（＝きたもえ）と北系1660の交配種を育成している。これまでの品種に比べると、めんの色、粘弾性、製粉性が優

れている。北海道産の小麦粉は、JA を通して日本全国に流通しているためか、特徴のあるうどんは見当たらない。

　一方、そば粉については、生産・販売・普及に力をいれている道内の JA は多い。ブランドそば粉も多い。幌加内そば、江丹別そば、音威子府村の匠そば・北厳そば・音威子府そば、多度志そば（深川市）、合鴨そば（滝川市）、浦臼そば（浦臼町）、石狩そばなどがある。また、粒の状態で食べる韃靼そばも栽培している。

めんの郷土料理

①にしんそば

　そば汁の上に軟らかく煮込んだ身欠きニシンがのっている。にしんそばは、北海道の江刺には古くから存在していたので、ルーツは江刺にあると考えられている。京都の代表的そば料理のにしんそばは、江戸時代、北海道から北前船で運ばれた身欠きニシンの利用から工夫されたそば料理であると思われる。

②手打ちそば（上川郡）

　上川地方は、ソバの産地でブランドそばが多い。上川地方の暮れの年越しそばは、手打ちそばを食べる。茹でたそばをザルにとり、冷たい水を 2、3 度かけてぬめりをとって冷ます。これに熱いだしをかけ、長ネギを入れてかけそばで食べたり、ザルにとってつけ汁をつけて食べる。そば汁のだしは、夏にとって干した川魚のだしにする。年越しそばの汁は、鶏の骨でとっただしを使うこともある。

③札幌ラーメン

　強力粉を使ったコシの強いラーメン。スープは味噌味、塩味、醤油味があるが、発祥は味噌味で、具材に北海道の食材を使うことが基本であった。札幌ラーメンは、大正 12（1923）年に、北海道大学の前の竹屋食堂で初めて売り出された。

④あきあじうどん（秋味うどん）

　北海道網走の名物うどん。晩秋に北海道の河川に戻る脂ののったサケ（アキアジ）とうどんを組み合わせた。

▶ 地理的表示を取得した「夕張メロン」

くだもの

地勢と気候

　日本列島の最北に位置する北海道の面積は 8 万 3,424 km² で国土の約 22 ％を占め、都道府県では最大である。道の中央部を北から南に、天塩山地、北見山地、石狩山地、日高山脈が走り、最高峰の旭岳を中心とする大雪山系は「北海道の屋根」といわれている。全国と比べると山地や傾斜地の割合は低く、広大な石狩平野をはじめ、十勝平野、天塩平野、名寄盆地、上川盆地、富良野盆地などが広がっている。千島火山帯と那須火山帯に属しているため、屈斜路湖などカルデラ湖が多い。

　気候は、温帯気候の北限であると同時に、亜寒帯気候の南限でもある。

　年平均気温は 6 ～ 10℃ 程度、年平均降水量は 700 ～ 1,700 mm 程度であり、全体として冷涼低湿である。梅雨はなく、台風の影響もほとんどない。四季の変化ははっきりしているものの、気候は地形や位置、海流、季節風によって地域ごとにかなり違いがある。太平洋側西部、日本海側、オホーツク海側、太平洋側東部の 4 つに区分される。冬季、オホーツク海側には流氷が流れ着く。

知っておきたい果物

メロン

　メロンの作付面積の全国順位は 2 位、収穫量は 6 位である。「夕張メロン」は、「スパイシーカンタロープ」と「アールスフェボリット」を親にもつ 1 代交配種である。1960 (昭和 35) 年に有志 17 人で夕張メロン組合を設立して試験栽培を繰り返し、現在の 1 代交配種を作出したのが始まりである。品種は「夕張キング」である。果肉はオレンジ色で、繊維質が少ないため非常にやわらかくジューシーで、芳醇な香りが強い。糖度は 10 度以上である。

　山や丘陵に囲まれた夕張市は昼夜の気温の変化が大きく、最高気温と最低気温の差が 6 月は 10.4℃、7 月は 8.7℃ と大きい。梅雨がないため、6

月と7月の降水量は100mm前後で少ない。土壌は樽前系火山灰で、水はけが良い。こうした地理的な条件に加え、長年にわたる技術の蓄積に基づく細やかな栽培管理が今日の夕張メロンの隆盛をもたらした。1965（昭和40）〜75（昭和50）年頃にはすでに北海道を代表するメロン産地になっている。

「夕張メロン」は、2015（平成27）年に、農産物など地域ブランド品の品質に国がお墨付きを与え、生産者を保護する「地理的表示（GI）」を取得した。

商標権者は夕張市農協である。

サクランボ

サクランボの栽培面積、収穫量の全国順位はともに2位である。栽培品種は「南陽」「北光」「月山錦」などである。収穫時期は6月下旬〜8月上旬頃である。

アロニア

アロニアの栽培面積、収穫量の全国順位はともに1位である。北海道は栽培面積で全国の95.8%、収穫量で92.0%を占めている。主産地は伊達市、千歳市、余市町などである。収穫時期は9月上旬〜10月上旬である。

ハスカップ

ハスカップはクロミノウグイスカグラともいう。農林統計によると、主な生産地は北海道だけである。栽培面積は90.2ha、収穫量は105.3トンである。主産地は厚真町、千歳市、美唄町などである。収穫時期は6月中旬〜7月中旬頃である。北海道以外では、標高の高い場所だけに自生する高山植物である。

シーベリー

農林統計によると、主な生産地は北海道だけである。栽培面積は5.0ha、収穫量は5.0トンである。主産地はむかわ町、士幌町、余市町などである。収穫時期は7月中旬〜9月下旬頃である。

キイチゴ

農林統計によると、キイチゴの主な生産地は北海道だけである。栽培面積は0.5ha、収穫量は0.1トンである。主産地は足寄町である。

西洋ナシ

西洋ナシの栽培面積、収穫量の全国順位はともに5位である。栽培品種は「バートレット」「オーロラ」「ブランデーワイン」「マルゲリット・マリーラ」「ゼネラル・レクラーク」「グランド・チャンピオン」などである。収穫時期は品種によって異なるが9月上旬〜

10月中旬である。収穫後、追熟に7～20日程度かかる。

マンゴー

マンゴーの栽培面積、収穫量の全国順位はともに5位である。主産地は浦臼町、弟子屈町などである。

ブドウ

ブドウの栽培面積の全国順位は5位、収穫量は6位である。栽培品種は「ポートランド」「紫玉」「バファロー」などである。収穫時期は品種によって異なるが、8月中旬～10月下旬頃である。

スグリ

グズベリーともいう。スグリの栽培面積、収穫量の全国順位はともに1位である。北海道は栽培面積、収穫量ともに全国の95.1％を占めている。主産地は小樽市などである。

ラズベリー

ラズベリーの栽培面積、収穫量の全国順位はともに1位である。北海道は栽培面積で全国の52.7％を占めているものの、収穫量では37.9％にとどまっている。主産地は浦幌町、釧路市、仁木町などである。収穫時期は7月中旬～9月中旬頃である。

フサスグリ

フサスグリの栽培面積の全国順位は3位、収穫量は2位である。主産地は剣淵町、新得町、余市町などである。

日本ナシ

日本ナシの栽培面積の全国順位は40位、収穫量は39位である。収穫時期は9月上旬～11月上旬頃である。

リンゴ

リンゴの栽培面積の全国順位は7位、収穫量は8位である。栽培品種は「ひめかみ」「ハックナイン」などである。収穫時期は品種によって異なるが、9月下旬～11月上旬頃である。

スイカ

スイカの作付面積の全国順位は10位、収穫量は8位である。主産地は当麻町などである。

　当麻町の「でんすけすいか」は、1984（昭和59）年に当麻農協青年部が一村逸品運動として導入、1989（平成元）年に商標登録された。昭和のコメディアン大宮デン助にあやかるとともに、水田の代わりにスイカを植えて田を助ける「田助」という意味も込めていた。

プルーン

プルーンの栽培面積、収穫量の全国順位はともに2位である。栽培品種は「サンプルーン」「プレジデント」「アーリーリバー」「パープルアイ」「オパール」「チューアン」などである。主産地は仁木町、余市町、七飯町などである。収穫時期は品種によって異なるが、8月上旬～10月中旬頃の間に分布している。

スモモ　　スモモの栽培面積の全国順位は6位、収穫量は8位である。栽培品種は「大石早生」「ソルダム」「ビューティー」などである。収穫時期は8月上旬〜9月中旬頃である。

クルミ　　クルミの栽培面積の全国順位は3位、収穫量は5位である。主産地は美唄市などである。収穫時期は10月中旬頃である。

桃　　桃の栽培面積の全国順位は、滋賀県と並んで38位である。収穫量の全国順位も38位である。栽培品種は「白鳳」「あかつき」などである。収穫時期は8月中旬〜9月中旬頃である。

サルナシ　　サルナシの栽培面積、収穫量の全国順位はともに5位である。主産地は厚真町などである。

ブルーベリー　　ブルーベリーの栽培面積の全国順位は8位、収穫量は13位である。栽培品種は「ウエイマウス」「ランコカス」などである。主産地は仁木町、余市町、長沼町などである。収穫時期は7月中旬〜9月中旬頃である。

マルメロ　　マルメロの栽培面積の全国順位は4位、収穫量は5位である。主産地は北斗市、余市町、増毛町などである。

ヤマブドウ　　ヤマブドウの栽培面積の全国順位は6位、収穫量は3位である。主産地は壮瞥町、奥尻町、岩内町などである。

イチゴ　　栽培品種は「けんたろう」「きたのさち」「宝交早生」「さがほのか」「きたえくぼ」「なつじろう」などである。「けんたろう」は北海道で開発された道産子イチゴである。

> **地元が提案する食べ方と加工品の例**

果物の食べ方

カッテージチーズのフルーツ和え（JA鹿追町）

牛乳3ℓを鍋で60℃に温め、ポッカレモン300ccを加えて混ぜ、火を止めて分離してきたらガーゼでこす。水分がきれたら果物をカットして混ぜ合わせる。

ハスカップジャム（JA道央）

軽く水洗いした冷凍ハスカップと砂糖を鍋に入れて混ぜ合わせ、1時間くらい置いてから弱火でとろみがつくまで煮詰める。途中で出るアクは取

り除く。仕上げにレモン汁を入れる。

くり羊かん（JA いわみざわ）

　小鍋に寒天と水を入れて煮溶かし、砂糖と塩を加える。あんを入れて、さらに弱火で30〜60分練る。火を止める間際にびん入りのクリを入れ、型に流し込んで冷やす。

焼きりんご（旭川市）

　アルミはくの上に、横に厚さ1.5cmにスライスして芯をくり抜いたリンゴを置く。くり抜いたところに、レーズン、バターなどを入れ、アルミはくで包み180℃のオーブンで15分焼く。

白身魚のがごめ昆布和え梅醤油（函館市）

　梅干しを裏ごしし、しょうゆなどと合わせて火にかけて冷まし梅しょうゆにする。千切りしたガゴメを皿に敷き、刺し身用の白身魚をのせ、梅しょうゆを盛り付ける。

果物加工品

● 手造りジャム　JA 新おたる　サクランボ、プルーンなど

消費者向け取り組み

● ハスカップ摘み　農事組合法人ネシコシ生産組合、千歳市

魚　食

地域の特性

　日本の海には、6,852の島々により構成されているから、絶海の孤島の
もつ排他的経済水域や大陸棚がその国の領海とするならば、日本最北端に
ある北海道周辺の海域は広い。漁業活動に関しては、隣国であるロシアと
の領土問題から排他的経済水域という厳しい制約があるため、北海道周辺
での漁業には毎年国際問題が発生している。北海道西部は日本海に面し、
北端の宗谷岬から石狩湾、積丹半島に至る海岸が続く。沖合は対馬暖流と
千島寒流が交差し、好漁場が多い。北海道南部は太平洋に面し、渡島半島
東端の恵山岬から内浦湾（噴火湾）を経て、室蘭から襟裳岬、釧路、納
沙布岬へと海岸線は続く。北海道の西の沖を北上してきた対馬海流の一部
は、宗谷海峡をぬけて宗谷暖流となりオホーツク海へと流れる。

函館は商港として発達

　　　　　　　　　　　函館は室町時代、戦国時代頃にはすでに道
南の中心地で、水産物が水揚げされる地域で
あると同時に、水揚げされたものを北前船で日本各地へ運ぶ商業都市とし
ても発達していた。函館が、北海道の商業港としてクローズアップされる
ようになったのは、1799（寛政11）年、江戸幕府による東蝦夷地の直轄
および1807（文化4）年の全蝦夷地の直轄以降である。東蝦夷地の産物は
函館（当時は箱館）へ、西蝦夷地の産物が松前に集荷した。函館は商業の
港として開いたが、貿易の中身は昆布や俵物を中心とする輸出が主体であ
った。その後、北洋で漁業の発展に伴い、漁業基地として、水産物の集荷
場所や消費地として発展してきている。

日本で最北端の藩であった松前

　　　　　　　　　　　北海道の南部に位置する松前町
は昆布の町として知られている。
中世末期の、1514（永正11）年、蠣崎氏が松前大館に移城して以来、松

前地区が蝦夷地区の政治経済の中心となり、城下町兼港町として発展した。近世初期から越前敦賀や若狭小浜との交流が活発に行われ、近江商人が進出し、さらに琵琶湖、福島、鹿児島などの商人との交易も盛んになった。そして、松前船（松前地方では弁財船といった）とよばれる買積船で松前〜本州間の交易を発展させた。1780年代頃は、松前の漁業者がアイヌの漁業を引き受け、ニシン漁を発展させ、松前はニシンの特産地となったこともあった。

　なお、ニシン漁は北海道に広がり明治時代から大正時代にかけてはニシン漁の全盛であったが、乱獲が主な原因で、昭和20年代頃からニシン漁は衰退してきた。

最南端の襟裳岬は昆布漁が盛ん

北海道の南東端に位置する襟裳岬は、7、8、9月頃に昆布が獲れる。天気の良いなぎの日に昆布漁を行うので、実際は昆布の収穫時期であっても20数日しか収穫できない。岸に寄せてくる昆布を拾い、乾燥し、昆布の貯蔵庫で熟成する。

厚岸湾はカキの産地

厚岸は北海道の東部にある。この地域は、千島海流（寒流）が流れ、厚岸の沖を通る。間口の広い厚岸湾の奥には、厚岸湖がある。厚岸湾は海水とつながっていて、厚岸湖にも海水が入り込み、カキの産地として適している。厚岸湾の出口は昆布の生育地でもある。とくに20cmほどの長昆布が有名である。

知床半島の冬は陸の孤島

知床とはアイヌの言葉では地の果てという意味だそうだ。知床の自然は、秘境の名にふさわしい野性味と壮大さに満ちている。知床半島の東、西側には夏から秋にかけてのサケ漁の人々の番屋はあるが、冬は人は生活していない。サケは主にアキアジを捕獲する。

十勝平野の開拓はサケ漁とともにある

北海道の中央部を流れる十勝川周辺は明治初期から開拓が始まった。開拓には舟を利用するしかなかった。産卵のために

この河川を遡上するサケは、開拓者の現金収入でもあり、貴重な食料であった。乱獲のために資源が減少することからサケの人工孵化を開発した。サケは、北海道の人々にとっては大切な食料であり、アイヌにとっては神からのお使いものであったが、北海道の人もアイヌの人も大切に取り扱い、郷土料理の種類も多い。

冬の紋別の港は静か

北海道東部に位置し、海岸はオホーツク海に面している。海岸線の近くにあるサロマ湖は、ホタテガイ、サケ、マス、ニシン、ワカサギ、カキが獲れる。とくに、サロマ湖のカキはブランドとして人気である。冬は厳しい寒さのため、各港の漁船は静かに春が来るのを待っている。

利尻・礼文海産物の宝庫

利尻島は海底は火山島であるため、砂浜が少なく、岩礁を形成していない。昆布、ウニ（バフンウニ、エゾバフンウニ、ムラサキウニ、キタムラサキウニ）、エゾアワビなどが生息している。この島の昆布は利尻昆布といわれ、最高の品質の昆布である。

礼文島での昔の漁業は、ニシン漁が全盛であったが、ニシン漁が衰退してからはホッケ、マダラ、昆布、カレイなどを中心に漁獲している。

最北端の宗谷岬

日本最北端の地の宗谷岬は稚内の港がある。現在は商業にも漁業にも使われている港であり、ロシア人も仕事をしている。漁業関係では、北洋漁業の大切な基地であるが、冬の温度は非常に冷たいので、冬に漁獲されるマダラを加工するにも適している。

魚食の歴史と文化

太古においては、日本列島は陸続きでユーラシア大陸と接続していたといわれている。本州から北海道へ渡る津軽海峡は、紀元前12000年、北海道とサハリンの間の宗谷海峡は、紀元前10000年前後に生まれたといわれている。中古時代になると、蝦夷といわれた原住民の祖先は、シベリアからマンモスを追い、陸伝いに北海道にたどり着き、採取・狩猟・漁労を中

心に生活し、やがては北関東までたどり着いて生活していたとも考えられている。昔から北海道の食文化は、東側の親潮、西側のリマン海流によって大きな影響を受けていた。その食文化の、本質的要素は現在は少数民族となっているアイヌの調理法・保存食を中心とするアジア東北型の食文化に属するものといわれている。本州と北海道の交流が始まったのは斉明天皇（595〜661）の時代に水軍の将の阿部比羅夫（あべのひらぶ）が北海道での蝦夷経営に従事してからといわれている。

北海道とアイヌ

北海道の地名や食べ物については、先住民族アイヌの影響を受けているところが多い。昔のアイヌの人々は、狩猟・漁労・採集を基本とする生活を営んでいた。江戸幕府が北海道渡島半島南端に松前崇宏に命じて松前城を築き、ここを蝦夷地経営の中心とした。その後に続く明治政府の同化政策により、アイヌの伝来の生活形態や伝統文化が壊され、現在はこれまでに口承により受け継がれた生活・文化が残されている。

北海道の地名には、アイヌ語に由来する名が多いが、アイヌの神カムイにちなんだ土地は、地形からみると怖い場所もある。例えば、花の名所である富良野は、アイヌ語では「臭い」場所という意味だったそうだ。札幌市内を流れる石狩川と石狩平野の「石狩」の名は、「イシカラ（曲流する）ベツ（川）」に由来すると伝えられている。石狩川は日本海に通じ、季節になるとサケが産卵のために遡上する川でもある。石狩鍋は石狩川に近づいたサケを使った石狩地方の漁師料理がルーツである。旭川市の西方には、石狩川渓谷があり、アイヌの人が「神のいる場所」（カムイ（神の）コタン（いる場所）と呼んでいた。十勝平野は太平洋に通じる十勝川が流れている。天塩平野には日本海に注ぐ天塩川がある。江戸末期に箱館（後の函館）奉行を務めた栗本鋤雲（じょうん）（1822〜1897、明治6年には郵便報知新聞の編集主任となった新聞記者）は「蝦夷地三絶」として石狩川のサケ、天塩川のシジミ、十勝川のフナをあげていたという。

釧路地方は阿寒湖を源とする阿寒川、透明度の高い摩周湖、屈斜路湖を源とする釧路川があり、風光明媚な地方である。釧路は「クスリ場所」に由来する名であるといわれている。明治時代に入り、釧路港はサケ・マス・カニ・タラ・イワシ・イカ・サンマをはじめとするいろいろな魚介類が水

揚げされた。松前藩の食料などを集荷する拠点としていた。小樽は、「オタルナイ」（砂浜の中の川）という意味で、札幌の補助港として石炭を積み出す港として発達した。小樽の西側に位置する積丹はアイヌの人々がニシンを獲り、この地に集めた土地だったと伝えられている。

明治時代以降に近海漁業も発達

明治時代の中頃から北海道開拓団として内地の各地からの集団入植がみられた。そのために、地名として北広島、青森、秋田、宮城、山口、香川、熊本など他県の地名が残っている。その後、漁船や漁法の発達により近海漁業も加わった。新全国から開地北海道に移った人々は、伝統にしばられない味覚文化を創出している。その例としては、北海道周辺で漁獲される魚介類を使った保存食にみられる。内地では想像できない寒い冬の食べ物として、野菜と動物性食品を保存し、冬も食べられるように工夫されたのが、野菜類（ハクサイ、キャベツ、ニンジン）とたくさん漁獲されるサケやニシンを使った飯ずしである。乳酸菌の生成する乳酸菌によって保存性を高めて漬物で野菜や魚に含む栄養成分を利用した健康食でもあった。

北海道はサケ文化圏

北海道の食味文化は、東日本の食味文化の延長上にある。オホーツク沿岸海域は、サケが日本列島のオホーツク海や日本海側の母川に回帰する経路にあたる。この海域で獲れるサケは「目近（メジカ）」といわれ、日本海側の河川に回帰する。北海道は、サケを身肉ばかりでなく、頭部から内臓、卵巣などほとんどの部位を利用する。また、人工的に採卵、孵化し、放流するなど資源保護にも行い、サケを中心としたサケ文化圏といわれている。

知っておきたい伝統食品と郷土料理

地域の魚介類

春になると道北オホーツク海沿岸では、春告げる魚といわれるニシンが獲れる。ニシンは北海道の東岸の近くで生まれてから千島、北陸などを回遊し再び北海道の東側にきて産卵し一生が終わる。1940年頃までは、北海道ではニシンが獲れすぎ、現在では入手しにくい国内産の数の子を見向きもしなかった時代があった。乱

獲や地球温暖化により冷水性のニシンの資源は減少した。

　9月が近づくとシロサケ（アキアジともいわれている）の解禁となる。アイヌ語でカムイチェプ（神の魚）とよばれるこのサケは、道東ではトキシラズとして捕獲される。北海道の沿岸や各河口に近づいたサケは、のちに産卵のために遡上する。昔は石狩川を遡る直前に獲れたサケが、最高に美味しいといわれていた。時代の流れに伴い、漁場は十勝川、根室の西別川へと移行している。本州で珍重されるキングサーモンは、北海道ではマスノスケとよばれる。本州でベニザケといっているのは北海道ではベニマス、本州でギンザケといっているのは北海道ではギンマスといっている。

　北海道周辺の海産物は、かつてはニシンが多かったが、乱獲などで資源は減少した。北洋漁業で知られるサケ、マスもロシアとの漁業問題で年々漁獲量が減少している。後に資源が減少してしまったがタラ、カスベ（エイ）、ホッケは北海道の特産魚である。近海漁業の発達により回遊魚（サンマ、イワシ、ブリ）が利用できるようになり、定置網漁業などの発達によりカニ類、エビ類も北海道の特産物となっている。さらに、アイヌの神の魚とつながるサケ、シシャモは、漁業資源としての魚でなく、日本人の命を守る魚としての意味もあると想像できる。

　北海道は豊富な魚介類、海藻類に恵まれているので、これらを食材とした郷土料理が伝承されている。とくに、サケやニシン、野菜類を使った漬物は、北海道の出身で関東で生活している人にとっては懐かしい味であり、思い出の味のようである。魚介類は身肉ばかりでなく、卵巣やその他の内臓を利用した料理もある。正月の雑煮には塩漬けのサケの卵であるイクラを入れる家が多い。

　現在利用している主な魚介類（含むブランド魚）としては、サケ（ケイジ；若いシロサケ）、マツカワカレイ、ホッケ、シシャモ（鵡川）、サンマ、スケトウダラ、マグロ（戸井）、ホタテ、ツブガイ（日高）などがある。

伝統食品・郷土料理

①鍋料理

- 三平汁　ニシン漁で活気づいた松前地方に伝わる鍋料理で、昔は松前藩でも珍重していた。基本的には海辺で作る庶民的な「ごった煮」であったといわれている。ニシンが大量に漁獲された頃は、主な材料には糠漬

けをし、塩と糠を合わせたものにエラを除いたニシンを入れて漬け込む。2〜3カ月間発酵・熟成させる。現在はニシンが大量に漁獲されないので、サケ・タラを使うことが多い。ぶつ切りした塩サケ、頭などの粗も使う。タラの場合は白子（精巣）を必ず入れる。さんぺい汁の作り方は、鍋に6〜7分目の水を張り、ダシ昆布を入れて加熱し、沸騰したらジャガイモ、ダイコン、ニンジンを入れて加熱する。ある程度火が通ったところで、前もって漬け込んだニシンを水洗いし、ぶつ切りして入れる。塩ザケの場合は塩抜きしてからぶつ切りにして加える。最後に長めに切ったネギを入れる。魚に含む塩味にするか、酒粕を入れてまろやかにする。「三平汁」の名は、①松前藩の賄い方の斉藤三平が考案した鍋、②アイヌ語のサンペ（心臓）の訛ったもの、③あまりの美味しさに三杯もご飯を食べてしまう（三杯汁）などに由来するなどの諸説がある。

- **石狩鍋**　リゥ漁の本場の石狩川の河口で獲りたてのサケを使って仕立てた鍋料理で、北海道の開拓時代をしのばせる料理である。北海道らしい野趣に富む郷土料理で、秋から冬にかけて、最も多く作られる。江戸時代に、石狩地方の漁師たちがサケ漁の間に食べていた鍋料理が始まりと伝えられている。材料はサケのぶつ切り、白子、卵巣の皮をずしたサケの卵粒、コンニャク、ダイコン、ニンジン、シイタケ、ジャガイモなど。好みによりタマネギ、キャベツ、ハクサイ、ホウレン草、サヤインゲンなども使用。土鍋または鉄鍋に昆布を敷き、材料を並べてから昆布だしを注いで、煮ながら食べる。最後にサンショウを入れる場合もある。

- **十勝鍋**　調理法は石狩鍋と同じ。生きているサケの頭とはらわたを素材の中心に置き、昆布のだし汁を煮立てた鍋の中に入れる。野菜類としてはハクサイ・長ネギ・ジャガイモ・サトイモ・タケノコ・ゴボウ・ダイコン・サヤインゲン・セリ・フキ・キャベツ・生シイタケ・ホウレン草を使い、その他の具にはシラタキ・焼き豆腐を使う。香辛料に山椒の実を使い、味噌仕立てにするときに、湯通しにした白子の裏ごしを加え、出来上がってから　筋子をのせる。

- **くじら汁**　松前・江差地方の正月料理として伝えられている。その年の大漁を願う意味とクジラが潮を吹きあげる勢いのように、また巨大な姿にあやかって大物になるように道南の海岸地方、東西沿岸の漁村で古くから年越や正月などのハレの日に食べられた。クジラの皮の下の脂身を

塩蔵しておき、正月に使用した。脂身を短冊に切り、軽く湯通しして脂肪分を除く。これを食べやすい大きさに切り、ダイコン、ニンジン、ゴボウ、フキ、ワラビ、コンニャク、豆腐と一緒に煮込み、醬油で調味する澄まし汁である。商業捕鯨が禁止になってからは、あまり作らなくなった。昔は、クジラが回遊しているとニシンが浜に追い込まれるので、ニシン漁が盛んになり、縁起がよいものとして、浜ではクジラをエビスと呼んだようである。また、クジラは巨大な体型をしているので、年の初めに竈（財産）が大きくなるようにと祈る意味があり、正月料理には、くじら汁を用意したらしい。

- オホーツク鍋　ホタテガイ・カキ・エビ・オヒョウ・タケノコ・百合根・ハクサイ・ダイコン・タマネギ・シイタケ・ホウレン草を具とする鍋料理。鍋に昆布を敷き、だし汁・酒を入れて煮立て、具を入れてからバターを入れる。

- 粕汁　冬のオホーツク海で獲れるマダラやスケトウダラは、ダイコン・ニンジン・ジャガイモ・長ネギを入れて煮込む酒粕。

- タラのちり鍋　タラ・ハクサイ・ニンジン・長ネギ・豆腐・しらたき・シイタケを昆布ダシ汁で煮込んだもの。酢醬油におろしダイコンを入れたつけ汁で賞味する。

②サケ料理

- サケの新巻　新巻の語源は、少量の塩を振りかけて、荒縄で巻いたことに由来する。現在は、低温貯蔵が可能になってからは、塩味の淡い塩ザケを新巻ということが多い。

- ちゃんちゃん焼き　サケなどの魚と野菜を鉄板で焼いた料理。北海道の漁師町の名物料理である。主な魚としては、サケを使うがカラフトマス、サクラマスを使うこともある。野菜類としてはタマネギ、キャベツ、モヤシ、ピーマン、ニンジンを使う。ホットプレートや小型の鉄板を使い、アルミホイルで蒸し焼きをする調理法であるから、伝統料理ではないと思われる。アウトドアのバーベーキューをヒントに北海道で人気となった、簡単な郷土料理と思われる。味付けは塩、コショウの場合もあるが、個人の好みによるソースを使用する場合もある。「ちゃんちゃん焼き」の語源は、「お父さんが焼いて調理するから」「ちゃっちゃと（素早く）作るから」「サケを焼くときに、鉄板がチャンチャンという音がたつから」

など諸説がある。

- **めふん**　サケの背骨に沿って付着している腎臓（血わた、背わたなどともいう）を塩辛にしたもの。一尾から少量しかとれない貴重なものであるが、生臭さがあるので好き嫌いの多いものである。江戸前期の『**本朝食鑑**』（1695（元禄 8）年）に「味もまた佳なり」と書き、美味しさを評価している。

- **さけずし**　釧路（くしろ）地方の古式豊（ゆた）な馴れずし。サケの馴れずし、あるいはサケの飯ずしともいう。釧路地方の郷土料理としてのさけずしは、新巻のベニザケを使った。この馴れずしは、サケの薄く切った身・ニンジン・ダイコン・カブ・キュウリ・レンコン・食用菊を一段ずつ並べ、麹を混ぜ、酒・みりん・酢で調味しながら、重石をのせて、冬は約 1 カ月間漬ける。盛り付けにイクラをのせる。

- **イクラ・筋子**　産卵寸前のサケやマスの卵巣からバラバラにほぐれる卵粒を離し、塩漬けまたは醤油に漬けたものがイクラ。筋子はサケやマスの未成熟卵をもった卵巣を、膜で包んだ塊りのまま塩漬けしたのが筋子である。イクラはハララゴともいわれる。豆腐の味噌汁にハララゴを入れたものは「はららご汁」、丼ご飯にハララゴをのせたのが「いくら丼」である。

- **ルイベ**　ルイベはアイヌ語では、凍った食べ物（溶けた食べ物）の意味。天然の冷凍保存法として伝えられ、サケに利用されるようになる。北海道の冬の厳しい寒さの中では、コマイ（氷下魚）を釣り上げるとすぐに凍ってしまい、マキリ（刀）で削って食べたのがルイベの始まりらしい。現在は、漁獲し凍結したサケを解凍し、生食のものをルイベといっていることが多い。サケには寄生虫（アニサキス）がいる。サケを凍結すると寄生虫が死ぬので、サケは生食ができる。

- **氷頭（ひず）なます**　新鮮なサケの頭の軟骨（氷頭（ひず））を縦割りにし、塩・みりんを加えた酢に、せん切りダイコン・ニンジンと漬け込む。イクラをのせて賞味する。

- **白子料理**　焼き干しにした白子は、いったん水で戻してから、ネギと一緒に酢味噌で食べる。9 月に獲れる新鮮な生の白子はしょうが醤油で食べる。

- **サケの肝臓料理**　肝臓は湯がいてすりつぶし、味噌・酒・山椒・トウガ

ラシなどで味付けする。

- ●サケの腎臓料理　サケの腎臓は背骨に沿って存在する細長い赤褐色の内臓である。腎臓の塩辛は「メフン」という。
- ●サケの胃腸料理　胃腸は麹塩辛に作る。
- ●サケのあら煮　サケの粗を淡い味で、ダイコン・コンニャクなどと炊き上げ、針ショウガを添える。
- ●さけ飯　サケの身肉、タケノコ・ゴボウなどを加えて炊き上げたご飯。蒸らすときにイクラをのせる。最後にもみノリをかける。
- ●サケの燻製　温燻がソフトで美味しい。

③ヒメマス料理

ヒメマスはチップともいわれている。阿寒湖に生息するベニザケの陸封型で、純粋の北海道産の淡水魚である。チップは、アイヌ語のカバ＝チェブ（薄い魚）が語源となっている。

- ●刺身　ベニザケ特有の鮮紅色の身肉である。鮮度のよいものは三枚におろして刺身にされる。とろりとした舌触りである。
- ●塩焼き　食塩に卵白を加えて粘土状に練り、これを生のヒメマスを包んでオーブンで焼く、洋風の塩焼きにすることが多い。
- ●姿ずし　内臓を取り除き、淡く塩をしてから酢で締める。この腹にすし飯を詰めたもので、クセがないのが好まれる理由のようである。

④ニシン料理

ニシンの資源は減少したとはいえ、日本では北海道近海で漁獲される。近年は、アラスカ、カナダで漁獲されたニシンの一部は、日本の加工業者のもとに出荷するが、日本を通り越して、ロシアへ輸送されるニシンも多いようである。

- ●生ニシンの食べ方　しょうが醤油のつけ焼き、みりん醤油の蒲焼き、ダイズとの蒲焼き、昆布巻きなど。
- ●にしんずし　北海道特産品の一つ。塩ニシンに飯米・酒・麹・実山椒・人参の千切り・ダイコンの千切り・タマネギの千切りを合わせて漬け込む。赤トウガラシで辛味をきかせる。
- ●塩焼き　春に漁獲した脂ののったニシンは塩焼きが北海道の食べ方である。
- ●ぬた　鮮度のよいニシンは、酢で締めてからヌタに仕立てる。

- **塩糠漬けにしんのさんぺい汁**　塩糠漬けにしんを洗いぶつ切りし、昆布ダシ汁に入れる。さらに、ジャガイモ・ササゲ（豆）・ネギ・ダイコンを加えて煮立てる。三平汁の由来は、松前藩の斉藤三平が考案したという説と、食べる時に有田焼の三平皿に盛るという説がある。

- **ニシンの昆布巻き**　煮物用の昆布で身欠きにしんを巻き、カンピョウで帯をし、醤油、砂糖で甘辛く煮つけたもの。正月料理には欠かせない料理である。

- **ニシン漬け**　身欠きニシンは、一晩水に漬けてアクを除き、その後でウロコを除く。3cm ほどの長さに切る。キャベツは淡い塩で漬ける。ぬるま湯に浸した麹を用意する。漬物用の桶に、食べやすい大きさに切ったダイコン、キャベツ、身欠きにしんを混ぜ、さらに千きりにんじん、トウガラシも混ぜて、塩と麹を加えて漬ける。漬け始めてから1カ月後が食べごろ。北海道では大量に作り、自宅ばかりでなく近所や知人にも分ける。北海道の古くからある漬物で、北海道出身の人々はふるさとの味として大切にしている。

- **ニシンの鎌倉焼き**　新鮮なニシンを三枚におろし、醤油とみりんからなるタレに漬け、味が浸み込んだら生干ししてから焼いて食べる。神奈川県湘南地区のアジの鎌倉焼きに似ているので、この名がある。

- **ニシンのオロシャ漬け**　新鮮なニシンを三枚におろし、塩を振り、3時間ほどしたらよく水洗いし、酢：水＝7：3の液体に20分間漬けこむ。20分後に、スライスしたタマネギ、ピーマン、レモンを添える。

- **身欠きニシン**　ニシンに塩を振ったり塩水に入れるという操作をしないで干しあげた素干し製品である。身欠きとは、背肉を残し腹肉を落とした魚体をさす。ニシンは三枚におろして乾燥する。調理にあたっては、コメのとぎ汁に一昼夜漬けて軟らかくする。この下ごしらえにより、とぎ汁のでんぷんはニシンの乾燥中に生じた脂質の酸化物を除くことができる。近年はソフト身欠きニシンといい、生干しのような身欠きニシンも出回っている。

- **塩にしん**　北欧産のタイセイヨウニシンを原料とした塩蔵品であるが、北海道の加工業者を経由して流通している。内臓を除いて塩漬けしたものと、開いて塩漬けしたものがある。

- **ニシンの糠漬け**　新鮮なニシンの内臓とエラを除き、1週間ほど塩蔵し

てからアカトウガラシ、少量の麹を混ぜた糠で漬け込んだもの。北海道の名産品となっている。

- ●ニシンの燻製　欧米では馴染みの燻製品であるが、かつては北海道でも作っていた。主に冷燻製なので硬いが、保存性は高い。
- ●切り込み漬け　ニシンのぶつ切りの塩辛。
- ●ニシンの胎卵（たいらん）　数の子のこと。乾燥（素干し）と塩漬けがある。現在は塩漬けの数の子が冷凍状態で流通している。

⑤シシャモ料理

　シシャモは、秋になると産卵のために胆振の鵡川（むかわ）や釧路川を遡上する。河口付近で漁獲されたメスのシシャモは、たっぷりの卵をもち脂質が少なくなるので、淡白でありながらうま味がある。人によってはオスのほうが美味しいという。シシャモは、北海道太平洋岸にのみ生息する固有種。釧路川周辺を遡るシシャモは、秋から冬が旬。とくに有名な鵡川のシシャモは、晩秋の約1カ月のみが漁期。産卵のために海から川へ遡上する直前である。

- ●シシャモの干物　一般には、淡い塩を振ってから干物にする。天日干しのもの、乾燥機で乾燥したものがある。近年は、ノルウェーなどで漁獲されたカペリン（カラフトシシャモ）の流通量が多い。焼いて食べる。
- ●シシャモの姿ずし　生のシシャモの内臓を取り除き、淡く塩を振ってから酢で締める。すし飯の上に酢締めしたシシャモをのせて軽く押す。食べやすい大きさに切って食べる。
- ●シシャモの早ずし　酢漬けしたシシャモで作る。
- ●シシャモの素焼き　生干ししたシシャモを炭火で軽く炙ったもので、頭からまるかじりする。腹いっぱい卵巣を抱いた雌は、素干しにしてから火で炙り、しょうが醤油で食べるのが一般的。
- ●シシャモの昆布巻き　釧路地方の名物。沿岸で漁獲したシシャモを1尾ずつ昆布で巻いて、カンピョウで帯をし、一度水煮してから煮水を捨てアクを除く。再び、醤油や砂糖で味付けしてゆっくり煮る。
- ●生食　新鮮なシシャモを細づくりにし、醤油で食べる。

⑥イカ料理

　函館は夏から秋にかけて津軽海峡で獲れるスルメイカが水揚げされる。とくに、秋のスルメイカは肉厚となり魚体も大きくなる。道東では、春か

ら初夏にかてヤリイカやジンドウイカの美味しくなる。10月に道南で獲れるイカ類は、焼きイカ、煮イカなどの惣菜で食べる。

- **イカそうめん** 函館のイカそうめんはよく知られている。素麺のように細く切った刺身を皿や丼に盛り、おろししょうが・醤油・みりん・だし汁で調合したつけ汁につけて、うどんのように食べる。

- **イカの鉄板焼き** イカの胴から脚や内臓を除く。背に包丁を入れ、胴の中に脚を入れ、竹串か爪楊枝で、胴の口を閉じる。これを、だし汁に醤油、みりんで作ったタレに漬けて味をつけ、鉄板で焼く。

- **イカの甘酢漬け** 胴から脚を引き抜く。胴は皮を剥いで脚と一緒に軽く茹でる。胴に脚を詰めて、砂糖：酢＝1：1の調味液に入れる。ほどよく味が浸み込んだら食べごろとなる。

- **松前漬け** イカの乾燥品のスルメ、昆布を細く切り、数の子と混ぜて醤油。みりん・酒のタレの中に漬け込んでおく。昆布やスルメのうま味で数の子も美味しく食られる。また昆布の粘りが出て、独特の食感の保存食となる。北海道、東北の正月には欠かせない料理である。

- **イカの塩辛** イカの胴、脚、内臓を別々にする。胴は刺身のように細く切り、脚は食べやすい長さに切る。肝臓は多めの塩で塩漬けする。塩漬けが終わったら水分を除き、身と脚、肝臓を混ぜる。作り方は、各家庭や調理人によって異なる。

- **イカの沖漬け** 醤油を入れた容器に、獲れたてのイカを漬け込む。もともとは漁師が船上で作る保存食であった。

- **イカの粕漬け** イカの胴と脚を分ける。胴は軽く茹でた後、脚とともに酒粕を塗りながら、酒粕の床に漬け込む。道南では腹に野菜を詰め込んだイカを焼酎で溶いた酒粕に漬け込む。

- **いかめし** イカの内臓をとり除く。胴の中にコメ（洗浄したもの）を詰め、胴の口を楊子で閉じて醤油・みりん・だし汁のタレで煮込む。

- **小いかめし（森町）** 小イカ（ジンドウイカ）から脚と内臓を除いた胴（腹）の中に、もち米・うるち米、脚のブツ切り、シイタケ・タケノコを詰め、醤油・みりん・ショウガ汁で甘辛く煮込む。百貨店の物産展では人気のイカ飯である。

- **茹でイカの酢漬け（函館）** 茹でたイカを酢漬けに針ショウガを散らして食べる。

●焼きイカの蝦夷漬け　いったん干して焼いたイカ、野菜・ショウガ・ユ
ズなどを素材にして、だし汁を加えた酢じょうゆに漬ける。

⑦貝料理

　北海道は、ホッキ貝（ウバガイ）、ホタテガイ、エゾボラ（マツブ）、ア
ワビが獲れる。刺身、すしタネのような生食の利用、網焼きで食べること
が多い。北海道のアワビは、江戸時代から干しアワビに加工して長崎へ運
び、「長崎俵物」として中華料理の材料として中国輸出した。

●アワビ料理　積丹半島の下に広がる檜山エリアはエゾアワビが生息し
ている。本州のクロアワビに比べれば小ぶりだが、コリコリした刺身の
うま味と磯の香りは、本州産のものでは味わえない。檜山ではエゾアワ
ビの養殖事業にも取り組んでいる。食べごろは7〜9月である。淡い食
塩水に昆布を敷き、その中にアワビの角切りを入れる「水貝」、アワビ
の内臓で作った塩辛の「とうしろ」、アワビの刺身がある。

●ホタテ料理　ホタテガイの水揚げ地の一つに網走がある。網走のホタテ
ガイは、能取湖で育てた稚貝を海に戻して育てる「地撒き」のホタテガ
イが主流で、殻を開けると貝柱がきつく引き締まるほど元気がよい。貝
柱は厚く、すしタネが最高といわれる。その他、殻のまま網焼きし、殻
が開いたところで醤油や塩味で味付けしても美味しく食べられる。貝柱
のバター焼きも美味しい。ホタテのウニ焼きはホタテの貝柱にウニを塗
って焼く「ホタテのウニ焼き」も北海道の料理である。「ヒモの塩辛」
や「みりん干し」、中華料理用の「貝柱の乾燥品」も作っている。

●ホッキガイ料理　苫小牧はホッキガイの水揚げ日本一である。すしタネ、
刺身のほかにカレー、バター焼きなどに使われる。苫小牧のホッキガイ
は、殻が黒々と光り、大ぶりなサイズで甘みがあることで定評である。
産卵期の5〜6月を除いて7月から翌年4月までが漁期である。

●カキ料理　北海道の沿岸は湖沼からの水の流入や水温が冷たいために、
潮の流れが速く、栄養分があり細菌による汚染が少ないためカキの生息
に適しているところが多い。釧路、厚岸、サロマ湖などの天然および養
殖カキの美味しさは評価が高い。安全な食べ方としては、加熱料理があ
る。炭火の上で殻のまま焼く「焼きがき」は、クリーミーで甘みがある。

●マツブ料理　マツブ（＝エゾボラ）は北海道の人にとってはなじみの貝
の一つである。コリコリした歯応えと広がる磯の香りが特徴。すしタネ

や居酒屋の料理ではよく利用される。とくに、刺身が多い。

⑧**カニ料理**

　北海道はケガニ（クリガニ科）、タラバガニ（タラバガニ科）、ハナサキガニ（タラバガニ科）、アブラガニ（タラバガニ科）、ズワイガニ（クモガニ科）など各種のカニの仲間に恵まれている。

　ケガニは、生息海域が脱皮時期により異なるので、春〜夏はオホーツク海、初夏は噴火湾、秋から冬は太平洋と、食べごろは産地によって異なる。タラバガニは、現在はロシア産が多くなり、国産は貴重である。2〜3月頃が美味しい。ズワイガニは、北海道近海では紋別が水揚げが多く、他の地域での水揚げはめったにない。アブラガニの水揚げは網走が多い。タラバガニに似ているが、やや小さい。冬の内浦湾のケガニ、根室地方の花咲ガニ、オホーツク海の毛ガニの味は評判がよい。日本海やオホーツク海で獲れるタラバガニは缶詰にする。北海道のカニが美味しいのは、遠くシベリアからたどり着く流氷には、餌となるプランクトンが多く含まれ、カニはその流氷の下で生活しているので、たっぷりの餌にありつけるからある。茹でガニ、焼きガニ、天ぷらなどのほか、生のカニの刺身などの食べ方がある。

- 茹でたらばがに　生きているものを塩水に漬けて弱らせ、脚をしばり、塩水を入れた深釜を茹でる。脚を縛るのは生きているカニが釜の中で暴れて、脚がばらばらにならないためである。湯が沸騰したら20分間くらい茹でる。茹ですぎると味が劣る。二杯酢におろしショウガを入れ、これをつけて食べる。冷凍もののカニは、脚をばらして焼きガニにして食べる。小形のカニは、生きたまま炭火で焼くのが最も美味しい。刺身、フライ、天ぷら、みそ汁などでも賞味する。
- 毛ガニの甲羅揚げ　塩茹でしたものをそのまま食べるのも美味しい。長万部、網走では、甲羅の中にほぐしたカニ肉・カニみそ（肝臓）・刻んだシイタケ・刻んだネギを入れ、よく練り、塩味をつけて油で揚げる。
- 花咲ガニの料理　茹でて二杯酢で食べる。また脚のぶつ切りをみそ汁に入れたものは「鉄砲汁」という。

⑨**エビ料理**

　北海道で獲れるエビにはアマエビ、ブドウエビ、ホッカイシマエビなどがある。特に、日本海側の羽幌のアマエビ、別海のホッカイシマエビ、羅

臼のブドウエビが名産品である。秋から冬にかけては、ボタンエビ、ホッカイアカエビ（ナンバンエビ）、ホッカイシマエビの美味しくなる時期である。根室半島のと知床半島の中間の尾岱付近のシマエビが美味しい。北海道のすしタネや刺身には必ず供される。野村湾のホッカイシマエビは、船の白い三角の帆が受ける風と潮の力で網を引く「打潮網漁」で捕獲する。明治時代から続く伝統的な漁法で、夏1カ月と秋1カ月が漁期である。

　ブドウエビの正式名はヒゴロモエビ。やや青と赤紫のブドウのような体色をしている。資源が減少しつつあるが、生食ができるのは地元だけ。

⑩利尻・礼文・知床のウニ

　日本最北の礼文島と利尻島は「利尻昆布」の産地。昆布の産地ということは、昆布を餌としているウニ（エゾバフンウニ）の生息している海域である。塩分濃度の淡い塩辛は、生に近い甘みも感じる。塩漬けしたウニを板状にし、酒で溶かしながら使うように加工したものもある。最高に美味しいのは、殻からとりだした生殖巣をそのまま食べることであるが、淡い塩水の中に浸して低温輸送して届いたウニは塩味が強くなく、甘みととろみを同時に満足させる味である。夏には知床半島の沿岸ではエゾバフンウニが獲れる。獲ったエゾバフンウニは海岸で殻を割り、中の生殖巣を吸い上げるようにして海水の塩味で味わうのが知床のウニの食べ方である。

⑪ホッケ料理

● 礼文島のホッケ料理　ホッケの漁期は3〜9月で、脂ものり美味しい。ホッケは鮮度低下が早いから、ホッケの刺身はめったに食べられないが、漁船ででかければ、船の上で食べられる。水揚げしたものの開き干しは最高の味であり、ちゃんちゃん焼きにも利用できる。

● 知床半島のホッケのつみれ汁　知床半島の漁師たちは、初夏に獲れたホッケでつみれをつくり、これをたっぷり加えたつみれ汁を食べて体をあたためる。ホッケのだしのおいしさが十分に味わえるこの地方で人気の郷土料理。

● ホッケ料理　新鮮なものは刺身で賞味できる。つけ焼き・煮つけ・から揚げなどの惣菜で賞味している。「開き干し」は身離れも、味もよく人気の加工品である。

⑫ゴッコ（ホテイウオ）料理

　ごっこ汁とも。アンコウに似たとぼけた顔つきの魚で、コラーゲンが多

く、煮るととろとろになる。道南の漁師町（恵山、南茅部）でときどき食べられる。食べごろは1～3月。ウロコがなく、皮と身の間のゼラチン質（コラーゲンも含む）が、鍋に仕立てると軟らかくなる。醤油仕立ての鍋で、味の決め手は卵、肝、イワノリ（前浜で獲れる）が、加熱することによりゼリーのような食感となることにある。

⑬ハッカク料理

　正式にはトクビレという。硬い骨と鱗に覆われている。身肉は白身ですき通っている。刺身、すしタネにする。甘くてとろりとしている。

⑭サンマの糠漬け

　北海道の太平洋側は、サンマがプランクトンを食べて太り始める海域である。三陸や銚子沖に下ったサンマよりも脂質含有量は多くなく、刺身でもしつこさがなくて美味しい。このサンマを糠漬けにしたのが北海道の保存食として人気である。新鮮なサンマを糠漬けにしてあるから、たんぱく質はペプチドやアミノ酸などのうま味に変化し、身離れがよい。脂質含有量のそれほど多くないサンマであるから脂っぽさも感じない。

⑮カスベ料理

　カスベはエイの地方名で、メガネカスベ（アカスベ）とアイヌカスベ（ソコガンギエイ）の2種類が使われている。刺身、煮こごり、照り焼き、田楽、ワカメとネギのぬた仕立てなどの食べ方がある。

⑯その他の魚

　アブラッコ（食べごろは冬、汁の実、ちり鍋）、キチジ（地方名はキンキ、キンキン、干物）、カレイ類（刺身、煮つけ）などがある。

⑰タラコ・白子

　タラコはスケトウダラの卵巣で、塩漬けした後、赤色は食用色素で着色したもの、亜硝酸ナトリウムなどの発色剤を使用したものがある。明太子はタラコに塩漬けしたタラコにトウガラシの粉をかけたもの。マダラの卵巣は大きく鍋料理に使われる。マダラの精巣が白子で菊子ともいわれ、湯がいたものはモミジオロシを入れたポン酢で賞味する。鍋料理の具にも使う。

⑱海藻

　正月の七草粥には、冬の海で獲れたモズク・寒ノリ・アオサ・ツノマタを入れる。

⑲湖沼・河川の魚介類

　北海道の湖沼や河川の水質は優れ、水温が低いため、淡水魚の身肉は締まっているといわれている。淡水魚の多くは、明治維新後、本州から移入され、人工的に孵化・放流したものである。

- オショロコマ・アメマス・イトウ　道東のサケ科の魚。イトウは川魚の王といわれている。海水産のサケ科の魚が、産卵のために河川を遡っているうちに海に戻れなくなり、淡水魚となったと考えられている。イトウは味がよいと評価されている。刺身の他に、サケと同じような料理で賞味される。

- アマメ・イワナ・ヤマベ（ハヤ）　道東・道央の山間部の河川に生息。ヤマメ・イワナはサクラマスの陸封化されたもの。ヤマベはコイ科に属する。刺身・照り焼き・塩焼・魚田・天ぷら・フライなどで賞味されている。新鮮なものは酢締めして、早ずし風に仕上げる。これらは春から夏にかけて美味しい。

- ニジマス・カワマス・ベニマス・ヒメマス　一般には、洗いで賞味される。支笏湖・阿寒湖のヒメマスは評判がよい。

- コイ　道南の5月は、コイの旬である

- カワエビ（川エビ）　5月から晩夏にかけて美味しい。

- ゲンゴロウブナ（ヘラブナ）　7〜8月が旬。甘露煮などで賞味する。

- ワカサギ　大沼から洞爺湖へ移植したワカサギが美味しい。生のまま三杯酢で食べるのが最高に美味しい。燻製もある。

肉　食

ジンギスカン鍋

▼札幌市の 1 世帯当たりの食肉購入量の変化（g）

年度	生鮮肉	牛肉	豚肉	鶏肉	その他の肉
2001	39,136	5,780	17,865	11,238	3,191
2006	39,877	3,577	19,138	12,182	3,564
2011	49,462	5,384	29,158	14,766	2,778

　北海道は、日本の最北に位置し、面積は47都道府県の中で最大で、国土の22.1％も占めている。田畑の面積や家畜の放牧地も広い。気候は全体に亜寒帯気候に属し、夏が短く冬は長く、豪雪地が多い。この厳しい自然環境に適した農作物の品種改良や栽培法の研究が忍耐強く行われ、不適とされていた稲作にも成功している。

　乳牛、食用牛の生産量は、全国で一番であるが、札幌市の1世帯当たりの食肉の購入量を比較すると各年代とも豚肉購入量が多い。北海道のカレーや肉じゃがには豚肉を利用する家庭が多いからかもしれない。

　現在、ブタは北海道全域で飼育され、飼料にハーブを加えて飼育するハーブ豚、牛乳からバターやチーズを製造したときに生ずるホエーを添加したホエー豚など差別化したものも飼育されている。北海道のブタの出荷頭数は全国でも多いほうであり、購入量も年度によっての若干の差はあるが、沖縄と並んで上位となっている。

　北海道の肉料理の代表として羊肉を利用したジンギスカン鍋（料理）がある。「その他の肉」の購入量が、他の都道府県庁の所在地の購入量が多いのは、家庭でも羊肉を利用していると考えられる。

　近年は、天然記念物であるエゾシカが保護政策により増え過ぎたため、人間の生活の食料としての利用が進められている。北海道のイノシシ肉の料理は、関西地方ほど馴染みがないが、千歳地方の一部では提供している店もある。またクマ肉についてもイノシシと同様、捕獲されたものが利用されている。

銘柄牛の種類

北海道は酪農の盛んな地域であると同時に食用のウシも飼育されている。その品種は、黒毛和種もホルスタイン種、黒毛和種とホルスタイン種の交配種がある。(公財)日本食肉消費総合センター発行の平成14年度の『お肉の表示のハンドブック』には23の銘柄牛が紹介されている。ストレスの無い広大な牧草地帯が、良質の肉をもつウシの飼育には重要な要因となっている。主な銘柄牛の特徴を紹介する。

❶ DO Beef

北海道を支えているホルスタイン種の代表的肉用牛。脂肪分が少なく、良質なたんぱく質を豊富に含む。肥育期間は24か月。北海道の自然と酪農畜産基盤を活かし、生産(出産)からマーケットサイズで出荷するまでの肥育を、豊かな大地と牧草に恵まれた北海道の全地域から選んで行っている。

❷ チクレンフレッシュビーフ

品種はホルスタイン種。広大な北海道内の自然豊かなストレスのない環境で、飼育に適切な地域で、放牧、肥育している。畜肉加工品の加工・製造・販売も北海道内で一貫して行っている。乾燥した粗飼料と配合飼料を組み合わせ、安全・安心な肉質のために飼育している。

❸ はこだて和牛

品種は「あか牛」「あか毛和種」ともいわれる褐毛和種。三方にそびえたつ山々に囲まれ、一部は津軽海峡に面した木古内町の清潔な環境で飼育している肥育期間の短いあか毛和牛である。この希少品種のウシの肉質は赤身で、軟らかく、肉本来のうま味がある。飼育にあたっては、安心・安全を優先している。

❹ はこだて大沼牛

品種はホルスタイン種。七飯町の大沼国定公園周辺の恵まれた自然環境の中で「消費者の健康」「牛の健康」「大地の健康」の3つの健康をモットーとして、飼育頭数も調整しながら飼育している。飼料は、はこだて大沼牛の牧場に適合するものを開発して与えている。

❺いけだ牛

品種は褐毛和牛。十勝ワインの製造地域として知られる池田町の広大な牧草地で飼育している。肉質は霜降りの状態も良く、余分な脂肪は少ない。希少品種の牛であり、出荷頭数は少なく、主に北海道内に流通している。

❻とかち鹿追牛

十勝地区での流通量が多い。ホルスタイン種または交雑種。十勝平野の北西端に位置する山麓農村地・鹿追町で飼育。飼育牛の生活する土壌も牧草も農家の人たちが作り上げている。美味しい赤身肉を作り上げることを目的として、子牛から出荷までの育成を鹿追町の農業地帯で一貫して行っている。

❼しほろ牛

品種はホルスタイン種。十勝北部の東大雪山系の裾野に位置する自然環境豊かな農業地帯の士幌町で飼育し、出荷している。大地の恵みを受けて育ったこの銘柄牛の肉質は脂肪が少なくジューシーである。

❽十勝和牛

品種は黒毛種。日照時間の長い広大な十勝平野で、太陽の恵みをたっぷり受けて飼育されている。北海道生まれの十勝育ちの黒毛和種は、日本を代表する優秀な肉質の銘柄牛に育っている。肉質は甘味のある霜降り状態である。地元の牧草、麦、稗などを含んだ飼料を与えている。

❾宗谷黒牛

品種は黒毛和種とアンガス種または黒毛和種とホルスタイン種の交雑種。北海道北部の宗谷丘陵の厖大な自然を擁した宗谷岬の牧草地で飼育している。肉質は軟らかく、ほどよい脂肪と赤身肉のうま味のバランスがよい。

❿未来めむろうし

品種はホルスタイン種。芽室町（十勝川、芽室川、美生川が流れている）の自然環境の中で肥育した銘柄牛。肉質の特徴は脂肪が少なくあっさりした食感である。

⓫夢大樹牛

十勝地方の大樹町・萌和地区の自然環境の恵まれた中でストレスなく育てられた銘柄牛。肉質は豊かな風味とうま味を感じ、さらにほんのりと甘味がある。

⑫白老牛

　品種は黒毛和種。雄大な自然と穏やかな気候の白老地区で肥育された高級銘柄牛。上質なうま味とコクがあり、霜降りの状態も美しい上品な肉質である。

⑬トヨニシファームの十勝牛

　品種はホルスタイン種。十勝の中央部に位置する帯広市に牧場をかまえて飼育している。日高山脈を背に米の栽培にも適している豊かな土地で育てられている。肉質は、うま味の豊富な赤身肉である。飼料には、トウモロコシ、大麦、大豆、小麦などたんぱく質を多く含む穀類が多く配合されている。

⑭オホーツクあばしり和牛

　品種は黒毛和種。網走のきれいな空気と冷涼な気候の環境のもとで飼育されている。仕上げの飼料として北海道産の米の糠を与え、脂肪の風味ととろけるようなまろやかさをもつ。赤身の部分も軟らかく、細かい脂肪が入っている。

- **十勝牛とろ丼**　牛の霜降り肉を細かく切り、丼のご飯の上にのせたものである。薬味をのせてタレを入れて食べてもよし、だし汁をかけるか、お茶漬けにしてもよい。
- **十勝清水牛玉ステーキ丼**　丼物の大会の出展のために、2010年に誕生したである。十勝若牛を一口大にカットして焼いたステーキを丼のご飯にのせた丼である。

知っておきたい豚肉と郷土料理

　北海道の家庭で購入する食肉は豚肉が多い。牛肉の購入量を1とすると豚肉の購入量は約3.8倍である。飼育されている品種はハーブ豚、ホエー豚、SPF豚などである。

　北海道では開拓時代のすき焼きは豚肉だったが、牛肉のすき焼きが関西方面から伝わると、そちらが好まれるようになった。

　北海道の豚肉を使った名物料理には、帯広の豚丼、室蘭のやきとり、根室のエスカロップなどが全国的に知られている。

銘柄豚の種類　平成14年度の『お肉の表示ハンドブック』（全国食肉事業協同組合連合会発行）をもとにいくつか紹介する。

❶サチク赤豚

斜里町周辺で飼育している。肉質はきめ細かく、しっかりと身が締まっていて、アミノ酸由来のうま味が豊富である。赤身肉には肉汁が含まれる。脂肪層は純白で甘い。大麦をベースとした特別な飼料を与えている。

❷どろぶた

十勝の広大な牧場で8か月間、放牧され、十分な運動をし、飼料を食べ、よく寝て健康に飼育されたブタ。「どろぶた」の名は、どろんこになって遊ぶ姿に由来する。屠畜後は、冷蔵庫で1週間熟成される。脂質としてはオレイン酸、アミノ酸ではグルタミン酸が多い。

❸十勝黒豚・びらとりバークシャー

いずれも品種は北海道バークシャー協会が認定した黒豚。黒豚特有の食感とジューシーな味わいがある。

❹北海道 SPF 豚・その他の SPF 豚やクリーンポーク

SPF 豚は、日本 SPF 協会が認定した農場で飼育されたブタのこと。SPF は飼育に当たり衛生的な面での飼育条件が整っていることが必須条件である。SPF 豚は豚肉特有の臭みをもたない。肉質はきめ細かくやわらかい食感のものが多い。冷めても美味しく食べられるものが多い。

豚肉料理

- **豚丼（帯広）** 北海道の人々は開拓時代からウシよりも飼育しやすいブタを飼育し、食べていた。その名残で70年ほど前から豚丼が食べられるようなった。薄切りの豚肉を炭火で焼いて丼のご飯の上にのせ、タレをかけたもの。タレは店によって好みのレシピがある。豚肉の赤身肉と脂身の境のスジに切れ目を入れること、タレは醤油・日本酒・砂糖を煮込んでつくるなどの約束ごとがあるらしい。最近は、スーパーやコンビニでも販売しているので「中食」として利用され、牛丼の店のメニューにも登場している。2010年には2月10日を「豚丼の日」として登録し、地域活性のためのツールにしている。

- **エスカロップ** エスカロップとは、薄切りの豚肉のポークカツレツを炒めたご飯かケチャップライスにのせ、ドミグラスソースをかけたものである。スパゲッティやバターライスにポークカツレツをのせたものもある。もともとは、子羊の薄切りソテーをトマト味のスパゲッティの上に

のせて、ドミグラスソースをかけた料理で、1963（昭和38）年頃、根室市の洋食店「モンブラン」のシェフが考案したものと伝えられている。現在は、ポークカツレツをケチャップライスの上にのせたものは赤エスカ、ポークカツレツをバターライスの上にのせたものは白エスカとよんでいる。根室市の郷土料理として紹介されている場合もある。

知っておきたいその他の肉と郷土料理・ジビエ料理

　北海道の郷土料理のジンギスカンの原料は生後1歳未満のヒツジの肉のラムと生後2歳以上のヒツジの肉のマトンである。

　北海道の農家で、ヒツジを飼育していたピークは1945〜1955（昭和20〜30）年で50万頭以上が飼育されていた。現在の飼育頭数は約4,000頭にまで減少している。現在、ジンギスカン鍋の材料となる羊肉はほとんど海外からの輸入もので、北海道産の羊肉を食べられるのは少数の高級フレンチレストランに限られている。羊肉のジンギスカン料理は北海道のソールフードともいえるので、羊飼育農家は少しずつ飼育頭数を増やしていくように努めている。

❶ジンギスカン料理

　北海道産の魚介類で握ったすしと同様に北海道の人が客をもてなす料理の一つである。羊肉を中心とし、野菜などをジンギスカン用の特別な鉄製の鍋で焼く料理である。北海道の各家庭では、ジンギスカン鍋か、用意していない家庭ではホットプレートを利用している。

　ジンギスカン料理の起源については、かつて、モンゴル帝国の創設者ジンギスカン（チンギス汗、成吉思汗、在位1200〜27、1162〜1227の説もある）が陣中で兵士のために考案した料理といわれているが、日本人が考案した料理であるという説もある。昭和初期の日本軍が旧満州（現中国）へ進出した際に、中国料理のコウヤンロウ（または、カオヤンロー）の影響を受けた料理で、名前の由来については、大正時代に、駒井徳三（現在の北海道大学の前身である東北帝国大学農科大学の出身）が命名したとの説がある。最初のジンギスカン専門店は1936（昭和11）年に東京都杉並区に開かれ、北海道での本格的な普及は、第二次世界大戦後のことといわれている。

　現在のジンギスカンの調理には、溝のある独得のジンギスカン鍋が使わ

れる。ジンギスカン鍋の中央部には羊肉を、鍋の縁の低い部分は野菜を焼くことによって、羊肉から染み出した肉汁が鍋に作られている溝に沿って下へと滴り落ちて、野菜が味付くようになっている。つけだれにはすりおろしたりんごやにんにく、しょうがを入れる。羊肉を2〜3時間たれに漬け込んでから焼く方法と、味付けをしないで焼いて、たれをつけて食べる方法がある。道北（旭川市、滝川市）では味付け肉を使用し、道央（札幌市）、道南海岸部（函館市、室蘭市）、道東海岸部（釧路市）では「生肉」を使うのが主流である。

　ジンギスカン料理用の羊肉は国内で飼育したヒツジの肉の「生」とは限らない。海外から冷凍「ロール肉」として仕入れたものも使われ、輸送・保管の関係で「チルド肉」もある。マトン肉は、主として雌を使うことが多い。冷凍肉は味が劣ることから生肉を取り扱う専門店が多い。

❷ジンギスカン料理の関連料理

- **ラムしゃぶ**　一般的にはラム肉（子羊肉）の冷凍ロール肉を薄くスライスして用いるが、家庭やスーパーの販売品はチルド品が多く、北海道では「ラムしゃぶ」用のラムは、精肉店で販売している。「ラムしゃぶ」の食べ方の手法は、牛肉や豚肉と同じ。調味液は北海道の地元のメーカーのものの利用が多い。

- **ラムちゃんちゃん焼き**　北海道の郷土料理の鮭のちゃんちゃん焼きを、ラム肉の料理に応用したものである。鉄板の上に野菜とラム肉をのせ、混ぜながら焼き、味付けは味噌だれで行う。「ラムちゃんちゃん焼き」を提供する料理店は多くなり、北海道の新しい郷土料理となっている。

❸エゾシカとエゾシカ料理

　北海道内では、いろいろな動物の肉が食べられている。とくに、動物保護のために増えすぎてしまったエゾシカは環境被害の原因となっており、環境保護を目的とした生育数の調整のために捕獲したエゾシカは、レストランのジビエ料理のほかに、観光客用の屋外での焼肉料理の材料として使われている。癖のない肉と思われているが、下ごしらえの巧みによるところも大きいと思われる。

　エゾシカの肉は古くから滋養強壮、スタミナ食として珍重されている。鉄分を豊富に含み、脂質含有量が少なく、たんぱく質含有量の多い、低カロリーの赤肉である。脂肪の融点が高いので加熱した料理のほうが食感は

よくなる。

エゾシカはサケと同様にアイヌの人にとって貴重な食料であった。明治初期、北海道では、開拓使がシカ肉の缶詰を作り、海外にも輸出していたほど、昔から食材としての価値が認められていた。明治初期、エゾシカは、乱獲と大雪の影響で一時絶滅寸前になったことがあった。その後の保護政策により再び急激に増え、農作物に対する被害、自動車との衝突など私たちの暮らしにも被害を及ぼし始めた。さらに、樹木の皮や希少植物を食べるなど、自然環境への被害もみられるようになった。そこで、増えすぎたエゾシカを捕獲し、適正な数に管理する必要が生じた。

エゾシカは北海道の貴重な資源であるとの考えから、捕獲したエゾシカの有効利用としてエゾシカ料理を提供する店も現れた。

エゾシカ肉料理を提供する店は、根室、中標津に多い。とくに中標津町ではカフェ、居酒屋、ジンギスカンの店、トンカツの店などで食べられる。家庭でエゾシカ料理を作りたい家庭のために、エゾシカ肉を販売している会社もある。家庭でエゾシカ料理を楽しみたい場合は衛生的に処理したエゾシカ肉の販売店で購入したほうがよい。野生の動物を利用する場合には、寄生虫の存在が問題となることが多いので、必ず加熱料理を施して食べる。

ジビエ料理を地域活性化の一つとしている北海道の料理界では、しばしばジビエ料理のコンクールを開催し、料理に新鮮な雰囲気を持ち込むと同時に、北海道のシェフたちの技術を競い、地域活性に貢献している。

- **紅葉鍋** 紅葉鍋は、エゾシカの肉と野菜を一緒に煮た料理。紅葉は、鹿肉の隠語として使われる。『古今集』に詠まれた「奥山に紅葉ふみわけ鳴く鹿の」に由来するといわれている。

- **焼肉** 観光用に、洞爺湖などの湖畔でのアウトドアでの焼肉が流行っているようである。

- **ポネルル** アイヌ民族の伝統料理。平取町二風谷はアイヌ民族の故郷で、今もアイヌ文化が守り続けられている。骨付きの鹿肉とじゃがいも、プクサキナ(ニリン草)を煮た汁物。"ポネルル"とはアイヌ語で"骨の汁"のこと。

- **シカ（鹿）カレー** 「食べログ」によると、北海道の大地に棲息するエゾシカの肉を使ったカレーを提供する料理店が店舗もある。また、シカ肉を入れたカレーは、辛口や甘口などの缶詰がお土産用として販売され

ている。缶詰は、缶を開けずにそのまま適当な温度で加温して利用できる。

- **シカステーキ**　洋食店では、毎日提供するシカステーキ数は限定されているが、ステーキ用のシカ肉は精肉店でも販売されている。シカ肉は赤身肉で、脂肪分が少ないが、たんぱく質や鉄分の含有量が多い肉として注目されている。十勝地方で捕獲されるエゾシカの利用が多く、ステーキのほか、ジンギスカン料理や網焼きの材料としても使われている。とくに、観光地のサービス料理として屋外でのバーベキュー料理を用意している宿泊施設もあるようである。

- **北海道ひだかエゾシカ料理**　日高郡新ひだか町周辺に棲息。肉質はさっぱりした食味で、クセがなく食べやすい。鶏のささ身と同じ程度に脂肪は少ない。骨付き肉をローストするか、塩・胡椒で味付けてシンプルに食べるのが適している。好みによりスモークしても、ニンニクで食べてもよい。スポークにしてオードブルとして提供してもよい。

❹イノシシとイノシシ肉

イノシシはヨーロッパから中国、日本にかけて分布する。日本では北海道、東北地方を除く本州南部に分布し、山地に棲み、木の根やドングリ、シイを食べて生活しているといわれていたが、現在では全国的に分布している。北海道の千歳では肉用にしている飼育との情報がある。

- **（イノシシの）すき焼き**　千歳の日本料理店では、寒い冬の料理としてすき焼きを提供している。千歳産のイノシシ肉は、脂が甘く、赤身にくせがなく、うま味がしっかりしているので、すき焼きに向いているとのこと。野菜としては臭いの強いセリを使うのが有効である。

❺クマとクマ肉

クマ肉料理にはヒグマが使われるが、一般に流通するほどまでの量は捕獲できないので、捕獲した地域限定のジビエ料理を提供する店などでしか食べられない。北海道では、各地にクマ料理の店がある。根菜類を入れた味噌仕立てのスープのクマ鍋もある。

イノシシと同様に、山地からクマの餌が減少し、民家や田畑へ被害を与えているので、捕獲されるケースが多い。クマ肉の缶詰は、北海道限定で市販されている。缶詰の味付けは味噌味が多い。

● くじら汁（くじな汁）　クジラの脂身と野菜類、豆腐を煮込んだ具だくさんの汁物。塩漬けの脂身を短冊に切り、湯通しして脂を抜き、大根やニンジン、こんにゃくをコブだしのスープで煮る。醤油で味付けしたすまし汁。漁村では、クジラはニシンを浜に追い込む縁起物として"恵比寿"とよんだ。その年の豊漁と、勢いの良いクジラの潮吹きのように大物に成れるようにと、道南の沿岸地方では、年越しや正月料理、晴れの料理として食べられていた。

❻コウライキジ

　生物学的分類では、日本列島固有種のニホンキジに似ているキジで、クビワキジともよばれている。冬に捕獲できるキジである。飛ぶことよりも歩くことの多いキジであり、もも部の筋肉が発達し、食感がよい。胸肉はしっとりと軟らかく、繊細なうま味をもっている。胸肉はスープの材料として使うとよいダシがでる。

❼網走産エミューフィレ肉

　オーストラリア原産の大型の走鳥類エミューのヒレ肉。体形はダチョウに似ており、飛ぶことはできない。エミューの肉質は、赤身色で、たんぱく質含有量は多いが、脂質含有量が少なく、鉄分を豊富に含む。

地　鶏

▼札幌市の 1 世帯当たりの年間の鶏肉、鶏卵の購入量

種　　類	生鮮肉（g）	鶏肉（g）	やきとり（円）	鶏卵（g）
2000 年	44,359	12,825	1,508	34,310
2005 年	42,743	13,596	1,545	28,700
2010 年	47,035	15,520	1,699	32,421

　北海道の産業は大規模酪農経営が特色であり、また北海道を取り囲む海域は暖流と寒流が交わり、世界有数の好漁場でもある。北海道は、かつて蝦夷地といわれアイヌの人々が川を遡上するサケやシシャモは神からいただく食料として信仰し、大切にしていた。1869（明治 2）年に北海道とよばれるようになった。1886（明治19）年には、北海道庁が設立され、現在の形となった。幕末には幕府直営の牧場が札幌に開かれていたので、酪農は開拓のてがかりともなっていた。十勝地方を中心に農業も開け、現在は北海道産の美味しいコメ、パン用の小麦の生産に成功している。

　最近、町の活性の一つとして人気の「B 級グルメ」では、第 1 回 B 級ご当地グルメ祭典で「室蘭やきとり」が「ブロンズグランプリ」に入賞するなど、室蘭市のやきとりの知名度は高い。酪農や羊の飼育の盛んな北海道では、鶏肉も重要な食肉で道内には 5 万羽以上の鶏を飼育している養鶏場もあり、1 万羽以上の自然鶏卵をもつ養鶏場もある。北海道自然養鶏会があり、養鶏業の発展に取り組んでいる。

　年間の生鮮肉、鶏肉、鶏卵の購入量の平均値は、北海道全体に比べると札幌市のほうが多い。惣菜のやきとりは、北海道全体に比べ、札幌市は少ない。ただし、どこの地域でもいえることであるが、居酒屋などで酒の肴として利用しているやきとりの量は含まれていないので、正確には比べられない。「室蘭やきとり」が2006年の第 1 回「B 級グルメ祭典」において入賞して知名度を上げたことも北海道全体のやきとりの購入量に影響しているかもしれない。

　北海道の名物料理のジンギスカンは、羊肉の一種の焼肉料理であるから、

焼肉という食べ方が古くから普及していることを考慮すれば、やきとりは珍しい肉料理ではなかったかもしれない。

2011年の1世帯当たりの1年間の鶏肉購入量の平均は、北海道では13,521g、札幌市では14,766gで、ともに2010年に比べると減少している。このことは、家庭で行う調理が少なくなっている原因の一つとして考えられる。

全国的に鶏肉ややきとりの購入量を比べると、2005年の購入量が少ないという傾向がみえる。この要因としては、2005年から2009年にかけての東南アジアを中心とする鳥インフルエンザの広範囲な感染が関係しているのかと推察している。

さて、北海道はサケをはじめとする各地の漁港に水揚げした魚、カニなどの地域特有の鍋料理の種類は多い。鍋料理は、鶏肉にも適応されている。北海道の地鶏や銘柄鶏には「北海地鶏」（Ⅰ、Ⅱがある）、新得地鶏（北海道上川郡新得町）、中札内田舎どり、中札内産雪どり、桜姫、知床どり、純吟赤鶏などがある。「北海地鶏Ⅱ」は、身近な食材として馴染みのある鶏である。居酒屋やレストランで、「地鶏」と表示している場合は、この「北海地鶏Ⅱ」が多いようである。道内の市場や食肉専門店で、「○○鶏」と表示されているものは、北海道の「銘柄鶏」であるといわれている。「北海地鶏」は北海道畜産試験場で、1992（平成4）年に開発したものが「北海地鶏Ⅰ」、2006（平成18）年に開発したものは「北海地鶏Ⅱ」といわれ、北海道内では広く利用されている。とくに、後者はグルタミン酸やイノシシ酸が豊富でよい品質として評価されている。

鶏肉は、鍋料理のほか照り焼き、串焼き、フライドチキンなど一般的な料理が多い。贅沢な料理では北海道の地鶏でなく、九州の地鶏（銘柄地鶏）を丸ごと利用して提供している鳥料理専門店もある。

北海道内には採卵用の養鶏を行っているところも多い。卵料理は全国的に、あるいは世界的に共通している。卵の日本的な食べ方である「卵かけご飯」には、北海道羅臼産の昆布のだしを入れた卵かけご飯専用の醤油が作られている。北海道の千歳地域では町興しのために玉子どんぶりのコンペを行うなど、単純な卵も町興しの種になるようである。卵の購入量は、北海道の年間平均値よりも札幌の平均値のほうが多いのは、市内で生活している人のたんぱく質供給源として卵の利用が多いことを意味していると

いえる。

　鶏卵は、家庭や料理店の料理だけではなく、プリンをはじめとする菓子類にも使われている。北海道には各種の銘菓があり、その中でクッキー類は北海道土産として購入する観光客や出張帰りの人が多い。東京・有楽町にある北海道のアンテナショップでクッキーを探したところ——北海道は酪農の本場だから乳牛や粉末ミルクを加えたクッキーは多いが——鶏卵を加えたクッキーとして「札幌農学校」を見つけることができた。原材料は「小麦粉、バター、練乳、パウダーショートニング、卵、砂糖、米飴、食塩、洋酒、香料」と表示されている。かつてのクラーク教授の農学校をイメージしたネーミングのためか、現在、人気の北海道土産となっている。

　十勝地方は小豆の栽培でよく知られており、小豆餡を使った和菓子が多い。この地方のどら焼きは、人気がある。十勝銘菓の「バターどら焼き」の皮には鶏卵が使われていて、「小麦粉、鶏卵、砂糖、バター、小豆、はちみつ、発酵調味料、植物性油脂、トレハロース、膨張剤」と表示されている。小麦粉の次に鶏卵を書かれていることは、小麦粉に次いで多い量の鶏卵が使われていることを意味する。

知っておきたい鶏肉、卵を使った料理

- **茶碗蒸し**　北海道の茶碗蒸しの特徴は、なんと言っても銀杏の代わりに、栗の甘露煮が入ること、そして甘露煮から甘味が溶け出し、全体に甘めの味付けである。卵とだしのほかには、鶏肉やエビ、ナルトなど、入れる具に違いはないが、栗の寒露煮以外に甘露煮のおつゆや砂糖を入れる家庭もある。ちなみに、大阪には"うどん"が入った茶碗蒸し"小田巻蒸し"という料理があり、鳥取では具として"春雨"が入る。

- **ザンギ**　北海道では、鶏のから揚げを"ザンギ"とよぶ。味は付いていないか薄味で、食べるときに特製のソースとコショウをかける。冷めても美味しい。本場釧路のザンギ専門店の「鳥松」や「鳥善」で取り扱うメニュー、"骨付きザンギ"と"骨なしザンギ"、"鶏のから揚げ"の三品だが、道内外で評判のお店。

- **鶏の半身揚げ**　小樽名物の鶏料理。タレに漬け込んだ若鶏の半身を、衣なしであっさりとした塩味で、外はパリッと、中はふっくらと豪快に素揚げにしてある。「なると」が有名。"若どりのネックのから揚げ"も珍

味。

- **美唄中村の鶏めし**　美唄市中村地区に伝わる郷土料理。この中村地区には、明治時代の北海道開拓に、三重県や愛知県からの入植者が多かった。そもそも中部地方は名古屋コーチンに代表されるように養鶏業が盛んで、入植した美唄でも鶏を飼ったことから鶏飯が根付いた。鶏肉から内臓、皮まで無駄なく使い、ご飯は鶏がらと野菜でとったスープで炊く。中村地区の中村は、開拓の功労者 "中村豊次郎" に由来する。

- **美唄の焼き鳥**　一本の串に、鳥のレバーやハツ、砂肝などの内臓や鶏皮を、北海道産玉ねぎと交互に刺した "もつ串" が特徴の焼き鳥。味付けは塩コショウ、炭火焼が基本。もも肉やむね肉は、精肉の "せい" とよぶ。注文は豪快に10本単位で行う。美唄が炭鉱で栄えていた昭和20年代半ばから親しまれており、冠婚葬祭に持ち帰る習慣がある。2006年には、美唄焼き鳥ブランド確立のために、「美唄焼き鳥組合」が設立された。美唄市は、北海道の室蘭市、福島県福島市、埼玉県東松山市、愛媛県今治市、山口県長門市、福岡県久留米市とともに "日本七大やきとりの街" といわれている。なお、焼き鳥の各部位の説明は付録3を参照されたい。

- **美唄のもつそば**　大正から昭和にかけて、美唄は炭鉱で非常に栄えた。この炭鉱で仕事を終えた工夫の空腹を満たしたのが、鳥のもつが入った "もつそば"。今では焼き鳥屋で飲んだ後のしめの料理として、焼き鳥のもつ串を1本入れて提供される。

- **室蘭のやきとり**　豚肉のやきとり。豚肩ロース肉と玉ねぎを串に刺してたれで焼き上げて、洋ガラシを付けて食べる。人口に対する焼鳥店の数は全国3位の多さ。室蘭市は明治42年から100年あまり鉄鋼の街として栄えた。工場の労働者の胃袋を満たす、格好の食べ物としてやきとりが拡まった。室蘭市は、北海道の美唄市などとともに "日本七大やきとりの街" といわれている。付録3も参照。

- **かしわぬき**　釧路の蕎麦屋で提供される名物料理。"かしわそば" からそばを抜いた、鶏とねぎのスープのようなもの。かけ蕎麦のつゆで鶏肉とねぎを煮たもので、鶏のだしとねぎが蕎麦つゆによく合う。

- **鶏醤**　新鮮な北海道産の鶏の内臓に天然塩を加えて、じっくりと発酵・熟成させて生まれた醤油。醤油のルーツである肉醤ともいわれるもので

ある。香ばしく、うまみ成分も多く、複雑な味である。卵かけご飯（TKG）によく合う。

- **釧路ラーメン**　鶏がらスープと鰹だしのあっさり系のしょうゆ味のラーメン。札幌ラーメン、旭川ラーメン、函館ラーメンとともに北海道四大ラーメンの1つ。麺も特徴ある細麺の縮じれ麺を使う。
- **コロンブスの卵**　室蘭の「やきとり一平」で提供される串物で、うずらの卵を殻ごと串に刺して焼く。殻はバリバリ、中身はホックリしている。

卵を使った菓子

- **うずらのプリン**　うずらの卵で作った2層の味が楽しめるプリン。プリンの下の層にはうずらの卵がたっぷり使われた濃厚なとろとろプリン。上の層は生乳で作ったクリーミーなまろやかプリン。一番下には特製のカラメル。室蘭のうずらは飼料に工夫をして、お菓子作りの邪魔になるうずら卵の特有の臭いを低減した。真狩産のほくほくの男爵を使った"ポテトプリン"もある。
- **わかさいも**　洞爺湖周辺の名産。「わかさいも本舗」が作る、サツマイモの焼き芋の形をした焼き菓子で、表面に卵醤油が塗ってあるので香ばしい香りがする。餡は洞爺湖周辺で作られた大福豆の白餡。サツマイモを使わないで焼き芋のほくほく感と、むっちりとした舌触りも再現している。
- **マルセイバターサンド**　帯広の六花亭製菓㈱を代表する銘菓。ホワイトチョコと地元十勝産のバターで作った風味豊かなバタークリームにレーズンを入れ、同じく地元十勝産の卵で焼いた優しい甘さのビスケットでサンドしたお菓子。名前の由来とレトロなパッケージデザインは、十勝開拓の祖の依田勉三が率いる晩成社が十勝で最初に作ったバターの「マルセイ」にちなんでいる。
- **どら焼きヌーボ**　千歳の「morimoto」が、年に一度、秋限定で作るどら焼き。秋に収穫したばかりの十勝産の小豆で作った餡を使って作られる。存在感のある餡に負けないように、どら焼きの生地にはヨード卵を使い、しっとりとコクのある味わいに仕上げてある。
- **笑友（エミュー）生どら焼**　東京農業大学発のベンチャー企業「東京農大バイオインダストリー」が生産したエミューの卵で作った"どら焼"。

独特の弾力性を持つエミューの卵と、北海道産の小麦粉、オホーツクの海洋深層水を使って作る。エミューの産卵期が11月から4月なので、その期間の限定生産。

- **米粉シュークリーム**　1914（大正3）年創業の旭川の菓子処"梅屋"が作るシュークリーム。小麦粉の代わりに、旭川産ブランド米"ゆめぴりか"の粉を使う。"ゆめぴりか"は"米-1グランプリ"で日本一美味しいと"ササニシキ"や"コシヒカリ"を抑えて1位となった。生地にもカスタードクリームにも良質の卵を贅沢に使っている。シュークリームの「シュー（chou）」はフランス語で「キャベツ」の意味で、「クリーム」は英語。別々の国の言葉から日本で出来た造語。ちなみに靴は「Shoe」。

地　鶏

- **北海地鶏**　北海道畜産試験場で、名古屋コーチンと中軍鶏、ロードアイランドレッドの交配により作られた。適度な歯応えがあり、脂がのっていて、コクのある高品質な肉が特徴。中札内若どりが生産している。
- **新得地鶏**　体重：平均3,000g。肉質はわずかな酸味によりすっきりと澄んだ後味が特徴。道畜産試験場が"北海地鶏Ⅱ"として開発。むね肉はしっとりと、もも肉は赤身が強く黄色に脂がのり、焼くとくせがなく歯応えがあり、地鶏本来の味が楽しめる。旨味成分のイノシン酸やグルタミン酸が豊富に含まれる。川上郡新得町の、放牧場付きの平飼い鶏舎で120日と長期間飼われる。名古屋コーチンの雄に、大型軍鶏とロードアイランドレッドを交配した雌を掛け合わせた。十勝・新得フレッシュ地鶏事業協同組合が生産している。

銘柄鶏

- **中札内産雪どり**　体重：平均雄2,800g。非遺伝子組換えでポストハーベストフリーの原料に、炭焼きのときに発生する「木酢液」を主原料とした地養素を加えた専用飼料を給与。平飼いで飼養期間は65日間、健康に育てた。白色コーニッシュと白色プリマスロックを交配。中札内若どりが生産している。
- **桜姫**　体重：平均2,900g。ビタミンEが普通の鶏肉の3倍含まれる。透明感のある肉食と白く仕上がった脂肪が美しい。鶏種はチャンキーやコ

ブ。飼養期間は平均51日。日本ホワイトファームが生産する。

- **知床どり**　体重：平均2,900g。北海道産小麦や藻粉末を加えた植物性飼料を与えて育てた、臭みの少ない鶏肉。肉は透明感があり、白上がりの脂が美しい。鶏種はチャンキーやコブ。飼養期間は平均51日。日本ホワイトファームが生産する。

たまご

- **サラダ気分**　魚粉や肉骨粉を一切使用しない原料を基本とした飼料を与えて産ませた良質な卵。嫌な生臭さがなくさわやかで美味しい卵。ビタミンDが普通の卵より多い。ホクリヨウが生産する。
- **北のこく卵**　コクのある美味しい卵。北海道の大自然の中で厳選された飼料と愛情で育てられた鶏から産まれた卵。普通の卵に比べてビタミンやミネラルが豊富。硬い卵殻とプリッと盛り上がった黄身が特長。日本農産工業の北海道支店が販売する。

その他の鳥類

- **滝上町の七面鳥**　旭川と紋別市の中間に位置する滝上町が七面鳥の生産と販売を行っている。スモークドターキーは、肥沃な土地で育った七面鳥を地元産ハーブと天然塩で作った特性ダレに約2週間漬け込み、丁寧に蒸し上げ、桜のチップで7時間ほど燻す。表面はつやつやのきつね色に仕上がり、桜のチップの香りが食欲をそそる逸品。滝上町七面鳥生産組合が通信販売している。なお、七面鳥の総説は巻末の付録1に掲載した。
- **エミュー**　東京農大バイオインダストリーが新規産業モデルの構築を目指して生産販売している。エミューの肉や卵、生どら焼きやソーセージなどの食品だけでなく、保湿性と浸透性に富む脂でスキンクリームなどを作り、また、卵の殻はエッグアートとして、羽毛はアクセサリー、皮はオーストリッチ風の皮革製品にしている。

タンチョウ（ツル科） 純白で美しい姿とともに北海道を代表する鳥として広く親しまれているので制定。丹頂鶴の丹は"赤い色"を意味し、頭頂部が赤い鶴ということ。"ツル"の名前の由来は諸説あるが、"つるむ"すなわち、ツルの雄が大きな翼を広げて、首を上下に動かして舞う求愛ダンス、その後、ツルはつがいとして結ばれて"つるむ"ことになる。このつるむが"つる"となったとする説が有力だし、情景が目に浮かぶ。英名は、red-crowned Crane。工事などで、資材を吊り下げる重機のクレーン（crane）は、首の長いところが似ているところからついた。分布は、日本以外にロシア、中国にいるが、日本の丹頂鶴は留鳥性が強く、北海道で繁殖する。雌雄同色。特別天然記念物に指定されている。絶滅危惧Ⅱ類（VU）。

汁　物

汁物と地域の食文化

　北海道の周囲は、暖流と寒流が交わる太平洋と日本海、寒流の流れるオホーツク海に面していて、海から開けた島である。季節により、寒流と暖流にのって回遊する魚介類に恵まれている。そのために魚介類を材料とした料理や汁物の種類が多い。

　東北地方の人々が北海道へ渡り定住するようになったのは、鎌倉時代以降である。次第に勢力をのばし、室町時代には渡島半島南部に館を構える豪族もいた。松前藩は、海産物を捕獲し、本州の諸国との交易の資源としていた。江戸時代末期に箱館（後の函館）奉行を務めた栗本鋤雲（明治初期の思想家、1822～97）は、「蝦夷地の三絶」として石狩のサケ、天塩のシジミ、十勝のフナを挙げていたといわれている。明治以降には、漁船や漁法が発達し、漁業資源は沿岸から近海へと広がった。その漁業資源を利用した郷土料理が多く、その中には汁物も多い。

　汁物にはだし汁が必要となる。だし汁の基本は昆布のだし汁である。潮汁の一種の北海道の「三平汁」は、かつて松前藩の賄方が考案した汁物といわれている。18世紀後半の文書には「サンヘ」「サンペ汁」とよばれていた。ニシンが大量に水揚げされた時に、それを塩漬けや糠に漬けこみ発酵させてから頭や中骨、白子などのアラ（粗）と、ジャガイモ・ニンジン・ダイコン・ネギを入れ、昆布のだし汁で煮込んだ塩汁であった。現在はニシンの漁獲量が少なくなったので、サケ・タラなどの粗と野菜類の塩汁が多い。江戸時代（1603～1867）には、ニシンは松前藩でも珍重され、ニシン場で働くやん衆（男たち）の手料理であった。

　昆布が広く知られるようになったのは、鎌倉時代（1192～1333）の初めに、北海道（蝦夷地）が北条義時の代官であった安東堯秀の支配下に入ってからのことである。鎌倉時代には、北海道でも昆布だしは存在しなかった。江戸時代には、食用として使われていたので、昆布のだし汁でニシ

ン、根菜類を主体とした野菜を煮込んだ料理があったと考えられる。ニシン漁が北海道の重要な水産業であった頃は、ニシンを使った三平汁が多かった。大正時代までは春を告げる魚として水揚げされたニシンの資源は徐々に減少したため、現在はタラやサケを原料とした三平汁が主流となっている。北海道は魚介類の粗を使った鍋物も多い。鍋物は味噌仕立てが多い。

　北海道のサケ文化のルーツは、アイヌの人々がサケが遡上する石狩川を「神のいる場所」として大切に守っていたことにある。そのため、北海道にはサケを利用した料理は多い。「あど汁」は、北海道沿岸地域の郷土料理で、味噌仕立ての汁物である。生サケの頭と腸を細かく切り、味噌仕立ての汁に入れてよく煮込んだ味噌汁に似たようなものである。「あど」の名の由来は、「網所」と書いて「あど」または「あんど」とよぶことにあるとの説がある。

　北海道は大豆の生産量が多いので、北海道の気候・風土にあった熟成期間の低温下での長い熟成期間で作った味噌を利用した汁物がある。

　食用食物の栽培法が発達していない時期は、北海道での稲作は難しかった。その当時は米の餅が作れなかったので、カボチャを生産し、カボチャのデンプンの特性を生かしてカボチャ汁粉をつくった。

　かつては、北海道近海に棲息しているクジラは、ニシンを浜に追い込んでくれるので縁起のよいものとして「エビス」ともよばれていた。クジラの皮下組織の主成分はコラーゲンの多い組織であり、これを塩を含む熱湯で、脂肪を除いた「さらし鯨」は松前・江刺地方の正月料理に使われる。これを食べやすい大きさに切り、ダイコン・ニンジン・フキ・ワラビ・コンニャク・豆腐と一緒に煮込み、醤油仕立てにした「くじら汁」がある。商業捕鯨が禁止となり、近海で捕獲されるツチクジラなどが利用されているようである。

　北海道の夏は、ウニの捕獲量が多くなる。食べ方は生食（そのままワサビ醤油、すし種）の他、塩ウニや瓶詰などもある。生ウニをたっぷりのせたウニ丼は観光客の目玉料理であるが、生ウニを入れた澄まし汁はやさしさを感じる「もてなし」である。またタラバガニやケガニなどの汁物は「鉄砲汁」として、普通の家庭料理として食べられている。網走の夏は、「朝市感動祭り」を開き、ホッケやサンマの塩焼きとともに「鉄砲汁」を提供

している。サケやマスの卵（イクラ）も鍋や汁物の具に使う。正月料理の雑煮にはイクラは欠かせない食材となっている地域もある。

また、北海道では、ワカメは重要な健康食として古くから使われている。味噌汁のほかに澄まし汁にも使われる。

汁物の種類と特色

北海道の食文化の中心はサケ料理である。汁物もサケを使ったものが多い。秋に漁獲したサケは塩引きや荒巻などの塩蔵品として保存し、汁物にはこの切り身を使うので、生鮭に含まれている食塩が、汁の中に溶けて塩味に関与している。塩鮭を使った「石狩鍋」や「あきあじの粕汁」「くじな汁」がある。塩蔵さけは水に浸けて塩抜きをして使うが、完全には食塩が抜けきれないので、わずかにサケの身肉に残っている食塩が、鍋や汁物の塩味に寄与しているのである。ホテイウオを具にした「ごっこ汁」は醤油仕立てであり、カジカを加えた「カジカ汁」は味噌仕立て、「三平汁」は、塩漬けのニシンを使う。

これらの汁物や鍋物は、魚介類のほかに、ジャガイモやいろいろな野菜を使うので、貴重な栄養成分も摂取できることから、栄養学的にも注目すべき汁物である。

食塩・醤油・味噌の特徴

❶食塩の特徴

北海道内は、JTの食塩をベースにしたものをはじめ、日本各地の食塩が流通しているが、北海道の周辺の海水から調製した食塩には、「オホーツクの自然塩」「宗谷の塩」「ラウシップ」（羅臼の海洋深層水から調製）がある。これらに含まれるミネラル類の含有量が異なるのは、地域の海水の違いによるものかとも推測される。

❷醤油の特徴

道内に流通している大手メーカーの濃口醤油や淡口醤油のほかに、道内のメーカーの醤油もある。特徴のあるものとして「北海道の魚醤油」「鮭醤油」「ほっけ醤油」などは北海道産であることを納得するネーミングである。その他には「だし醤油」や「合わせ醤油」が多い。

❸味噌の特徴

　味噌については、日本の大手メーカーの味噌（白味噌、赤味噌、合わせ味噌など）が道内を流通しているが、地域団体商標の「北海道味噌」も流通している。

1992年度・2012年度の食塩・醤油・味噌の購入量

▼札幌市の1世帯当たり食塩・醤油・味噌購入量（1992年度・2012年度）

年度	食塩（g）	醤油（mℓ）	味噌（g）
1992	4,245	12,085	10,265
2012	2,310	7,073	5,131

▼上記の1992年度購入量に対する2012年度購入量の割合（%）

食塩	醤油	味噌
54.4	58.5	49.9

　味噌の購入量が約50%に減少しているのは、1992年からの20年間の間に味噌汁や味噌仕立ての料理をつくる機会が少なくなったか、外食の機会が多くなり家庭での味噌汁を作ることが少なくなったことが推測できる。北海道の人々にとって、キャベツやハクサイ、サケ、ニシンなどの漬物は、正月に欠かせない料理であり、雪の多い時期の野菜の供給源であった。一度にたくさんの漬物が作られ、雪の多い時期に重要な食品となっている。この漬物は食べたいが、集合住宅での生活では自家製の漬物を保管する場所もないこと、核家族が多くなってから、自家製の漬物でなく市販の漬物を利用する機会が増えたことなど、食塩の購入量が減少した諸々の理由が考えられる。食塩の過剰摂取は、高血圧症の原因ともなっているという健康上の理由もある。このことは、味噌や醤油の購入量と共通しているところがあると考えられる。

　イクラ、筋子は塩蔵品が多かったが、醤油の食塩濃度とアミノ酸含有は、淡口志向にも合い、アミノ酸のうま味成分を効果的に利用した醤油漬けが多くなった。このことが、醤油の購入量の減少が約58%に収まっている理由かと思われる。また、北海道は、トマト醤油、サケ醤油、ホッケ醤油、イカ醤油、ホタテ醤油などの、合わせ醤油のイメージの醤油加工品が、北海道独自のイメージを強調したようなかたちで出回っているので、大豆を原料とした醤油の購入量の減少に影響しているとも考えられる。

地域の主な食材と汁物

　北海道は本州から離れた日本最北端の島で、日本海、オホーツク海、太平洋に囲まれ、海の幸が豊富である。中央部の大雪山系から流れる石狩川、天塩川、十勝川の流域に石狩、天塩、十勝などの平野がある。各河川にはサケが遡上し、孵化をして一生が終わるが、サケにとっても人間にとっても重要な位置である。各広大な平野では、北海道の大地の性質と気候を活かした農作物が栽培されている。

主な食材

❶伝統野菜・地野菜

　ジャガイモ（男爵いも、メークイン、農林1号、紅玉、早生白、キタアカリ、レッドムーン、インカのめざめ）、札幌大球キャベツ、札幌大長なんばん、食用ゆり、八列とうきび、アスパラガス、札幌黄たまねぎ、及部きゅうり、夕張メロン

❷主な水揚げ魚介類

　サケ類、タラ類、ニシン、ホッケ、サンマ、シシャモ、イカ、ホタテガイ、カニ類（ケガニ、花咲ガニ、タラバガニ）、エビ類（ホッコクアカエビ＝アマエビ、トヤマエビ＝ボタンエビ）、ツブガイ類、ホッキガイ、ウニ類（キタムラサキウニ）、ミズダコ

❸食肉類

　牛肉（黒毛和種、ホルスタイン種）、羊肉、エゾシカ肉

主な汁物と材料（具材）

汁　物	野菜類	粉物、豆類	魚介類・その他
秋味の粕漬け	ジャガイモ、ダイコン、ニンジン、ネギ		サケ、酒粕仕立て
くじな（くじら汁）	ネギ、キャベツ、ダイコン、ニンジン、ワラビ、フキ、ゼンマイ、山菜各種	豆腐	塩クジラ（くじな＝クジラ）、コンニャク、醤油仕立て
ごっこ汁	ネギ	豆腐	布袋魚、昆布、生のり、醤油仕立て

かじか汁	ダイコン、ニンジン、ジャガイモ、ネギ		カジカ、昆布、味噌仕立て
三平汁	ジャガイモ、ダイコン、フキ、ゼンマイ		ニシン、昆布、糠漬けのニシンの塩味仕立て
石狩鍋	ニンジン、ダイコン、ネギ、ほうれん草、春菊、シイタケ、タケノコ、ジャガイモ、ハクサイ	豆腐	生のサケ (ぶつ切り・頭部)、コンニャク、味噌仕立て
鉄砲汁	ネギ		花咲ガニ、味噌仕立て
カボチャ汁粉	小豆、カボチャ	片栗粉	
木の芽とワカメの澄まし汁	タケノコ、木の芽	片栗粉	ワカメ、淡口醬油仕立て、だし汁

郷土料理としての主な汁物

　北海道の魚を代表する「サケ」は、古くからアイヌの人々の貴重な食料資源として捕獲され、北海道の食料供給を支えてきている。北海道の魚料理には、サケ料理が多い理由の一つである。

　ニシンは、江戸時代には北海道の「春を告げる魚」といわれ、ニシン漁が盛んであった。乱獲や海洋の環境の変化により、漁獲量は減少しているが、郷土料理の材料として今でも使われている。北海道のアイヌ民族が鯨肉を食べる習慣は、江戸時代より古くからあったようである。日本では明治開拓以降に北海道の日本海側各地で正月料理として鯨汁が食されていた。

　北海道は、サケ、ニシン、カニをはじめ多くの魚介類に恵まれているので、郷土料理の食材 (具材) には、魚介類と北海道産の野菜を使ったものが多い。

- くじら汁　クジラの脂身 (黒い厚い皮の下に脂肪層がある。これを、ブラバーという。この塩漬けを使う) と野菜類 (ネギ、ゴボウ、ダイコン、ニンジン、山菜など)、豆類 (大豆や豆腐)、コンニャクを醤油仕立てで煮込んだ具だくさんの澄まし汁で、地域によっては「ぐじな汁」ともよぶ。クジラは、道南地方の漁村では「エビス」とよばれ、ニシン漁の盛んな頃は、ニシンを浜に追い込む縁起の良い動物であることから、その

年の大漁を願う意味と、クジラの潮を吹き上げる勢いの良い様子と、巨大な勇姿にあやかって、古くから、年越しや正月料理には欠かせない料理である。正月には大量に作り、正月三が日の料理となっている。ハレの日にも大勢で大鍋に大量に作る。国際的に、商業捕鯨が禁止になり、調査捕鯨も禁止に近い状態なので、日本沿岸のクジラでこの伝統料理を守れるのかが課題となりそうである。

- **三平汁**　北海道の代表的な汁物である。もともとは、ニシン漁で活況を示した松前地方に伝わる郷土料理であったが、現在は北海道の各地で食されている。ニシン漁との関係で、ニシンを使うのが基本だったのが、最近のニシンの不漁や魚の流通が良くなったので塩鮭、マダラ、サバ、スケトウダラ、コマイ、ハタハタ、メヌケなどを使うこともある。作り方は、地域や家庭によって違うが、塩漬けの魚は塩抜きしてから、ぶつ切りにして使う。三平汁の語源は、松前藩の賄方の斎藤三平という人の考案なので、「三平」とよばれるようになったという説、三杯も食べてしまうので、有田焼の元祖の「三平」と名付けた絵皿に盛り合わせするようになったという説がある。ニシンが大量に水揚げされて時代には、ニシンを糠漬けにして使ったようである。タラを使う場合には白子（雄の精巣）を必ず入れる。野菜類は、北海道で栽培・収穫されているものが使われる。ジャガイモ、ニンジン、ダイコン、ネギを使い、昆布だしで煮込む塩汁である。

- **あざみの味噌汁**　「あざみの」（キク科アザミノ）は藩政時代の飢饉の時に、刻んで粥に混ぜて、よく食べられた山菜だったと伝えられている。塩蔵にし、保存食とする。一年中利用できる。早春の青物の山菜には、アザミノのほかにアケビの新芽（ツル）、しろ（野ビル）、うこぎの芽がある。和え物、煮物にも使われる。アザミノは味噌汁の具としてよく合う山菜で、大鍋にたくさん作っても残らないほどであった。

- **石狩鍋**　秋が近づくと、サケは産卵のために北海道の河川を遡上する。石狩川は、その代表的河川であり、「石狩鍋」の名は、石狩川に因む。明治時代に、地元の漁師が賄い料理として味噌汁の中に、サケのぶつ切りや、粗、野菜などを入れて食べた。これを、石狩河口近くにある割烹「金大亭」（1880［明治13］年に創業）が、最初に世に出したと伝えられている。この時、すでに西洋野菜といわれていたキャベツやタマネギ

を使ったのも特徴である。すなわち、生のサケの切り身、中落ちや頭部などの粗と豆腐、タマネギ、キャベツ、ダイコン、シイタケ、ニンジン、長ネギなどの野菜を、昆布だし汁で煮込み、味噌仕立てに仕上げた鍋料理（または、汁料理）である。汁に酒粕を加えることもある。また、隠し味にバターや牛乳を使うところもあるのは、北海道ならではの発想かもしれない。ニシンの代わりに塩蔵サケを使う場合もある三平汁との違いは、三平汁は塩味であり、これに対して石狩鍋は醤油または味噌仕立てである。石狩川の河口に集まる生きシロサケを素材とするこの料理は、地元でしか味わえない美味しい鍋料理である。

- **ごっこ汁**　布袋魚（はていうお）は、冬に北海道道南で漁獲される丸い頭と膨らんだ体形の魚（カサゴ目ダンゴウオ科）で、地元では「ごっこ」とよんでいる。布袋魚の和名は、体形が七福神の布袋様に因んでつけられている。深海に棲息する魚であるが、冬の産卵期には沿岸に近づいてくる。この時に漁獲する。身は弾力のある魚で、切りにくい魚である。昆布だし汁に醤油を加え、豆腐、長ネギ、えのき、大根、生海苔を入れて煮込む汁物である。雌の場合は、卵も肝も具材とする。

- **かじか汁**　かじかは北海道の冬に安く入手できる魚で、味噌仕立ての汁は、あまりにも美味しく鍋の底が見えるまで、たくさん食べ過ぎてしまう。そこで、「鍋こわし」の別名もある。皮の硬い魚だが、野菜と一緒に煮込むと軟らかくなり、皮や身肉からも出るうま味成分により美味しくなっている。とくに、皮やその他の粗から出るコラーゲンが溶けだしたゼラチンは、汁のうま味を引き出すだけではなくのど越しも良くしている。

- **鉄砲汁**　漁獲期が夏から秋の花咲ガニ（ヤドカリ科）を、殻ごとぶつ切りにして、ネギと一緒に入れた味噌汁で、豪快な料理である。鉄砲汁の名の由来は明らかでない。

- **カボチャ汁、木の芽とワカメの澄まし汁**　北海道の地産品であるカボチャやワカメを利用した汁物である。「カボチャ汁粉」は帯広の郷土料理である。昔、もち米の収穫ができなかった時代に、カボチャを適当な大きさに切り、軟らかく茹でたものを潰して小麦粉をつなぎとして団子状にし、餅の代わりとして茹でた。小豆の汁粉に、茹でたカボチャの団子を入れたものである。

● **あど汁**　味噌メーカーが、北海道沿岸地域の郷土料理を B 級グルメとして普及させた料理である。古くから、生サケの頭部と内臓を使った汁物である。小さく切った頭部と内臓を煮込む。浮き出てくるアクを除きながら煮込み、味噌仕立てにし、大根おろしをのせて食する。「あど」の名の正確な由来は不明である。

【コラム】北海道近海のサケが減少している（地球温暖化の影響か）

日本の中心漁場は寒い地方が多い。これはサケの母川回帰率の差によるところが大きいとも考えられている。母川回帰率は、自分の生まれ育った川へ帰り、そこで産卵することを目的とする生態的特性である。北海道の河川（母川）に遡上したサケの多くは、ふ化場に運ばれ人工孵化によって稚魚に成育し、放流される。彼らは、日本からカナダ、アラスカの海域を経由して、再び日本に戻るまでは、３〜４年という歳月をかけ、ざっと4,400km 泳ぐ。途中で力尽きるサケ、他の魚に食べられてしまうサケなどがあり、無事に回帰するのは北海道や東北地方では放流したサケの数の３％程度らしい。ところで、毎年、サケ漁は、日ソ漁業交渉により、日本の漁獲量はきめられている。日ソの漁業関係機関の最近の調査では、北海道周辺の海域もロシアの海域も、サケの資源が減少しており、今までよりもより一層北極に近い海域に移動しているらしい。

伝統調味料

地域の特性

▼札幌市の１世帯（２人）当たりの調味料の購入量の変化

年　度	食塩（g）	醤油（ml）	味噌（g）	酢（ml）
1988	5,207	16,644	19,249	1,594
2000	2,806	8,344	8,550	1,794
2010	2,931	6,085	7,185	2,680

　古くは、北海道は蝦夷地とよばれていた。北海道とよばれるようになったのは、明治２（1869）年で、その名の由来はアイヌの人たちが、自らを「カイ」とよぶことから「キタカイドウ」となった。「ドウ」は、南海道、東海道、西海道に準じてつけた。

　北海道の食文化は、アイヌの文化の影響なしには生まれなかったといえよう。北海道の食文化においては、サケが貴重な存在であるのは、アイヌの人々が北海道の川を遡上するサケは神の恵みとして大切にしていることとも密接な関係もあるといえる。サケには母川への回帰性があるので、北洋で成魚となったサケは、秋深くなって産卵のために、生まれ故郷の北海道の石狩川などへ戻り、遡上する。この時期のサケは、特別に美味しいのでアキアジとよばれている。アイヌ語で、秋の魚を意味するアキアチップが訛った呼び方ともいわれている。

　北海道のサケの食べ方には、鍋料理、鉄板焼きの「ちゃんちゃん焼き」、漬物など、いろいろな食べ方がある。これらサケ料理には、味噌や特別なソースなど調味料も重要な役割を演じている。鍋料理に欠かせない「だし」には北海道特産の昆布が使われている。味噌や醤油、砂糖で味付けして煮込むという日本の調味料が必要な料理である。

　北海道の郷土料理となっているイカ素麺やイカの沖漬け、イカの粕漬け、イカ飯などのイカ料理には、調味料として醤油が使われるものが多い。イ

カ素麺を食べるには香辛野菜のショウガを合わせたしょうが醤油、酸味調味料の食酢を合わせた酢醤油が使われるなど、合わせ醤油で一層美味しく食べることができる。

　北海道の代表的料理のジンギスカン鍋は、料理の形態としては焼肉の仲間であるが、一般の焼肉の食材は牛肉や豚肉であるのに対して、ジンギスカン鍋の肉は羊肉である。羊肉は特有な匂いがあるので、この料理が多くの北海道の人に受け入れられるためには、より一層美味しく食べるためのソースや副材料も工夫されたと想像する。

　北海道を郷里とする人々の中では、キャベツやハクサイとサケやニシンを合わせた漬けもの（飯ずし）は、ふるさとの味として懐かしく感じる保存食のようである。この漬けものをつくるには食塩と麹が欠かせない。

　北海道の食生活の中では、日本人が古くから使っている調味料を大切に生かしていたのである。しかし、年々各家庭での食塩、醤油、味噌の購入量が減少しているが、食酢の購入量が増加している。塩分控え目の健康志向が広まり、食生活の中で塩分の摂取を量少なくなっているのかと考えられる。健康志向は、食酢の購入量の増加に関係しているのではないかとも推測できる。すなわち、味付けに食酢を使う機会が多くなったとも思われる。

知っておきたい郷土の調味料

醤油・味噌

- **平取とまとしょうゆ**（びらとり）　ダシ醤油の一種である。北海道の冷涼な気候を生かし、太陽の光を浴びて栽培した真っ赤な「平取とまと」を加えた醤油で、フルーティーな味わいが醤油の風味と調和している。チーズやアボガド、サンマの塩焼き、ステーキ、サラダなどフルーティーな味わいが好みの人に好まれそうである。札幌市の福山醸造㈱が製造。
- **日高昆布しょうゆ**　ダシ醤油の一種である。福山醸造㈱の従来の醤油に「日高産の昆布からとっただし汁を加えたもので、昆布のコクと香りが醤油本来のうま味と調和している。塩分９％の醤油であるから、塩分の摂取を制限している人には適している。
- **鶏醤**（けいしょう）　新鮮な北海道産の鶏の内臓を天然塩を加えて、じっくりと発酵・

熟成させて生まれた醤油である。醤油のルーツである肉醤ともいわれるものである。香ばしく、塩辛を感じる複雑な味でうま味もある。エスニック料理、目玉焼き、餃子・シュウマイなどの点心、卵かけご飯などにも合う。非加熱食品なので、保存や賞味期限に注意。

- **旭川の醤油・だし醤油**　旭川に明治時代に入植し、酒や醤油を製造している会社として日本醤油工業㈱（屋号：キッコウニホン）がある。その影響もあるのか、旭川の郷土料理の旭川ラーメンは、醤油味が基本となっている。養豚は酒粕の利用のために餌の材料として使われている養豚事業も古くから行われている。したがって、スープのだしは豚骨からとり、内臓（ホルモン）を入れたラーメンを「ホルメン」の名で町おこしに奮起している。

  この会社の製品には生しょうゆ・丸大豆しょうゆ・舞茸しょうゆ・たもぎ茸しょうゆ・しそ醤油・ほたてしょうゆ・アサリの舌心・羅臼昆布しょうゆ・かきしょうゆなど幅広く開発している。

- **たれ類**　醤油日本工業は古くから醤油づくりに携わっていた関係で、時代の流れに合うように、ユズポン酢・フライソース・風雪カイム（北海道でしか考えられない商品といえる）、北海道昆布だし、トマトと紫蘇のたっぷりソース・豚丼のタレなどいろいろなものを作っている。

- **北海道の魚醤油**　北海道魚醤油生産組合に所属している漁業協同組合、水産関係の会社が製造・販売している。「雪ひしお」「北寄醤油」「魚の紫」「魚醤油」「ほたて醤油」などいろいろな種類がある。

- **鮭醤油**　水産会社の佐藤水産が、膨大な量のサケのアラが廃棄物として処分されていたので、アラの有効利用として、昔ながらの杉仕込みで醸しだした魚醤油。クセのない、だしをとったような芳醇で深みがある。

- **ほっけ醤油**　寿都の前浜であがったホッケのだしを入れた醤油。料理のかくし味によい。

- **北海道味噌（地域団体商標）**　北海道味噌醤油工業組合に所属している醸造会社が協力して商標登録を得て販売している味噌。

- **トモエ味噌**　札幌の福山醸造㈱が製造している味噌。「北海道の恵み」の名でPRしている。大豆10に対してコメ12の割合の配合で作る。コメ麹を多くして発酵・熟成しているので甘味とうま味が強く、深い味わいの味噌である。仕込み水は大雪山系の天然伏流水を使い、原料となる

大豆もコメも北海道産のものを使い。知床・羅臼の海洋深層水から製造
した食塩を使っている。

- **北海道こだわり味噌（特別栽培大豆使用北海道こだわりみそ）** 北海道
  産フードプラン特別栽培大豆を使用した米みそ。主原料の大豆は北海道
  産、米は国産。コープ商品として流通。

麺つゆ

- **根昆布しょうゆ** 日高の根昆布からとっただしの入った醤油。昆布由来
  のヨウ素を含んでいることをアピールしている。
- **もとだれ** 蕎麦屋のもとだれ（本がえし）がある。
- **ラーメンスープ** 北海道の塩味の「しおラーメンスープ」がある。

食塩

- **オホーツクの自然塩** 北海道紋別郡のサロマ湖内200m に突き出ている
  防波堤からポンプで汲み上げた海水を、独自の海水蒸発加熱釜で3日間
  かけて煮詰める。海水の塩分濃度は3.5〜4.5％。食塩100g 当たりの分
  析値：ナトリウム35.85％、マグネシウム0.94％、カルシウム0.29％、カ
  リウム0.30％。
- **宗谷の塩** 昆布の繁る宗谷海峡の海底からポンプで直接取水し、海中で
  濾過した海水を、加熱回転ドラムに噴霧して塩を結晶化させた。海水の
  塩分濃度は3.5％。100g 当たりの分析値：ナトリウム28.67％、マグネ
  シウム3.15％、カルシウム1.06％、カリウム0.93％。
- **ラウシップ** 知床らうす海洋深層水を取水し独自の方法で製塩したもの
  で、コク、まろやかさがある。100g 中の分析値：食塩相当量68.76g、
  カルシウム154mg、マグネシウム94.32mg、カリウム27.18mg。味噌と
  の相性はよいので味噌づくりには適している。
- **北海道の味噌を使った郷土料理** サケのチャンチャン焼き（味付けには
  白味噌を使うことが多い）、青南蛮味噌（釧路の家庭料理の一つ）など
  がある。

甘味料

- **甜菜糖** 甜菜（ビート）から取った砂糖が甜菜糖である。テンサイはサ

トウダイコンともいわれている。砂糖用のテンサイが栽培され始めたのは、1745年にドイツの化学者アンドレス・マルクグラーフが、飼料用のビートから砂糖を分離したことに始まる。日本におけるテンサイ糖の産業は北海道で始まり、現在も北海道でテンサイから作られる砂糖の消費量は、日本における砂糖の消費量の25%を占めている。

- **北海道てんさいオリゴ** テンサイからの砂糖は、いろいろな形で売られている。その一つが天然オリゴ糖を含む「北海道てんさいオリゴ」である。コーヒー、紅茶、ヨーグルト、料理に砂糖代わりに使われる。エネルギーが砂糖の77%なので、糖質摂取を制限している人にはよい。
- **ビートグラニュー糖** 北海道産のテンサイ糖から作ったグラニュー糖。製造元により「北海道十勝産てんさい含有糖」「ムーソーてんさい含有糖」「山口製糖ビート糖（粉末）」「北海道・てんさい含有糖」などがある。

だし

- **魚介類だし** 隠し味として使われるものとして「カニだし」（雑炊、鍋物、スープ）、「ほたてだし」（吸い物、炒め物、カレー、卵焼き）、「エビだし」（みそ汁、お茶漬け、ふりかけ）などがある。

郷土料理と調味料

- **醤油を使った郷土料理「いくらしょうゆ漬け」** サケの生筋子に醤油を加えて数日間置いて味を馴染ませたもの。サケの生筋子（水道水と塩水で汚れを落とし、薄皮を除き卵を潰さないように1粒ずつにほぐし、ザルに入れて水気を除く）200gにしょうゆ（大さじ3）、酒（大さじ2）、みりん（大さじ1）を加えて、約1日間漬け込んでから冷蔵庫に保存。タレを切って食べる。美味しく食べられる期間は、漬け込んだ日を入れて3～4日。冷凍も可能。
- **郷土の鍋料理** 北海道の郷土の鍋料理には、石狩鍋（十勝鍋・秋味鍋ともいう）、三平汁がある。石狩鍋は、土鍋に昆布のだし汁をとり、サケのぶつ切り・頭と一緒に、ニンジン・ダイコン・ネギ・ほうれん草・シュンギク・シイタケ・ジャガイモ・白菜・豆腐・コンニャクを入れ、味噌・醤油・砂糖で調味して煮込む、寒い日に体が温まる鍋料理である。味噌仕立て、醤油仕立てのどちらでも供される。三平汁は、かつてニシ

ン漁の盛んな頃に、松前地方の海辺でつくられるゴッタ煮であった。三平汁の名の由来はアイヌ語のサンペイ（心臓）か松前藩の斉藤三平という人が考案したからとか、あまりの美味しさに3杯も食べてしまう三杯汁にあるとか、諸説がある。ニシンが大量に水揚げされた頃は、ぬか漬けして熟成させたニシンが使われたが、現在は、鮮度のよいサケやタラの頭やぶつ切りした身、塩サケの頭やその他の粗（アラ）、タラの白子（精巣のこと、必ず入れる）、ジャガイモ・ニンジン・ダイコン・ネギを入れて、昆布だしで煮込み塩味に仕立てる。好みにより酒粕も加える。この三平汁の調味料は昆布ダシ、食塩、それから各材料から溶出される成分が味を整えているが、酒粕を加えることにより食感が滑らかになり、酒粕のアルコール分で生臭みが緩和され、酒粕に含むコメの粕で臭みを包み込み、臭みを緩和すると同時にコメの粕（主成分はでんぷん）の保温性があるので、体を温める鍋料理である。

- **イカそうめんはショウガ醤油か酢醤油**　北海道名物料理は、函館の魚市場の食堂で、市場の朝に夜釣りのイカ釣り船から水揚げしたばかりスルメイカを細く麺のように切ったイカそうめんである。これを、ショウガ醤油や酢醤油で食べ、口いっぱいに広がるイカの甘味に満足する一時である。

- **イカの沖漬け**　北海道だけでなく富山のほうでも作っている。もともとは、イカ釣り船の船上でイカ1尾を丸ごと醤油漬けする漁師だけが味わえるものであった。貯蔵法や輸送法が発達した現在では、北海道から遠く離れた地域でも食べられるようになっている。イカの内部に存在している肝臓と一緒に輪切りにしてご飯の惣菜や酒の肴として利用されている。醤油のうま味とイカのもつ甘味やうま味が馴染んで、塩辛とは違ったまろやかでコクのある逸品となっている。

- **イカの北海道の郷土料理**　イカの内臓を除いた腹の中にニンジンや白菜を細かく刻んで詰め、水にしてから粕漬けにしたもの。この場合の漬け込み用の粕は塩やみりんで調味して使うが、粕に含まれるアルコール分が臭みを除き、また、このアルコール分はイカの身を適度なテクスチュア形成に関与している。イカの鉄砲漬けは、イカの内臓を除いたところに、ニンジン、キュウリなどの細切りを詰め込んで味噌漬け。全国弁当大会で人気の北海道の「いか飯」は、イカの内臓を除いた腹の空洞にうるち米ともち米のミックスしたものを詰め込み、楊子で止めて、弱火で

ゆっくり炊き込んだものである。煮汁は醤油・砂糖・酒で調味した調味液を使う。

- **ジンギスカン料理とタレ**　北海道の郷土料理であるジンギスカン料理は、モンゴル共和国から伝わった料理といわれている。第二次世界大戦後に北海道の滝川市の道立種羊場がめん羊の飼育を奨励してから羊肉の料理のジンギスカン鍋が北海道の郷土料理へと発展していった。特別な網の目のあるジンギスカン鍋での羊肉の焼肉料理であった。子どもの羊の肉（ラム）は臭みが少なく軟らかいが、大きくなった羊の肉（マトン）は臭みがあるので、臭みを感じない食べ方が工夫されている。その一つが「タレ」である。タレの材料は醤油・砂糖・ニンニク・トウガラシ・リンゴ・タマネギなどで店によって特徴がある。

北海道のスーパー掘り出し逸品

- **成吉思汗（ジンギスカン）たれ**　北海道の家庭の冷蔵庫には必ず1本は入っているといわれるタレ。1956年にベル食品で発売してから、ジンギスカンを北海道の食卓でも食べられるように貢献している。
- **ミスタージンギスカン**　ワイン通の人がジンギスカンを食べるときのタレに使う（札幌酒精工業製）。
- **華味ラーメンスープ缶詰（味噌味／塩味／醤油味）**　昭和29（1954）年から発売していて、北海道のラーメンの味の起点となっている（ベル食品製）。
- **焼きソバスープ**　北海道ではジンギスカン料理の最後には蒸し焼きソバを食べることが多い。その蒸し焼きソバ専用の「焼きソバスープ」がある（西山製麺製）。
- **十勝　豚丼のたれ**　北海道の十勝地方の「豚丼」はB級グルメの展示会でも知られている。この豚丼用のタレは、甘辛く、ご飯によく合う味（ソラチ製）。
- **山わさび醤油漬け**　北海道のご飯の友には、「山わさび」が使われている。実際の原料はホースラディッシュ（西洋大根）といわれるもの。北海道では春先に天然のものが掘り出すことができる。天然の西洋大根をすり下ろして醤油漬けにしたもの（オリオン食品工業製）。
- **北海道の味　めんみ**　北海道限定の濃縮麺つゆで、北海道キッコーマン㈱が北海道限定で製造・販売。
- **三升漬け**　青唐辛子・麹・醤油をそれぞれ1升ずつの分量で漬け込んだ郷土料理。豆腐料理、野菜料理に向いている。

発　酵

サイロ

◆地域の特色

　「都道府県の魅力度ランキング」（ブランド総合研究所）で2019（令和元）年現在、11年連続で1位に選ばれ、観光意欲度、産品購入意欲度も1位、居住意欲度でも3位となっており、各意欲の面で高い評価を得ている。

　北は宗谷海峡を隔てて樺太と向かい合い、東には千島列島が連なり、海を挟んでロシアと国境を隔てている。西の日本海、南東の太平洋、北東のオホーツク海と、三つの海に囲まれており、周辺には対馬暖流、宗谷暖流、親潮および東樺太海流が流れている。北海道は本州に比して冷涼であり、年平均気温は7.0℃で、年平均降水量は1200mmである。積雪量も羊蹄山麓、雨竜川上流域、天塩川流域などでは、最深積雪が2〜2.5mに達する。

　日本の食糧基地ともいわれるように農業が盛んであり、全国の約14％にあたる1兆2558億円の農業産出がある（2019（令和元）年）。麦や芋などの畑作も全国平均と比べて比率が高く、テンサイやジャガイモ、小麦などは、生産量が日本一である。乳用牛は道内農業産出額の約37％を占め、生乳生産量は全国の約50％となっている。また、日高地区を中心にサラブレッドなどの種馬の生産も盛んである。

◆発酵の歴史と文化

　2019（平成31）年4月、北海道の先住民族であるアイヌの伝統および文化、ならびにアイヌの人々の誇りが尊重される社会を実現するための法律が制定された。

　そのアイヌに伝統的な熊祭りがある。ごく近年まで、幌別や紋別のアイヌの熊祭りでは、巫女が噛んだ「口噛み酒」がお神酒として用いられていた。主として女性が白米を咀嚼し、唾液とともに壺に溜める。唾液に含まれるアミラーゼによりデンプンが糖化され、酵母により発酵が始まる。これは、古代社会にみられる呪術的祭儀そのものが酒造りであるという思想に起因

するもので、アジア、南米など世界各地にみられ、日本では、ほかに沖縄でも口噛み酒が造られていた。

　口噛み酒とは別に、アイヌ民族に伝わるヒエを使った酒「カムイトノト」がある。最近、小樽市の田中酒造で伝統的な製法に基づいて復刻された、どぶろくにも似た濁りが特徴のカムイトノトが製造されている。アイヌ語でカムイは神、トノトは酒で、「神のお酒」という意味である。

◆主な発酵食品

醤油　道産小麦と大豆を使用した醤油が造られている。種類は全国的に一番普及している濃口（こいくち）醤油で、多くは伝統的な製法である本醸造方式で造られている。道産小麦100％を使用した本醸造に、昆布独特の粘りと旨みを生かしたコクと香りが特徴の「昆布しょうゆ」がある。日本最北の醸造元である倉繁醸造（網走市）のほか、道南食糧工業（函館市）、日本醤油工業（旭川市）、福山醸造（札幌市）などで造られている。

味噌　開拓時代、本州と同じ造り方ではよい味噌にならず、苦労して北海道独自の味噌造りがされてきた。冬季は氷温に近く、盛夏でも平均気温22℃にしかならない冷涼な地であるため、長期の熟成を要する。すっきりとした芳香の温和な味が特徴で、辛口の赤味噌である。福山醸造（札幌市）、岩田醸造（札幌市）、河村醸造（旭川市）、今野醸造（旭川市）、太田醸造（常呂郡）などがある。

日本酒　よい酒造りには米と水が必要である。北海道は、米の収穫量では新潟県と1位を争っており、酒造用好適米の新品種として、「吟風」「彗星」「きたしずく」も開発され酒造りに使用されている。道内には11の酒蔵があり、全体としては淡麗辛口が多いものの、最近では濃潤タイプなど個性的なものもある。日本清酒（札幌市）、男山（旭川市）、高砂酒造（旭川市）、国稀酒造（増毛町）などがある。

焼酎　知床半島の麓の清里町に、1979（昭和54）年に日本で初めての「ジャガイモ焼酎」を製造した清里焼酎醸造所がある。

ワイン　2018（平成30）年から、国が地域ブランドを保護する地理的表示（GI）で、ワインの産地として「北海道」が指定されている。道産ブドウのみを原料とするなどの条件を満たし、審査に合格した商品が商品名や産地に「北海道」を表記できる。十勝ワイン（池田町ブドウ・ブド

ウ酒研究所）は、1963（昭和38）年に日本最初の自治体ワイナリーとして設立された。北国特有の酸味豊かなブドウで長期熟成タイプのワインを中心に製造している。ふらのワイン（富良野市ぶどう果樹研究所）は独自の交配品種の栽培や、寒さを利用したアイスワインの製造などを行っている。その他、空知浦臼町に鶴沼ワイナリー（北海道ワイン）、余市には余市ワイナリー（日本清酒）など道内に20を超えるワイナリーがある。

ビール　明治新政府に設置された「開拓使」は1876（明治9）年に「開拓使麦酒醸造所」を札幌に設立した。北海道初のビールは「札幌ビール」と名付けられ、1877（明治10）年に東京で発売された。その後、農商務省工務局、北海道庁の所管の後民営化され、1887（明治20）年札幌麦酒会社（現在のサッポロビール株式会社）となった。サッポロビールの星印は開拓使のマーク「北極星」からきている。その他、アサヒビール（札幌市）、キリンビール（千歳市）の工場がある。クラフトビールは、網走ビール（網走市）、大雪地ビール（旭川市）、帯広ビール（帯広市）、北海道麦酒醸造（小樽市）など30以上の醸造所で造られている。

ウイスキー　1934（昭和9）年、竹鶴政孝はウイスキー製造の理想の地を求めてスコットランドに似た気候風土を備えていた余市に蒸溜所の建設を開始し、1940（昭和15）年に、第1号の「ニッカウヰスキー」を発売した。余市はニッカウヰスキーの創業地であり、今では珍しい昔ながらの「石炭直火蒸溜」を行っている。2002（平成14）年に日本で初めてザ・スコッチ・モルト・ウイスキー・ソサエティ認定のモルトウイスキー蒸溜所になった。

メロンブランデー　1985（昭和60）年から、夕張市メロンブランデー醸造研究所で、メロンを原料として造られていた世界でも珍しいメロンのお酒である。夕張市の破たんで閉鎖したが、現在、夕張酒造から販売されている。

チーズ　北海道の国内生乳生産量は50％を超えており、多くがチーズやヨーグルトなどの乳製品に利用されている。北海道は日本のチーズ作り発祥の地ともいわれており、ナチュラルチーズを手がける下記のような工房が各地に点在している。共働学舎新得農場（上川郡）は十勝岳の麓、新得町で乳牛の飼育から販売までを一貫して行っている工房で、製造されているチーズも多種類におよぶ。なかでも、フロマージュブラン

はまろやかな食感を楽しめるフレッシュチーズである。桜の塩漬けがのった「さくら」というチーズは、数々の世界的な賞を獲得している。ニセコフロマージュ（虻田郡）では、熟成タイプでにおいが強いことで知られるウォッシュタイプのチーズなどが作られている。さらべつチーズ工房（河西郡）の「酪佳」は、深い風味とコク、強めの香りが特徴のゴーダチーズである。

納豆　登別市にある道南平塚食品の「くま納豆」は、北海道産の大豆と納豆菌を使って作られている。その他、北海道産の小粒大豆「ゆきしずか」や大粒大豆「ゆきほまれ」を使用したわら納豆などがある。

飯ずし　11月頃、サケの飯ずしの仕込みが始まる。あきあじ（サケ）と野菜、炊きたてのご飯と麹を重ね、最後にショウガを加える。ぎっしり漬け込んだ樽に重石をのせ、1カ月以上かけて熟成させる。

松前漬け　松前藩（現在の松前郡）発祥の漬物であり、数の子にスルメと昆布を合わせ、塩で漬け込んだものである。近年、ニシンの不漁が続き、数の子は高価な食品となったため、スルメと昆布のみを漬け込んだものもある。

石狩漬け　サケとイクラを麹漬けにしたものが基本であるが、各家庭ではこの基本材料にさまざまな物を混ぜて作られる。スーパーなどで売られている石狩漬けは、サケ、ハクサイ、昆布、ニンジンなどがきれいに何層にも重ねられたものが多い。

ベニザケはさみ漬け　ダイコン、ハクサイ、キャベツ、ニンジン、キュウリ、ベニザケを交互に積み重ね、麹を加えて漬け込んだものである。

めふん　オスのサケの中骨に沿って付いている血腸（腎臓）を使って作る塩辛である。川を遡上中の「ぶなざけ」と呼ばれるサケがよいとされる。

オントゥレプ　アイヌ語で、「発酵させたウバユリ」を意味する。トゥレプ（ウバユリ）からウバユリ澱粉を抽出する際に、同時に集めた皮や繊維などを発酵させて作った保存食である。これを砕いて水で戻し、団子にしてサヨ（粥）に入れて食べる。

ニシン漬け　キャベツ、ダイコン、ニンジンなど野菜を身欠きニシン、数の子とともに麹を加えて漬け込んだものである。

◆発酵食品を使った郷土料理など

石狩鍋　サケの身や骨などのアラと豆腐、タマネギ、キャベツ、ダイコン、シイタケ、ニンジン、長ネギなどの野菜を、昆布でだしを取った味噌仕立ての汁で煮込むものである。汁へ酒粕を加えたり、バターや牛乳などを隠し味に使う場合もある。最後にサンショウの粉を振りかけて食べる。

いももち　ジャガイモを使って「餅」の代用品として作ったことが始まりで、北海道の開拓当初から食べられていた郷土食である。餅と同様に焦げ目がつくまで焼き、醤油とバターをつけて食べる。

焼きトウモロコシ　大通公園の屋台で売られている札幌の名物で、甘いとうきびにバター醤油がよく合う。

味噌ラーメン　スープのタレとして味噌を使用したラーメンである。札幌市内の食堂「味の二平」店主の大宮守人によって1955（昭和30）年に考案され、1963（昭和38）年に店のメニューに「味噌ラーメン」が掲載されたとされている。

◆特色のある発酵文化

サイロ　牧草を保存するために密閉して貯蔵する大型容器である。貯蔵中に乳酸菌などによる発酵が起こり、保存性が高まると同時に牛などの家畜も好んで食べる味の牧草となる。いわゆる、牧草の漬物といえる。

　日本最古の木製サイロは、安平町の山田牧場に1930（昭和5）年に建てられたものである。2015（平成27）年に解体されたが、町内のはやきた子ども園の前庭に復元されている。塔型サイロは建造費用がかさむことから減少しており、最近では、ラップフィルムを用いたロールベールラップサイロ（直径2m程度の円筒形）がごろごろと転がっているのをよく目にするようになった。

◆発酵関連の博物館・美術館

サッポロビール博物館（札幌市）　1905（明治38）年からは札幌麦酒会社の工場として、約60年間使われていた歴史あるレンガの建物の中に、開拓使麦酒醸造所の歴史などが展示

されている。

ウイスキー博物館（余市郡） ウイスキーの貯蔵庫を改装して、1998（平成10）年に開館した。ウイスキーについての歴史や製造工程を学ぶことができる。ニッカウヰスキーの創業者の竹鶴政孝に関する資料なども展示されている。

千歳鶴酒ミュージアム（札幌市） かつて実際に使われていた木製の仕込み桶や醸造日誌をはじめ、創業当時からの歴史などが展示されている。

蔵元北の錦記念館（栗山町） 小林酒造で創業当時より使用されてきた徳利や酒杯、燗付け器などお酒に関する道具を中心に、約5000点が展示されている。

男山酒造り資料館（旭川市） 酒造りの歴史と文化を伝える資料館で、歴史的な資料や昔の酒造り道具などが展示されている。

◆発酵関連の研究をしている大学・研究所

北海道大学農学部応用生命科学科、生物機能化学科／大学院農学院農学専攻

乳酸菌、納豆菌、酵母など、創設以来実際の産業に貢献するような研究が多い。発酵の生産性を上げるなど、産業に近い先端的な研究に力を入れている。

帯広畜産大学 2020（令和2）年、発酵や醸造に関する実践的な教育、研究を行うために、上川大雪酒造（上川町）の協力のもと構内に日本酒の醸造所が開設された。

酪農学園大学食と健康学類 酪農に関することを学ぶとともに、大学で生産した牛乳を使ってさまざまなチーズを作るチーズ倶楽部がある。

都道府県トップ10　チーズ生産量（出荷額）

出荷量トップは北海道の4万8269トンで、出荷額は603.0億円と全国計2759.2億円の21.9％を占める。2位は兵庫県（451.3億円、シェア16.4％）、3位は神奈川県（402.3億円、同14.6％）、以下4位長野県、5位千葉県、6位滋賀県、7位埼玉県、8位山梨県、9位栃木県、10位京都府である（2019（平成31）年経済産業省工業統計表品目別統計表データより作成）。

コラム　口噛み酒

穀物などデンプン質の原料を噛んで壺などの容器に溜め、自然発酵により造られる酒である。デンプンは唾液中のアミラーゼの働きで糖に分解される。それを吐き出して溜めておくと、原料や口の中に存在する野生酵母が糖を発酵してアルコールを生成する。東南アジア、南太平洋地域、南米など世界各地でみられる酒である。有名なものにインカのチチャがある。クスコに現存する堅牢な石造りの神殿では、その昔、美しい巫女マクーニャたちが茹でたトウモロコシを噛んで酒を造り、神に捧げていたといわれている。古代日本や台湾では、口噛み酒は神事の際にも造られていた。このため、神事で醸す場合には、巫女や若い女性が選ばれていた。

日本では縄文時代にすでに口噛み酒が造られていたといわれている。そして、比較的最近まで、沖縄地方や北海道の紋別アイヌで造られていた記録がある。8世紀にまとめられた『大隅国風土記』の逸文に、「大隅国には、一家に水と米とを設けて、村につげ廻ぐらせば、男女一所に集まりて、米を噛みて、酒槽に吐き入れて、散り散りに帰りぬ。酒の香の出でくるとき、また集まりて、噛みて吐き入れし者共、此を飲む。」という口噛み酒の記述がある。

中花饅頭

地域の特性

　日本列島の最北端に位置している。本州に次ぐ広大な面積をもち、四方を太平洋、日本海、オホーツク海に囲まれ、本州とは津軽海峡で隔てられている。かつて「蝦夷地」とよばれ、半年間は雪に埋もれる酷寒の地で、不毛の土地のように思われているが、豊富な海産物や、自然豊かな地で早くから人々の生活が営まれていた。先住民の「アイヌ文化」があり今でも道内市町村名の約8割はアイヌ語に由来している。

　北海道は幕末・明治の新しい開拓地というイメージが強い。だが、江差・松前の「道南文化」はやはり江戸時代に開花していた。この地方は和食の基本・昆布を通し早くから本州との交流があった。江戸中期以降は急速に漁業が発達しニシンの豊漁もあり、海産物を買い付ける北前船で繁栄を極め、一大文化の花が開き、当時の様子は「江差の5月は江戸にもない」と謳われた。

　そして、やっと札幌を中心に明治のハイカラな「開拓文化」が誕生するわけで、このような歴史を踏まえ、北海道のお菓子を楽しんでみよう。

地域の歴史・文化とお菓子

「正月菓子」と「中華饅頭」

①正月の「口取り菓子」

　明治の開拓期に、屯田兵などとして本州各地から多くの人たちが入植して来た。道内の正月料理はお雑煮1つでも、まさに「隣雑煮」で千差万別である。しかし、近年道内一帯で食べられるのが「口取り菓子」で、お節料理の他に縁起物のタイやエビ、サケの切り身、松竹梅、宝船、蒲鉾などすべて生菓子で作られている。

　「口取り」というのは「口取り肴」の略で、饗応膳の最初に吸い物とと

もに出てくる。少量だが山海の珍味、羊羹、寄せ物といった3〜9品の皿盛物である。武家の本膳料理では三方に搗栗、熨斗鮑、昆布などをのせて最初に出てくる。今日風にいえばオードブルで、「口取り菓子」はこの「口取り肴」が変化したものであった。

②正月には甘い物を存分に

　今と違い新鮮なタイやイセエビなど昔は到底入手困難であった。そこで、日持ちのよいお菓子で代用品を作ったという説がある。しかし、それでは職人技の「口取り菓子」が気の毒に思える。

　まずこの菓子の背景を考えてみると、砂糖が貴重だった時代のことがある。現在でも道内では甘納豆を赤飯に入れたり、納豆に砂糖を入れたり甘い物好きである。つまり「甘い物は御馳走」という時代があって、それは本州でも同様であった。一時代前には、婚礼の引き出物に豪華な料理菓子が登場し、そのお土産を子供たちが心待ちにしていた時代（昭和30年代）があった。

　明治期に道内に渡った人たちは、東北や北陸地方出身者が多く、そうした先人たちには甘い物への憧憬が強くあった。正月こそ腹いっぱい甘い菓子が食べたい。それが本音ではなかったか。

　「甘い物が御馳走」の本家筋、東北の山形県下の雛祭は盛大である。特に鶴岡地方では、本膳料理さながらに、餡の入った練り切りのタイやエビが皿に盛られ祝い膳を飾っている（「山形県」参照）。

③「口取り」菓子文化

　「口取り菓子」は、お節料理とは別仕立になっていて、北海道では年越しの膳にお節を食べ、口取り菓子も食べる。これは本来の歳神様を迎える姿である。昨今日本列島が一律に、年越しには「年越し蕎麦」、「お節料理」は元日という風潮になっているが、年越しの晩に歳神様（正月様＝祖先神）が降臨されるわけで、門松はその目印であった。そしてこの晩は、1年中で1番のご馳走を供え、神と人とが共食をするという本来の正月の姿であった。

　北海道には失われた正月文化が残され、「口取り菓子」は商業ベースにのってはいるが、伝えていきたい風習である。

④中華・中花饅頭

　「中華饅頭」といえば肉まんか餡まんかとなるが、北海道人なら誰もが「大

きな半月型のどら焼のような饅頭。中にたっぷりと餡が入って仏事用」と答える。不祝儀とも関係が深かった。

　ではなぜこの菓子が「中華」なのか。道内には「中花饅頭」と表記する店もある。実は、和菓子業界で「中花種」といえば小麦粉、砂糖、卵を主材料にした生地を焼いて作る菓子で、総じて「中花」とよんでいた。「中華」は「中花」だったのである。

⑤江戸期の菓子製法書にある「中華饅頭」

　1852（嘉永5）年に出版された『鼎左秘録』に「中華饅頭」があり、さらに江戸期の『名菓秘録』に「中華饅頭」がある。材料や製法が記されているが現在の中華饅頭の製法と同じである。

　『鼎左秘録』の40年前に書かれた式亭三馬の『浮世床』には、菓子売りの口上があり、「ようかん、最中、かすてら」とともに「ちうか」があり、すでに江戸庶民は「中華饅頭」を食べていたと想像されている。当時「もろこしまんじゅう」とよんでいたとすれば、文字どおり「南蛮渡来の菓子」という気配が濃い。

⑥秋田・新潟にあるか「中花饅頭」のルーツ

　「中花・中香・中カ・中代華」と名の付いた菓子が多いのは新潟県で、まさに「中花種」の餡の入った半月型の菓子。秋田県には「中皮饅頭」がある。新潟県下でこの菓子はやはり仏事用に使われていた。北海道に渡った人たちが東北・北陸人が多かったことを記したが、道内のお菓子屋さんの初代もこれら地方の出身者が多い。函館千秋庵総本家の初代は秋田県人であり、小樽の菓子屋さんの初代も新潟や北陸出身者が多い。こうしてみると「中華饅頭」は、道内のお菓子屋さんの「母村」と深く関係しているように思われる。

行事とお菓子

①小正月のしとぎ餅

　しとぎは火を使わない餅で、1月15日に羽幌町で女性たちが神社に集まりお籠りをする時食べる。うるち米を3、4時間うるかし（水に浸す）臼で搗いて粉にし、湯を加えて練り丸餅状にする。これを火で炙って食べ、夜通し話をして過ごした。

②お釈迦様の風呂敷餅

　４月８日の花祭りの餅で、草餅と白餅を搗き、薄く延ばして正方形に切り餡をのせて餅の角を対角線に合わせて包む珍しい餅。

③端午の節供の「べこ餅」

　道内では柏餅よりこの餅が多く食べられている。作り方もさまざまで、名前も「かたこ餅」「くじら餅」「べっ甲餅」とさまざまである。

　羽幌町の木型を使った「べこ餅」の作り方は、しとぎのように米をうるかして臼で粉にし、篩（ふるい）にかけて細かい粉にする。半量を黒糖シロップで練り、残りは湯と白砂糖で捏（こ）ねる。２つの生地を木の葉形のべこ餅型に半分ずつ使い、型抜きをして蒸す。この時、型を使うので「かたこ餅」の名があり、黒と白の模様の牛（ホルスタイン）から「べこ餅」になったともいう。本州には「牛の舌餅」がある。

④七夕のローソクもらいと「水白玉」

　七夕の夜に子供たちが囃子唄（はやしうた）を歌い家々でローソクを貰う風習がある。各家ではローソクや菓子を用意し、昔は砂糖水に浸した白玉団子（水白玉）を振る舞ったという。

⑤お盆のこうれん

　松前、江差地方でこうれんは、米粉を砂糖シロップで捏ね、蒸して丸く薄い煎餅状に延ばして乾燥させたもの。お盆にはこれを糸で吊るして盆棚に飾る。焼くとぷくっとふくれ、おやつや保存食になった。江戸時代松前にも渡った民俗学者の菅江真澄が、津軽の外が浜でお盆の精霊棚に煎餅を吊るしたことを記している。さらに旧南部藩時代の食べ物「けいらん」がこの地方にも伝えられ、本州との同一文化がみられ興味深い。

知っておきたい郷土のお菓子

- **五勝手屋羊羹**（ごかってや）（江差町）　パッケージが独特の名物羊羹。地元産の金時豆と信州の寒天で練りあげた艶のある味。発売は1870（明治３）年。
- **パンプキンパイ**（函館市）　フランス料理店五島軒の名物菓子。かぼちゃの甘味を生かし、バター、生クリームを使って包んだパイ。
- **三色だんご**（函館市）　湯の川温泉の名物。黒ゴマ入りの白餡は幸福豆、緑は抹茶餡、黒は十勝の小豆餡で売り切れ御免の人気団子。
- **トラピストクッキー**（北斗市）　1896（明治29）年フランス人修道士ら

が設立した修道院の名物クッキー。原野を開墾しウシを飼い、独自の製法で作ったクッキーやバター飴は飽きのこない美味しさである。

- **大沼だんご**（七飯町）　創業100余年の名物団子。舌触りのよい団子に醤油とこし餡、黒ゴマの3種。それぞれ素朴で懐かしい味。

- **ゆり最中**（乙部町）　乙部町は食用ユリ根の産地。そのユリ根を餡にした最中で、クセがなくまろやかでかつ深い味わいがある。

- **山親爺**（札幌市）　北海道の代表土産で、山親爺はヒグマのこと。小麦粉、バター、卵を使い雪の結晶状に焼き上げた千秋庵の銘菓。

- **月寒あんぱん**（札幌市）　水分控えめ卵たっぷり生地に、十勝産小豆の漉し餡を包んだ明治のあんぱん。戦前陸軍兵にも好まれた。

- **バター煎餅**（札幌市）　かつて北海道土産の横綱だった。元祖の店の名は「三八」で、現在は「しろくまバターせんべい」として復活している。

- **ぱんじゅう**（小樽市）　小樽名物でパンと饅頭の中間。饅頭は蒸すがパンのように焼いた餡入り饅頭で、皮がパリパリと香ばしい。

- **澤の露**（小樽市）　明治末からの高級飴。水飴を使わずキビ砂糖を煮詰め、フランス製のレモンオイルで香り付けをする琥珀色の飴。

- **花園だんご**（小樽市）　小樽の名物。黒餡、白餡、抹茶餡、ゴマ、醤油と5種類あり、餡は一刀流という手法で小気味よく付ける。

- **日本一きびだんご**（栗山町）　駄菓子の仲間だが麦芽水飴、砂糖、生餡、もち米が主原料の餅飴。腹持ちがよく戦前は携行食にも。

- **うに煎餅**（室蘭市）　冨瑠屋の名物煎餅。北海道産のウニを主原料に卵黄、バター、濃縮みりんを組み合わせ天火で焼いた贅沢煎餅。

- **わかさいも**（洞爺湖町）　特産の大福豆（白インゲン）を使い焼き芋らしく作った菓子。道南産の金糸昆布が芋の筋を表している。

- **よいとまけ**（苫小牧市）　勇払原野のハスカップジャムを使ったロールケーキ。苫小牧は製紙の町で作業する人の掛け声が菓銘に。

- **旭豆**（旭川市）　北海道特産の大振袖大豆とビート糖が主原料の白い可愛い豆。1902（明治35）年発売の北海道の伝統的名菓である。

- **ウロコダンゴ**（深川市）　深川の名物。米粉、小麦粉、砂糖を合わせた蒸し団子で、高橋商事初代が新潟県出身で故郷の椿餅が原型。

- **塊炭飴**（赤平市）　茂尻炭鉱のあった赤平の名物飴。ビート糖と水飴を煮詰めニッキを練り込む。黒いダイヤ（石炭）に模してある。

- **マルセイバターサンド**（帯広市）　六花亭の代表銘菓。クッキーでレーズン入りのクリームをサンドしたものだが、クリームにはホワイトチョコレートと新鮮バターが使われ豊潤な味が人気の秘訣。
- **バナナ饅頭**（池田町）　バナナが高価だった1905（明治38）年に誕生。小麦粉の皮に白餡を包み焼き型で焼く。今も根強い人気の菓子。
- **まりも羊羹**（阿寒町）　阿寒湖の土産菓子。藻類の一種マリモを模した緑色の羊羹で、小さな球形のゴム風船の中に入っている。
- **ほっちゃれ**（北見市）　産卵を終えたサケをほっちゃれといい、サケの最後の姿をカステラ饅頭に仕立てた。菓子処大丸の看板菓子。
- **ハッカ羊羹**（北見市）　北見はかつて薄荷の産地でその歴史を伝える清涼感いっぱいの羊羹。ミントの葉の形をした飴もある。

乾物 / 干物

昆布

地域特性

　北海道は日本の最北端に位置し、日本の食の台所ともいうべき地域であり、日本の農業、漁業のかなり部分をまかなう、最大の生産地である。そして北海道には古くからアイヌ民族が暮らしてきた。江戸時代から明治時代にかけて、北前船をはじめとする貿易船によって物資の流通が発展し、また、明治時代には開拓団（屯田兵）による開拓が進んだこともあり、今日では北海道がわが国の食糧事情の鍵を握っているといっても過言ではない。

　北海道近海では、北からの千島海流（親潮）と、南からの日本海流（黒潮）が交じり合うため、海流によってプランクトンが運ばれて来るだけでなく、そのプランクトンを求める海洋生物も多く集まって来る。そのため漁獲量も多いのである。結果として、海産物や農産物をはじめとする保存食材も多く見られ、まさに乾物の宝庫というにふさわしい。

　ここでは、海産物・水産物の中で日本3大乾物の1つに数えられる昆布から説き起こしていこう。

知っておきたい乾物 / 干物とその加工品

昆布　　褐藻類のコンブ科の海藻であるコンブを天日干しにして乾燥した製品である。

　海に囲まれた日本列島に無尽蔵といわれる海産物の中でも、だしとうま味の主力である昆布は、青森県、岩手県の一部でも取れているが、総生産量の90％以上は北海道で生産されている。

　夏、7月初旬ごろから収穫期になるが、産地によって多少異なる。寿命は2～3年で、大きさは2mから大きいものでは10～20m、幅30～60cm以上にも成長する。

　5月頃に採取する二年体「棹前昆布」などもある。浜の拾い昆布などは

年間を通じて行われている。

第二次世界大戦後に始まった養殖では、栄養塩基類の入った大きなプールに1年間ほど浸けて生長を早めておいてから、養成網に幼体を付けて浮き玉（フロート）と共に海に流す。

製造方法としては、採取した昆布はその日のうちに浜で天日干しにして水分を取った後、室内でさらに水分調整をして保存する。選別し各産地漁連、漁業組合ごとに、基準に基づいて等級品質分けを厳しく行っている。

● 真昆布

函館から恵山岬を経て室蘭東部に至る沿岸の道南昆布で、肉厚である。高級昆布に位置づけられている。淡泊で澄んだだしが取れることから、「だし昆布」としての需要が多く、珍重されている。

また、採取された浜により、白口浜（茅部地区尾札部白口浜）産、黒口浜産、本場折浜産、茅部折浜産などに人別されている。

白口浜の真昆布は身が厚く、断面が白く、うま味が豊富で、澄んだだし汁が取れる。

恵山の森から湧き出るミネラルをたっぷり含んだ雪解けの水が大小30もの川から運ばれてくる。それが太平洋の海水と混じり、昆布にとって抜群の生育環境ができる。また、寒流と暖流がぶつかる温度や、遠浅であるため海の中に日差しがあまねく入ることも、昆布の生育に大きなプラスとなる。

● がごめ昆布

道南地区の白口浜、黒口浜、本場折浜の一帯に生息する。表面が凹凸状で籠の目のような模様が特徴で、粘りが強く、フコダインを多く含むことから、最近珍重されてきており、とろろ昆布、おぼろ昆布、ふりかけなど加工用として利用されている。養殖もされている。

● 三石昆布

主に日高地方の三石の浜に生息し、色は濃緑に黒味を帯びる。だし昆布は加工用として広く使われているほか、煮物、佃煮など用途は広い。煮上りが早いので、昆布巻き、豆炊合せ、昆布惣菜など、一般的に日高昆布として市販されている。

● 長昆布

道東地区の釧路から根室にかけて太平洋岸の岩礁地帯に生息し、三石系

の昆布である。細くて長く、棹前昆布、長昆布、厚葉昆布の3種類に分けられる。

●棹前昆布

道東地区の歯舞、根室、落石、浜中、散布、厚岸に生息する。5月から6月ごろに早採り採取され、柔らかい性質から「野菜昆布」などと呼ばれる。早煮昆布として、おでん、地方料理などに好まれる。新潟県や長野県などでの人気が高い。

●厚葉昆布

棹前昆布・長昆布と同じ一帯に生息し、表皮が黒色で白粉を生じるものが多い。葉幅は広く、佃煮、昆布巻き、塩吹き昆布などに利用され、香りの高いだしが取れることから人気もある。

●ねこ足昆布

主に道東地区の歯舞、根室、厚岸に生息し、加工用として利用されている。

●くきなが昆布

主に根室沿岸に生育し、濃い茶色で葉幅が広く、肉厚でひだが多い。春くきなが、大厚葉など採取時期により呼び名が異なるものがある。

●羅臼昆布

主に知床羅臼地区に生息し、表皮の色から赤口と黒口がある。黒口は知床半島突端寄りに、赤口はその南寄りに比較的多い。味が濃く、香りが強いためとても人気がある。特に、だしにパンチが効くので、関東地方での需要が多い。

●鬼昆布

主に道東地区に生育し、根室、厚岸が産地である。長切れ、折れがあり、だし昆布、加工用として利用されている。

●細目昆布

道北地区留萌、苫前、小平、増毛、天売島、焼尻島、小樽、余市などの地方に生育する。黒色を呈するが、切り口はすべての昆布の中でも白い。比較的幅がある細目昆布は、だし昆布として使われ、佃煮、刻み昆布、納豆昆布、松前漬けなど用途は広い。

●ややん昆布

主に室蘭沿岸に生育する。真昆布に似ているが、葉元が鋭角状になって

おり、磯臭い味がする。加工用昆布である。
● 利尻昆布

　主に道北地区利尻島（鴛泊、鬼脇、沓形、仙法志）、礼文島、稚内、宗谷、枝幸、紋別、網走、船泊に生息する。表皮は黒褐色であるが、赤目もある。真昆布に比べて幅は狭く硬い。だしは清澄で香り高く、特有の香味がある。関西地区での人気が高い高級品である。だしを取った後は佃煮や煮物に使い、加工用にも広範に用いられる。京都の千枚漬け、湯豆腐などにも定評がある。

＜昆布加工品＞
● とろろ昆布

　酢に浸けることで昆布は柔らかくなる。柔らかくした昆布をプレス機で圧縮して、ブロック状の大きな塊を作る。その断面部分の表面をカンナの刃で薄く削り取る。真昆布や利尻昆布などのほかに、がごめ昆布などを混ぜて、独特のヌルミや味などを調整する。粘りが強く、吸い物に入れたり、おにぎりに包むなどして多く利用されている。

● おぼろ昆布

　酢に浸けて柔らかくした昆布の表面をカンナの刃で削った製品で、昆布の表面は黒いが、真ん中は白い（白口浜真昆布）。表面の黒い部分と真ん中の白い部分を混ぜたものを黒おぼろと呼んでいる。真ん中の白い部分だけ削った製品は白おぼろといい、白おぼろの中でもさらに上質のものは太白おぼろ昆布と呼ぶ。

● 白板昆布

　酢に浸けて柔らかくした昆布の表面を削っていき、最後に残る芯に近い白い部分。バッテラ押し寿司、魚の昆布締めなどに利用される。

● 早煮昆布

　昆布を煮るか、あるいは蒸すなどしてから再び乾燥させた製品。早く戻り、煮えるように加工した昆布で、煮物、おでん種、昆布巻きなどに利用する。加工の際にうま味成分が一部失われるので、だし昆布としてはあまり向かない。

● 刻み昆布

　昆布を酢に浸けて柔らかくしてから細かく刻み、乾燥したもの。野菜や棒たら、油揚げなどと煮たり、大豆のうち豆などと一緒に煮るなど郷土料

理に多い。

● **昆布茶**

　昆布を軽く煎って、粉末にした製品。少量の塩や乾燥梅肉などを入れた梅昆布茶などが市販されている。茶のほかに、調味料としても使われている。

● **松前漬け**

　細切りの昆布とスルメを醤油や酒、みりんなどと一緒に柔らかくなるまで漬けた製品。

● **汐吹き昆布**

　角切りや細切りの昆布を味付けして、乾燥させ、最後に塩などをまぶした製品で、塩昆布とも呼ばれている。

● **納豆昆布**

　北海道道南地方の特産であるとろみの強いがごめ昆布を醸造酢に浸け込んだ製品。水分を加えてかき混ぜると納豆のように粘る。醤油、みりん、薬味などを加えて食べる。

● **根昆布**

　岩に付いている昆布の根元に近い部分を採った三角形のもの。とても硬いので、一晩浸けてうま味を出し、そのまま飲んだり、調理に使う。

● **おしゃぶり昆布**

　酢浸けした昆布を薄くスライスし、食べやすい大きさにした昆布製品。歯ごたえがあり、昆布のうま味が味わえる。酢で味付けした「都こんぶ」などが市販されている。

● **結び昆布**

　酢に浸けて柔らかくして塩気を抜いた昆布を結んだり、籠の形に編んだりした製品。

● **細工昆布**

　酢に浸けて柔らかくした昆布を刻んだりして、「寿」「祝い」「入学」などの文字を刻んだり、籠の形や唐箕などに細工した昆布である。

● **すき昆布**

　蒸すか、あるいは茹でた昆布を細く切り、海苔状に広げて乾燥した製品。函館の特産品として人気がある。

● 昆布飴

昆布の粉末を混ぜた柔らかい飴。

銀杏藻（ぎんなんそう）　スギノリ科の紅藻ギンナンソウを乾燥した製品。和名には「アカバギンナンソウ」「仏の耳」「福耳」「角又」などの呼び名がある。ギンナンソウを広げると、耳やシカの角や鶏冠などに似ていることから、この呼び名がついた。

北海道日高地区の襟裳から北稚内、利尻島などの岩礁に繁茂し、昆布より早く1〜3月ごろが採取期である。寒風が吹く春先に漁師が操業する。高さが10〜20cmぐらいで、水深1mほどの岩盤域で、網袋やタモ網で採取する。食用のほか、煮出して糊状態にして、土塀用の糊などにも利用する。

＜栄養成分＞

カルシウム、ヨウ素、鉄分、ミネラルとアスパラギン酸、ビタミンAなどを豊富に含む。

＜保存と利用＞

直射日光と高温多湿を避け、保存する。みそ汁の具やラーメンにそのまま入れたり、酢の物やキュウリの三杯酢に混ぜるとよい。

剥き身鱈（むきみたら）　タラ科の海水魚スケソウダラ、マダラを3枚におろして中骨を取り、皮を取り除き、身の部分を塩水に浸けた後に、早春の北風にて天日干しをする。稚内、紋別地方の特産。北国の気候風土で天日干しした剥き身鱈はまた格別である。

近年は冷蔵商品として販売もされているが、干物は生のタラにない食感と味、香りがある。そのままでつまみや茶漬け、煮物などにして楽しむ。韓国ではよく食べられている人気食材である。

氷下魚（こまい）　タラ科のマダラ、スケソウダラと並ぶ魚コマイを乾燥させた製品。白身の魚である。アイヌ語で「小さな音の出る魚」の意味を持つ。氷の張る低水温下で産卵する。北海道では氷の下に網を入れて漁獲することから、「氷下魚」と書かれたといわれている。コマイのほか、カンカイ、オオマイ、ゴタッペなどとも呼ばれている。

＜生態＞

日本海やオホーツク海など北太平洋に生育し、全長は40cm前後で、産卵期は1〜3月の厳冬期である。下あごのひげが短いのが特徴で、スケソ

ウタラやマダラと区別できる。水揚げしたら、新鮮なうちに内臓を取り除き、きれいに洗い、適量の塩加減で一晩浸ける。その後は浜でオホーツク海から吹く北風に当てる。また、天気のよい日には日光に当てて水分を飛ばし、天日干しにする。

<保存と利用>

そのまま食べることもできるが、金づちでたたき、マヨネーズ、七味唐辛子などを付けて、つまみとしても食べられている。冷蔵庫か瓶などに入れて保存する。

干し貝柱

イタヤガイ科の二枚貝であるホタテガイの干物部分を取り除き、貝柱の部分をゆでて乾燥した製品。

北海道では約50年前からすでにオホーツク海に面したサロマ湖などでホタテガイの養殖が行われていた。日本国内で生産される干し貝柱のほとんどが北海道で生産されている。青森県や岩手県三陸海岸などでも養殖されているが、生での食用が多い。中華料理の高級食材として珍重され、輸出も多くされている。水に戻すと大きさが約1.2倍にもなり、濃厚なだしとエキスが特徴である。タンパク質が豊富で、グルタミン酸やイノシン酸などのアミノ酸を含んでいるため、独特な味と風味がある。

干し鱈

タラ科の海水魚であるマダラ、スケソウタラの頭や内臓を取り除き、冬の浜で軒先に吊るして凍結乾燥した製品。マダラは高額なのでスケソウタラが多く市販されている。乾燥すると固くなるので、切って袋に入れて販売されている。

干し鱈は、江戸時代から保存食として、北前船交易により主に関西地方に運ばれ、盆や正月の料理として食べられてきた。京都府では盆にはサトイモと煮付けた芋棒が有名である。東北地方や新潟県などでは冬のタンパク質源として、また夏祭りの御馳走としてよく食べられている。約2か月ぐらい天日干しすると固く棒のようになることから、「棒鱈」または「かすべ」などと呼ばれることがある。

身欠き鰊

鰊の内臓を取り出し、乾燥した製品。腹部の身を欠く「身欠きニシン」、身を二つに割り干しした「二身」という意味でこの名が付いたといわれている。また、「海の米なり（数の子）」、春を告げる「春告魚」などとも呼ばれている。

ニシンは寒流沿岸に生息し、3～5月ごろに産卵のためオホーツク海、

厚岸海岸などに押し寄せる。最近はサハリン系のニシンなども原料として使われているが、比較的脂が少ない。大正時代には大量に漁獲され、畑の肥料などにも使われるほどであったが、昭和30年代から突如として漁獲量が減ったため、幻の魚ともいわれている。

ニシンは日持ちしないので、水揚げしたらすぐに乾燥させ、三枚におろし、再度乾燥させてから1か月間ほど倉庫で熟成させた後に、木箱に入れるなどして流通されている。乾燥身欠き鰊が堅くなった場合や食用にするときは、米のとぎ汁に一晩浸けておいて半生状態にし、味付けをする。

昆布巻きや甘露煮などに使い、ニシンそばなども美味しい。臭いが強いので、ビニール袋などに入れて冷蔵庫で保管するとよい。

豆類

北海道道央地区と帯広一帯は穀倉地帯で、わが国の農業の基幹主力産地である。大豆をはじめ小豆など、在来種含め多くの産物が生産されている。

在来種とは別名「固定種」ともいい、農家が自家用に何年にもわたって作ってきたものをいう。

一般的に地豆とも呼ばれ、色、形、味すべてにおいて珍しく、個性的なものばかりが伝統的に残されている。現在は栽培に手間がかかるという理由で作り手も減り、希少品種となってきた。この在来種と呼ばれるものは、日本列島各地で多く残されている。

●だいず（大豆）

日本の主産地である北海道では、ダイズの用途や目的に合わせて交配された品種が契約栽培によって計画的に生産されている。

乾物として利用されるダイズは、6月中旬〜7月中旬ごろ種をまき、秋に収穫する。夏大豆として、暖かい地方では4月頃に種をまき、夏に収穫する。特に枝豆として生食が多い。

●黄大豆

種皮が黄色で、一般的には大粒が好まれる。鶴の子という品種（鶴の卵のように丸いことから）との交配種。粒が大きくタンパク質含有量の多い品種が好まれ、保水性も高いため、味噌などの加工用に用いられるトヨハルカや、豆乳加工用のユキピリカ、ほかにはトヨマサリ、ユキホマレなどがある。

● きなこ（黄粉）

　ダイズを煎って粉砕した加工品で、和菓子の原料としては欠くことのできない食材である。黄粉を使った菓子類は多く、五家宝、安倍川餅、信玄餅、わらび餅などが多く出回っている。関東では黄色が好まれるため焙煎を浅く、関西地方では香りの強いものが好まれるため焙煎を強くした、煎りの深い茶色の製品が販売されている。また近年は、黒豆黄粉やごま黄粉といった調理黄粉など多種類の黄粉が市場に出回っている。

● 黒大豆

　種皮が黒い品種で、正月の縁起を担いでおせち料理に需要がある（黒くマメに働けの意味）。丹波種の人気が高いが、北海道には十勝黒、函館黒、黒千石などがある。

● たまふくら大豆

　北海道函館、駒ヶ岳山麓周辺で栽培されている。丹波の黒豆の品種改良によって作られた新品種ダイズである。普通の大豆よりも3回りほど大きく、艶と光沢がある。

　食感がよく、皮は柔らかく中身はモチモチで、濃厚な甘みと風味がある。子実は「つるのこ大豆」の1.5倍で煮豆、納豆、甘納豆などの製品に向く。

● あずき（小豆）

　マメ科の1年草アズキの種子を乾燥したもの。今は北海道が主力産地である。昼夜の寒暖の差が大きいため小豆の栽培に適し、昼暖かく夜が冷涼であることから小豆の糖分が高まり、その糖分が蓄えられている。

　品種はエリモショウズが多い。昭和初期に北海道開拓政策の換金作物として奨励されたことにより栽培が盛んになったことによる。小豆は低温に弱いため、開花時期の温度などによって収穫量が違い大きく左右されることから、穀物取引所では小豆相場は「赤いダイヤ」などといわれた時代がある。

● 十六ささげ

　「ささげ」または「ささぎ」とも呼ぶ。十六ささげは、長さが十六尺にもなるということから名前が付いたが、約20〜30cmぐらいの長さで、1つのさやから10粒くらいの豆が収穫できる。赤飯に用いられるほか、若いさやは炒めても食べられる。

● いんげん豆

　マメ科の一年草インゲン豆の種子を乾燥させたもので、原産国は中南米。そこでは紀元前から栽培されており、メキシコを中心に広まったとされている。江戸時代初期に、明の隠元禅師が日本に渡来したときにもたらしたという逸話からインゲンの名が付いたといわれているが、実際は何の豆を持ち込んだかは定かではない。北海道が最大の生産地で、90％が道内で生産されているが、ほかにも品種は多く、日本全国にそれぞれの土地に合う適正品種が存在する。

　また、豆類の中では大豆に次ぐ輸入量があり、甘納豆や菓子の原材料などに利用されている。種をまいてから年3回も生産されることから、新潟県、東北地方など場所によっては「三度豆」などの呼び名がある。

● 手亡

　エンドウ豆の中でもつる性でないことから手亡と名が付いた。大手亡などの種類がある。白あんや製菓材料、コロッケ等に使う。

● 前川金時

　羊羹、炊込みご飯、煮豆など、いろいろな料理にも使われている。

● 大正金時

　帯広郊外大正町で採れる在来種で、豆が大きく、ほくほく感が好まれて多く栽培されている。大正時代に入植・開拓した町の名前から付けられている。

● ふくまさり（福勝）

　ふくまさりは大正金時よりさらに大きく改良されたインゲン豆で、帯広郊外幕別地区で多く栽培されている。

● うずら豆

　灰褐色の種皮に茶褐色の斑点模様の見た目がうずらの卵に似ていることから名前が付けられた。煮豆などに多く使われる。本長、中長、丸長などと区別されている。

● 虎豆

　白い種皮に虎の皮に似た斑点があり、アメリカから伝来してきた。澱粉質の粒子が細かく粘りがあるのが特徴で、主に煮豆に使う。

● 大福豆

　白いんげんの一種で、粒が大きく味もよいことから需要が多く、最高級

品とされている。甘納豆や煮豆、きんとんなどに利用されている。

● 紫花豆

　赤紫の種皮に黒い斑点がある品種。インゲン豆と同属であるが、ベニバナインゲンというマメ科の多年草つる草の種子である。日本には江戸時代末期に伝来したが、真っ赤な花を付けるため、当初は観賞用に栽培されたが、大粒で食べごたえがあるため甘納豆煮豆に利用されている。

● えんどう豆

　マメ科の一年草で、エンドウの種子を乾燥した豆である。未熟なサヤを食べる習慣があるが、種子を乾燥する場合は乾燥用実子用の品種を使う。冬に雨が多い地中海性気候であった中近東などでは、秋に種をまき翌春に収穫するが、夏は成長時期ではない。北海道では春に種をまき初夏に収穫する。東北地方も同じ。

● 赤えんどう

　塩茹でしたもので、つまみとして人気があったが、現在ではみつまめなどに使われているだけで需要はわずかである。

● 青えんどう

　缶詰や煎り豆などの豆菓子、甘納豆、うぐいす甘納豆などに利用されている。茹でた状態ではグリーンピースの名前で市販されている。

● ひよこ豆（ガルバンソ）

　マメ科の1年草であるひよこ豆の種子を乾燥させた製品である。日本でも、近年ではわずかであるが栽培されている。主にインド、中東北部、トルコ、スペインなどが原産主要国でカナダからの輸入が多く、ガルバンソーとも呼ばれている。多価不飽和脂肪酸が多く含まれる。脂質は少なく、葉酸、亜鉛を含む。イタリア料理、中東イスラム料理、インド料理など幅広く使われ、煮豆、甘納豆、スナック菓子、カレーなどに多く使われる。形がヒヨコのくちばしに似ていることから呼ばれている。

● 韃靼蕎麦満天きらり

　ネパール、中国四川省原産といわれている。ダッタン蕎麦はにが蕎麦とも呼ばれ、以前はあまり人気はなかったが、北海道浦幌町などで品種改良し、「満天きらり」の栽培を増やし、今日では盛んになっている。ダッタン蕎麦の魅力はほのかな甘味と栗をふかしたような香り。特に蕎麦の持つ特有成分ルチンが多く含まれて、黄色に近い色をしている。実の甘味に重

要な土壌作りのために赤クローバーを一緒に植えることにより、その根が土を砕き、フカフカとなり、蕎麦の根が深くなり、たくさんの養分を吸い上げ、実が甘くなる、という栽培の改良が進んだ。

● 粉わさび

　原料は東ヨーロッパ原産で、アブラナ科セイヨウわさび属、ホースラディッシュ、和名では西洋わさび、または、山わさび、わさび大根とも呼ばれる。一般的なわさびに比べて栽培が容易で収穫量もよいので、粉わさびの原料として使われている。栽培に適した冷涼な北海道に明治時代に導入された。主に根茎の部分を食用に使う。辛味成分はアリル芥子油（アリルイソチオシアネート）という揮発性の精油成分である。ほとんどが北海道で収穫される。そのほかわずかであるが長野県、鳥取県、秋田県、青森県十和田市などで生産されている、ホースラディッシュは多年草で、晩秋の11月になると地上部の葉は枯れる。翌年に芽がまた出て、11月から12月ごろに収穫する。最近はヨーロッパ、中国などからも輸入されている。

● 片栗粉

　本来は山野に自生するユリ科の多年草カタクリの根茎から取った澱粉であった。江戸時代、播磨の国、越前などで生産されたが、明治以降、北海道でジャガイモが大量に栽培され、ジャガイモから取った澱粉となった。

　現在はカタクリの根茎からは取られていない。馬鈴薯澱粉である。ジャガイモ澱粉を片栗粉という名前で販売してもよいように商標登録されているためである。

● 玄蕎麦キタワセ

　玄蕎麦は製粉にする前のそばの実の状態である。北海道幌加内、江丹別地区などで主力栽培されている。生産量は日本で一番多い。「牡丹蕎麦」から選抜された品種で、夏型で比較的新しい品種である。

● 黒千石大豆

　1941（昭和16）年、十勝地方の緑肥大豆品種として改良されたもの。栽培が難しく、手間がかかることから、一時立ち消えになっていた。1970年代に生産がストップし、絶滅した品種といわれていたが、スローフードの流れから約50粒の種が見つけられ、そのうち28粒が発芽し、岩手県でいったん増やされて、その後黒千石のふるさと北海道で栽培が再開され、現在は北海道北竜町、乙部町などが理想の品種として栽培強化を始めてい

る。

　幻の黒大豆と言われている。普通の大豆に比べて粒が極小粒で黒く艶があり、種皮が黒いだけでなく、子葉色は緑色で葉の数が普通9〜10枚に対して黒千石は13〜14枚と多い。イソフラボンおよびポリフェノールの値が高く、抗酸化力、アレルギー抑制効果など健康によいとされる成分を多く含むため、増産が期待されている。

Ⅲ

営みの文化編

伝統行事

さっぽろ雪祭り

地域の特性

　日本列島最北端に位置する北海道は、周囲を日本海、オホーツク海、太平洋に囲まれ、日本最大の面積を誇る。中央部の大雪山や日高山脈を境に、釧路・網走などの道東、稚内などの道北、札幌・室蘭などの道中、それに渡島半島を中心とした道南を加えた4つの地域からなる。大雪山系から流れだす石狩川、天塩川、十勝川の流域に、石狩・天塩・十勝などの各平野や、名寄・上川などの各盆地が発達している。

　北海道は、古来、アイヌ民族の居住地であったが、13世紀以降、本州から倭人が移り住んでアイヌと交易を行なうようになった。16世紀からは蠣崎氏が南端の松前を拠点として交易を行なったが、倭人らの不当な収奪にアイヌの人たちはたびたび蜂起した。

　明治時代になると、明治政府が開拓使を設置（明治2 = 1869年）し、米国人ホーレス・ケプロンらを招き、札幌をはじめとする都市建設や米国式大規模農牧業の振興につとめていった。

　とくに、南部が比較的早く開け、そこには港湾の整備と工業誘致もなされるようになった。それに対して、北部は寒さも厳しく、漁業や林業の基地としての開発はみられたが、北方4島の返還をふくめ、なお開発を待ち望んでいるところがある。

行事・祭礼と芸能の特色

　北海道で伝統的な行事・祭礼・芸能といえば、もちろんアイヌ民族のそれをあげなくてはならない。国の重要無形民俗文化財としても、アイヌ古式舞踊が唯一登録されている。その伝承は、各地のアイヌ集落での伝統行事とともになされている。ちなみに、アイヌ古式舞踊の保護団体は、札幌・千歳・旭川・白老・鵡川・平取・紋別・新冠・静内・三石・浦河・様似・帯広・春採・弟子屈・阿寒・白糠などにある。

148

一方で、明治以降は、本土からの移植者が相次いだ。集団移住したところも少なくない。そこでは、出身地の行事・祭礼・芸能を持ちこんで伝えることになる。文化移動とでもいうべき現象がみられ、それも興味深いことであるが、伝統文化というにはまだ年数が不足といわざるをえないのである。

主な行事・祭礼・芸能

さっぽろ雪まつり

札幌の中心を東西に走る大通り公園において約1.5キロにわたって繰り広げられる雪と氷の祭典。昭和25（1950）年2月18日、地元の中・高校生が、市民の雪捨て場であった大通公園の西7丁目に、6基の雪像を制作したことにはじまる。そのときは、雪合戦やカーニバルなどをあわせて開催して人気を博し、5万人余りの人出を記録した。以来、札幌の冬の行事として定着し、今日に至っている。

　当初、雪まつりの期間は2～3日間という短いもので、雪像の規模も小さかった。第4回（昭和28＝1953年）になってはじめて、トラックとブルドーザーによって大量の雪を集め、高さ15メートルの大雪像「昇天」が制作された。これが、今日に続く大規模な雪像づくりのはじまりであった。第5回（昭和29＝1954年）からは、市民制作の像が、さらに翌年の第6回からは陸上自衛隊が制作に加わるようになり、多種多彩な雪像がつくられるようになったのである。

　第10回（昭和34＝1959年）には、雪像制作に2,500人が動員され、はじめてテレビや新聞でも紹介された。また、16回（昭和40＝1965年）には、第二会場として真駒内を設置。昭和47年に札幌で冬季オリンピックが開催されたのを機に、雪まつりは世界にも広く知られるようになり、海外からの観光客も増えていった。

　平成23（2011）年の第62回雪まつりの集客数は、2月7日から13日までの1週間で約242万人。北海道でもっとも大きなイベントのひとつになっている。

アイヌの火祭

第二次大戦後まもない昭和25（1950）年から網走市に伝わる行事である。一般には、「オロチョンの火祭」と呼ばれる。7月の下旬に行なわれる。

オロチョンとは、元来はロシア領内に住むツングース系の民族をさす言葉であるが、日本では「北方民族」をさす言葉としてつかわれた時期があり、その名残からオロチョンの火祭と呼ばれるようにもなったのである。

このまつりは、北方系小民族の先人の慰霊と郷土の豊かな実りを祈願して行なわれるものである。シャーマン（神と通じ合うことのできる特能者）が登場し、篝火（かがり）をたきながら祈禱する。そして、人びとは、アイヌの民族衣装に身を包み、太鼓やコロホルにあわせて炎を囲んで踊るのである。

網走は、オホーツク海に面し、古来北方民族との交流が盛んであった。モヨロ貝塚などでは、アイヌ民族とは異なる人骨も発見されている。そうした経緯から、モヨロ貝塚において昭和15（1940）年ごろから「モヨロ祭」として北方民族を慰撫（いぶ）するまつりが催されていた。それが、戦後、樺太（からふと）から引き揚げてきたウィルタ民族やニブフ民族などの協力をえて、網走市の正式な夏祭に発展していったのである。

アイヌの熊まつり

アイヌ民族のあいだで古くから12月ごろに行なわれてきたまつりである。アイヌ語では、「カムイオマンテ」といい、「熊送り」の意味をもつ。

村では、あらかじめ山中で生まれたばかりの熊を家に連れてきて神の子として養育。2年ほどたつと冬のある日を選んで、その熊を神の国に送る儀式を行なう。

まず、神送りの祝詞（のりと）を奏じ、熊を檻（おり）から出してしばらく遊ばせる。その後、祭場で熊を屠殺して祀り、供物（くもつ）を供える。そして、祭壇の前で焚き火を焚き、長老や熊の飼い主たちは熊の神霊に酒を献じて祈る。また、女の人たちは、熊つなぎ杜のまわりを囲んで手拍子を打ちながら神歌を唱えるのである。

アイヌ民族のあいだでは、熊は、もっとも威力をもつ山の神と信じられてきた。この神が世界中を訪ね、数々のもてなしを受け、やがて多くの供物をみやげにして山へ帰る、という信仰から、このまつりが行なわれるようになったのである。

ハレの日の食事

古く、アイヌ民族にとって、サケは神からの恵みものであった。川を上るサケをカムイ・チェプ（神の魚）と呼んで尊んだ。もちろん、最上のご

ちそうでもあった。

　北海道の正月料理に欠かせないのが、ニシン漬けやサケ漬けである。それぞれに漬け込み、正月用に親戚などに分けるところもある。

　正月の雑煮には、サケとともにイクラ（サケの卵）を具に使う家庭が多い。

　松前や江差などの日本海沿岸の漁村では、正月料理として「くじら汁」をだす。これは、塩蔵したクジラの脂身を短冊に切って軽く湯通しし、冷水で晒したものに、焼き豆腐やコンニャク、ダイコン、ニンジン、それにワラビやフキなどの山菜を入れて醤油仕立てにした鍋ものである。大鍋で一度にたくさんつくり、食べるたびに温めなおす。くじら汁に餅を入れて雑煮風にするところも多い。

寺社信仰

北海道神宮

寺社信仰の特色

　北海道での寺社信仰の歴史は意外に古く、1404年には知内町の湯倉神社（薬師堂）が存在したと考えられ、同町の雷公神社や江差町の姥神大神宮など13世紀の創建を伝える神社もある。函館博物館蔵の鰐口銘からは1439年以前の脇澤山神社の存在がほぼ確実とされている。松前町の法源寺・法幢寺・阿吽寺や、上ノ国町の上国寺などが15世紀の草創を伝えるのも、あながち作り話とも言い切れない。

　17世紀には円空が道南で修行しており、道南五大霊場（江差町の笹山稲荷、せたな町の太田神社、函館市の恵山賽ノ河原、奥尻町の賽ノ河原、八雲町の門昌庵）が信仰され始めるのも17世紀からと思われる。

　蝦夷地総社として信仰を集めた函館八幡宮は箱館奉行所の設置を受けて1804年に社殿が造営されており、同年には江戸幕府が蝦夷地を直轄地とし、蝦夷三官寺（有珠の浄土宗善光寺、様似の天台宗等澍院、厚岸の臨済宗国泰寺）の創建を決定した。

　しかし、道内で多くの寺社が建立されるのは1869年に北海道開拓使が設置され、開拓三神の鏡が札幌に遷され、無禄となった侍らが大勢移住した後のことである。神鏡を祀る札幌神社は1871年に完成し、北海道一宮と称され、1964年には明治天皇を合祀して北海道神宮と改称、現在は道内最多の参拝者数を誇っている。

　屯田兵や開拓入植者として道内各地に移住した人々は、その多くが心の支えとして古里の神仏を祀った。当初は棒に神仏名を書いて立てただけの「棒杭神社」や、切り株に神棚を据えただけの「切株神社」が多かったという。

　やがて浄土真宗や曹洞宗など仏教諸宗派の僧侶らも次々と道内に進出し、草庵を結んで仏像を祀り、仏法を説き、供養を営むなど、厳しい自然のなかで暮らす人々の救済にあたり、寺院を創建していった。

凡例　†：国指定の重要無形／有形民俗文化財、‡：登録有形民俗文化財と記録作成等の措置を講ずべき無形の民俗文化財。また巡礼の霊場（札所）となっている場合は算用数字を用いて略記した

主な寺社信仰

厳島神社
(いつくしま)

留萌市礼受町。市杵島姫命(いちきしまひめのみこと)を祀る。1786年、松前郡福山の請負人(うけおいにん)・栖原彦右衛門(すはらひこえもん)が安芸(あき)厳島から弁天を勧請(かんじょう)して留萌神社とともに創祀(そうし)したと伝える。留萌は古くから栄えた蝦夷地有数の漁場で、17世紀初めには松前藩が交易場を開いたという。500mほど南に国史跡の旧留萌佐賀家漁場があり、〈留萌のニシン漁撈(ぎょろう)(旧佐賀家漁場)用具〉‡ 3,745点を収蔵して、ヤン衆で賑わった往時の様子を伝えている。1955年頃、ニシンがこつ然と姿を消し、その姿は戻らず、1957年春を最後に漁は終わりを告げた。佐賀家もこの年に経営を停止し、今は無人の番屋やトタ倉などが残るのみである。この社の例祭は7月3日で、昔は境内で子供神楽(こどもかぐら)が行われるなど華やかであったが、現在は神楽も行われなくなってしまった。なお、佐賀番屋は北海道遺産「留萌のニシン街道」の一つでもある。

旭川神社
(あさひかわ)

旭川市東旭川。1892年に入植した屯田兵400戸が天照大神と木花開耶姫命(このはなさくやひめのみこと)を祀り、翌年本殿を造営したのに始まる。以来、屯田移住が完了した8月15日を記念日として例祭を営み、屯田神輿(みこし)が地区内を渡御(とぎょ)している。1968年には道内一の高さを誇る開道百年記念大鳥居を建立、1982年には屯田兵屋(へいおく)や民俗資料を展示する旭川兵村記念館を境内に開館した。旭川は古くから開けた場所で、石狩川沿いで大量の干鮭を生産し、交易品として本州に出荷していたらしい。市内神居(かむい)町の一画では、9〜12世紀頃の竪穴住居(たてあな)遺跡が発見されており、後に進出したアイヌによりカムイ-コタン(神の村)とよばれた。市内には日本最古のアイヌ文化資料館である川村カ子トアイヌ記念館があり、〈アイヌの建築技術及び儀礼〉‡ によって建てられた住居(チセ)など、約500点を展示している。

信善光寺
(しんぜんこうじ)

北見市川東。浄土宗。1908年、吉田信静尼(しんじょうに)が観音堂に説教所を設けたのが始まりという。北見は1897年に入植が始まったばかりで、屯田兵が不撓不屈(ふとうふくつ)の精神で灌漑(かんがい)施設を建設するなどの開拓を進め、1904年にはついに寒冷地での稲作を始め、間もなく薄荷(はっか)の栽培でも成功し、今に続く一大農業拠点となった。日露戦争でも活躍した屯田兵の偉業を顕彰するため、1923年、信静は彼らの姿を後世に伝える人形の建立を発願、地道に勧進(かんじん)を続け、10年後に現存の75体を完成させた。

信静は岐阜県大垣の出身で、1907年に兄を頼って北見に渡り、屯田家族らに仏の教えを説き続けたが、1944年に雪道で馬橇にひかれて亡くなった。1969年、〈屯田兵人形〉は市の民俗文化財に指定された。今も毎年、境内の桜が咲く頃、5月17日・18日には屯田兵の追悼法要が営まれている。

阿寒岳神社

釧路市阿寒町阿寒湖温泉。前田正名が阿寒湖畔で開発に着手した年でもある1905年、湖畔住民の心の寄り処として創祀された。9月の例祭は、まりも祭り、イオマンテの火まつりと並ぶ阿寒湖三大祭りの一つである。現在は国立公園や特別天然記念物の毬藻で有名な温泉地だが、当時は石炭や硫黄の採掘で内地から和人が移住した土地だった。活火山で日本百名山の雌阿寒岳の麓にあり、1975年には社を建てて愛媛県の大山祇神社から分霊を勧請している。阿寒はアイヌ語で輪の意とされ、道内最大のアイヌのコタン（村）があり、ユネスコ無形文化遺産の〈アイヌ古式舞踊〉[†]やムックリ（口琴）音楽がオンネチセ（大きい家）で披露される。舞踊はバッタの舞や色男の舞など、ベカンベ（菱の実）祭りや梟祭りでのウポポ（歌）やリムセ（輪舞）で、春採のアイヌコタンにも残っている。

報徳二宮神社

豊頃町二宮。1897年、福島県相馬郡石神村から当地へ移住した二宮尊親らが、1894年に神奈川県小田原城址に創建された報徳二宮神社の遥拝所を建立したのに始まる。尊親は二宮尊徳の孫で、報徳精神に基づく興復社農場を仲間とともに開拓していった。社には尊徳の紋付羽織が現存し、近くの二宮報徳館には尊親の「修学習業」の書が残る。1920年には、栃木県今市町の報徳二宮神社から分霊を勧請して社殿を造営した。このとき、尊徳直筆の書（道歌）を二宮尊道が奉納し、牛来巳之吉らは石神村の押釜神楽を奉納した。以来、毎年9月20日の例祭で〈二宮獅子舞神楽〉が続けられている。押釜神楽は1852年に石神村の彫刻師小沢深治らが伊勢神宮で習って村の高座神社に奉納したものであった。

納内神社

深川市納内町。天照大御神を祀る。1895年、当地に屯田兵村が置かれた際、尚武山の麓に開拓記念碑を建立し、翌年から記念祭を営んだのが祭の始まりで、1898年に至って尚武山の中腹に小祠を建立したのが社の始まりである。1902年に現在地へ遷し、2年後に本殿と拝殿を建立営した。境内には神木の水松やオンコの大木、忠

魂碑、開村記念碑、明治三十七年役出征記念碑、創祀百年碑、村上清孝翁
公徳碑、土俵などがある。9月5日の例大祭には〈猩々獅子舞〉が奉納
される。これは当地に屯田兵として入植した矢野氏が1907年に郷里の香
川県奥鹿村に伝わる猩々獅子舞を伝承したものである。獅子は2人立てで、
1の舞から舞い込みまで15段階あり、白狐の舞や猩々の舞など多彩な舞
をみせる。

金龍寺 石狩市新町。日蓮宗。本尊は十界未曾有大曼荼羅。外山貞
妙が1859年に金竜庵を開いたのに始まり、1880年に現称を得
た。宝珠山と号する。本堂隣の妙見堂に妙見菩薩・八大龍王・妙鮫法亀善
神を祀る。妙鮫法亀善神像は、生振村で鮭漁場を経営していた古谷長兵衛
が1889年に奉納したもので、地元では「鮫様」とよばれている。〈金龍寺
の鮫様（龍神・妙亀菩薩・鮫神像）〉として、石狩市弁天町の1825年奉納〈石
狩弁天社の鮫様（妙鮫・法亀大明神像）〉とともに、北海道有形民俗文化
財に指定されている。鮫神像は宝珠を持ち緋色の袴を着け鮫の上に立つ姿
で、日本三大河川の一つ石狩川の主と崇められた蝶鮫を神格化したもの
と考えられる。石狩は鮭漁の一大拠点で、日本初の缶詰工場ができた場所
でもある。同じ新町にある金大亭は石狩鍋発祥の地。

明治神社 余市町入舟町。モイレ山に鎮座。文武山と号す。1912年、
明治天皇の病気（御不例）回復祈願に薬師主神を祀ったの
が始まりという。翌年、明治天皇遥拝殿を創建し、崩御（御登龍）日の7
月30日を例祭日とした。地元では「明治神宮」と称された。1947年から
は余市の戦死将兵の神霊を配祀している。麓の北海道十三仏薬師霊場・茂
入山阿弥陀院までの道には十三仏と三十三観音の石仏が並んでいる。山に
は水産博物館もあり、現存唯一のカムイギリ（多くの魚を下げた鯱の木
彫り）を展示している。〈アイヌのユーカラ〉‡（叙事詩）では鯱は鰊や鮭
などの海の幸を人間にもたらすレプンカムイ（沖神）で、アイヌの人々は
カムイフンベ（神鯨）と崇め、イナウ（削り掛けの木幣）やイクパスイ（捧
酒箸）に刻んだ。大和言葉でも鯱は幸の語源ともいわれている。

善光寺 伊達市有珠町。浄土宗。有珠山の麓にあり、大臼山道場院
と号する。境内は国史跡。慈覚大師が自刻の阿弥陀像を安置し
て開基したと伝える。1804年に蝦夷三官寺の一つとされ、アイヌの人々
に仏教を広めた。アイヌ語併記の『念仏上人子引歌』（3代辨瑞作、4代

辨定開板）の板木（国重文）が今も残り、過去帳にはアイヌ民族の名がみえる。向かいのカムイ-タッコプ（神の丘）にはバチラー夫妻記念教会堂が建つ。バチラー博士はアイヌのために愛隣学校や無料の病院を開設した宣教師で「アイヌの父」と親しまれた。アイヌの言語や民俗の研究でも多くの成果を残し、戦後は邸宅が北海道大学の植物園内に移築され、博士の収集した資料を展示するアイヌ博物館となった。現在は後継の北方民族資料室が〈アイヌのまるきぶね（河沼用）〉†などを展示している。

義経神社
<ruby>義経神社<rt>よしつね</rt></ruby>
平取町本町。1799年、近藤重蔵らが江戸の法橋善啓に刻ませた源義経像を平取に安置して祠を建てたのが始まりと伝える。重蔵は平取のホンカンカムイを判官神、すなわち九郎判官義経と解したらしい。後に義経像は日高町門別に遷され、廃仏毀釈で焼却されそうになったが、平取コタンの首長・平村ペンリウクが引き取り、アイヌ民族の知恵の神オキクルミが降臨したと伝える平取のハヨピラに祀ったという。オキクルミは新井白石の『読史余論』（1712年）などで義経であろうと推測されていた。沙流川を遡るとアイヌ文化発祥の地といわれる二風谷がある。アイヌ文化の伝承に努めた萱野茂が創設した二風谷アイヌ資料館があり、平取町立二風谷アイヌ文化博物館とともに、〈北海道二風谷及び周辺地域のアイヌ生活用具コレクション〉†を保管・展示している。

厳島神社
江差町鴎島。1615年、回船問屋仲間が航海安全を願って弁財天を勧請したのが始まり。江差は北前船の最終寄港地で「入船三千出船三千」の弁財船が行き交い、船乗りや商家の信仰を集め「弁天様」と親しまれた。一方「やらずの明神」ともいわれ、出稼ぎ人は江差に銭を落とさねば無事に故郷に帰れないと畏れられた。1868年に現称とする。7月の例大祭は「かもめ島まつり」として賑わい、姥神大神宮渡御祭・江差追分全国大会とともに江差三大祭りに数えられる。祭りは奇岩の瓶子岩への大注連縄飾りから始まり、次いで〈松前神楽〉‡（御城神楽）の流れをくむ江差神楽が奏される。鼓笛隊や江差音頭千人パレードが続き、夕方には宵宮祭となる。翌日は神輿が御座船で海上渡御する神事から始まり、全道北前船競漕大会や歌謡ショーなどが繰り広げられる。

船魂神社
函館市元町。世界三大夜景で有名な函館山の麓に建つ。函館港の守り神。1135年、融通念仏宗の開祖、良忍上人が巡錫の折、当地を観音の霊跡として一宇を建てたのが始まりという。函

館山は観音霊場として栄え、1832年には三十三観音霊場が開かれている。現在は函館山七福神の霊場も開かれ、当社は福禄寿を祀っている。江戸時代には船魂大明神と崇められたが、1879年に現称とした。現在は塩土老翁神や大綿津見神を祀り、8月11日を例祭日として神輿行列渡御や松前神楽奉納、餅撒き、福引きを行っている。社から日和坂を下ると函館市北方民族資料館がある。北方民族研究の世界的な権威である馬場脩が収集した〈アイヌの生活用具コレクション〉†や、児玉作左衛門が私財を投じて収集したアイヌ民族資料、および函館博物館旧蔵資料を収蔵・展示している。

伝統工芸

二風谷イタ

地域の特性

　北海道は日本列島北端に位置する菱形の島で、面積は全国一を誇る。中央部の大雪山や日高山脈を境に、釧路・網走などの道東、稚内などの道北、札幌・室蘭などの道中、渡島半島を中心とした道南の四つの地域からなり、全体のおよそ半分を山林が占める。

　長い間、大和政権の支配が及ばない蝦夷地として、先住のアイヌ民族が漁業や狩猟で生活しており、厳しくも豊かな大自然の中で、独自の文化を継承しながら平和な暮らしを営んでいたとされている。鎌倉時代になると、コンブ、ニシン、サケなどの豊富な漁業資源を目指して、本州から和人が移り住むようになった。これらの物資を運ぶために、北陸に向けて開かれた航路が北前船である。津軽の豪族安藤（安東）氏が蝦夷代官に任ぜられて海運を一手に担い、渡島半島には松前氏が城を築いて、蝦夷地経営の中心地とした。

　交易が盛んになった結果、その不当な収奪によって紛争が生じた。室町時代にはアイヌ首長コシャマインが蜂起、鎮圧された後も抵抗は1世紀近く続き、1669（寛文9）年、松前藩の圧政に耐えかねて決起した英雄シャクシャインのもと最後の戦いに挑んだ。しかし謀略に屈して絶対服従を強いられ、幕藩体制に組み込まれて長い屈辱の歴史が始まったとされる。

　明治時代に入り、1869（明治2）年に明治政府が開拓使を設置し、入植した各地の農漁業者、各藩の元士族を中心とした屯田兵らによる開拓が進められた。札幌を中心に都市建設や米国式の大規模農業が始まった。寒冷地に適した牧羊や広大な大地で営まれる牧畜、また、冷涼な気候がオオムギ栽培に適しており、豊平川の豊富な水が得られたことから醸造所が開設され、ビール、ウイスキーが小樽から船で運ばれた。1875（明治8）年、東京都芝に開拓使仮学校として開校した札幌農学校が、札幌に移転。初代教頭

ウィリアム・S.クラークの薫陶を得て、内村鑑三、新渡戸稲造や宮部金吾など多くの人材を輩出した。クラーク博士の銅像と「少年よ大志を抱け」のメッセージは現在でも札幌市民に親しまれている。

主な産業は製紙・パルプ、鉱工業、農業、水産業、酪農などの食料品加工業であるが、鉱工業は次第に衰退し、近年では温泉地やスキー場など、観光業の進展も見過ごせない。

伝統工芸の特徴とその由来

札幌近郊の小樽が海上交通の拠点として台頭。ビールのほか、ワタ栽培の肥料として、ニシンが小樽運河から船積みされるようになった。後背地にはニシン漁の番屋が連なり、日銀支店も置かれて北のウォール街と称されたが、漁具の硝子玉を活用して株式会社北一硝子などの新しい工芸も盛んになった。

しかしながら、先住民として独自の文化を築いてきたアイヌは、和人による開拓と同化政策のために祖先の地を追われ、言葉も風習も一時捨てざるを得なくなった。1922(大正11)年、19歳で夭逝した知里幸恵は、口承のカムイユカヮ(神謡)を初めて文字表記し、出版した。その『アイヌ神謡集』(岩波文庫、1978)の序文に、次のように記されている。

「その昔この広い北海道は、私たちの先祖の自由の天地でありました。天真爛漫な稚児の様に、美しい大自然に抱擁されてのんびりと楽しく生活していた彼等は、真に自然の寵児、なんという幸福な人たちであったでしょう。

冬の陸には林野をおおう深雪を蹴って、天地を凍らす寒気を物ともせず山又山をふみ越えて熊を狩り、夏の海には涼風泳ぐみどりの波、白い鴎の歌を友に木の葉のような小舟を浮かべてひねもす魚を漁り、花咲く春は軟らかな陽の光を浴びて、永久に囀ずる小鳥とともに歌い暮らして蕗とり蓬摘み、紅葉の秋は野分に穂揃うすすきをわけて、宵まで鮭とる篝も消え、谷間に友呼ぶ鹿の音を外に、円かな月に夢を結ぶ。」(後略)

近年、アイヌ文化への関心が高まり、2013(平成25)年に「二風谷アットゥシ」と「二風谷イタ」が、経済産業省より国の伝統的工芸品として指定されて、振興策がとられるようになった。

また、2020(令和2)年には、白老郡白老町に「ウポポイ(民族共生象徴

空間)」が開設された。主要施設として国立アイヌ民族博物館、国立民族共生公園、慰霊施設を整備しており、アイヌ文化の復興・創造・発展のための拠点となるナショナルセンターである。「ウポポイ」とはアイヌ語で「(おおぜいで) 歌うこと」を意味している。

知っておきたい主な伝統工芸品

二風谷アットゥシ (沙流郡平取町)

アットゥシとは樹皮の繊維で織られた布のこと。糸の材料はオヒョウというニレ科の広葉樹、「しな布」の材料にもなる落葉高木のシナノキなどの樹皮である。糸づくりは、木が水分を含む6月末〜7月初めにかけて行われる。幹に切れ目を入れて樹皮を剥ぎ、外側の荒皮を剥がして、糸にする内皮を取り出し、大釜で煮て柔らかくした後、川で水洗いしてぬめりを取る。洗った内皮は乾かして薄く剥がし、細く裂いて撚りをかけながら糸にしていく。水に強く、通気性に優れ、天然繊維としては類のない強靭さが得られる。糸を染める場合は、ヨモギ、キハダ、ハマナスなどの植物を煮出して染液を抽出し、浸染にする。

糸づくりが9割、織るのは1割といわれるほど手間のかかる作業であるが、織るのも決して容易ではない。後帯機という原始的な機織り機に掛けた経 (縦) 糸の先を柱に括り付け、座位で突っ張り、腰でバランスを取りながら杼を打ち込む織り方は熟練と忍耐を要する手技である。

野趣に富んだ独特の風合いは、民族衣装の素材として欠かせないほか、帯地などに珍重され、バッグやポーチなどの装身具、テーブルランナーやタペストリーのような室内装飾品としても人気を集めている。

アイヌの木綿衣 (北海道全域)

アイヌの木綿衣とは、直線裁ちにした布に、木綿布の切伏 (アップリケ) や刺繍で文様を施して仕立てた伝統的なきもの状の衣装である。地域によって手法が異なり「チカルカルペ」(切伏模様の上に刺繍)、「ルウンペ」(木綿、絹などの華やかな切伏と手の込んだ刺繍)、「カパラミプ」(白布に切り抜き模様)、「チヂリ」(刺繍のみ) の4種類に分けられる。交易で手に入れた貴重な木綿布をつないで身頃に仕立て、背中、袖口、襟、裾回りには補強と魔除けの意味を込めて切伏をあしらい、渦巻きが連なるモレウ、目の形のシク、棘のようなアイウシなどのアイヌ刺繍で仕上げた。刺繍の技

術は、母から娘へと受け継がれていくアイヌ女性必修の手技であり、女性たちは、家族や恋人に危険が及ばないよう、一針一針に祈りを込めた。

二風谷イタ (沙流郡平取町)

イタとは木製のお盆のこと。クルミやカツラなどの木材が使われ、カツラは平取町の町木とされている。カツラは彫刻しやすく、鎌倉彫などにも使われているように、木目が強すぎず、軽くて丈夫な用材である。

製材した木を3〜4年寝かせた後、刳りぬいて文様を彫刻する。代表的な文様は、モレウノカ（渦巻きの形）、アイウシノカ（棘のある形）、シクノカ（目の形）の三つで、いずれもアイヌ文様と呼ばれる独特の意匠である。

大小さまざまな小刀や鑿で彫刻し、文様の隙間はラムラムノカ（うろこ）という細かな文様で埋め尽くす。緻密な彫りは陰影が美しく装飾品ともいえそうだが、お盆や食器として日常的に使うことで、さらに味わいが増す実用と美しさを兼ね備えた工芸品である。

木を削ったり彫るなどして道具をつくる仕事は、昔からアイヌの男性のたしなみとされ、子どもの頃から仕込まれる。メノコマキリ（小刀）は、男性から女性への求婚のしるしともなる。マキリの鞘の文様の出来不出来は、その後の人生を大いに左右することとなる。

熊彫 (二海郡八雲町、旭川市)

熊彫はクマの姿を手刳りで彫刻した北海道独自の民芸品で、北海道土産として人気を博した。代表的なデザインは、四つん這いになったヒグマがサケをくわえたもの。

アイヌに昔から伝わる伝統工芸と思われがちだが、尾張徳川家の当主義親が1921（大正10）年、欧州旅行の際に、スイスのベルンでクマの木彫りを購入し、もち帰ったことがきっかけとされる。当時、北海道八雲町には旧尾張藩士たちが入植した「徳川農場」があり、農場で働く農民や付近のアイヌに冬場の収入源としてこの木彫りのクマを模して彫るように勧めたのが始まりと伝えられている。熊彫は1924（大正13）年に開催された「第1回八雲農村美術工芸品評会」に出品され、評判を呼び、昭和時代初期には年間5000体が制作されるまでになった。

八雲では戦争を機に衰退したが、陸軍の第七師団が置かれていた旭川で、軍人家族などへの土産物として盛んに制作されるようになった。その技術は今も受け継がれ、近年では美術工芸品としての評価も高まっている。

イオマンテの道具 (沙流郡平取町ほか)

イオマンテは「飼い熊の霊送り儀礼」とされている。春先のヒグマ猟で子熊が手に入るとカムイからの授かりものとして大切に育て、1〜2年ほど後、生贄とし、再訪を願い多くの土産をもたせてその魂を神の国へ送り返すという、アイヌにとって最も神聖な伝統儀式で、集落をあげて営まれてきた。

祭壇に飾る「イナウ」、神の座となる茣蓙、頭骨を安置する枕木と二又になった木、熊肉を配る串など祈りの儀式に欠かせない道具は数十種類にのぼるが、最も多くの場面で使われ、祭具の中心をなすのは「イナウ」である。イナウとは神道のお祓いに使う幣束のようなもので、イオマンテを執り行う家の当主は、2週間ほど前から山に入り、材料となるヤナギやミズキなどを刈ってきて準備にかかる。マキリというナイフで、皮付きのまま、あるいは皮を削って切り込みを入れたり、削りかけをつけたままにし、多くは撚りをかけてカールさせ、束にする。

ほかに「パスイ」も重要である。イナウに酒などを垂らしてカムイに捧げるへら状のもので、人間の言葉をカムイに伝える役割を担い、ラムラムという鱗模様などの彫刻をびっしりと施し、儀礼のたびに新調される。

「残酷だ」などの理由で長年行われていないが、2020（令和2）年、真正面からイオマンテをテーマに据えた映画が上映されて、真剣な議論を呼んでいる。

アイヌ五弦琴 (沙流郡平取町ほか)

アイヌ五弦琴（トンコリ）とは、アイヌの人たちが使用してきた弦楽器で、3〜5本の弦を張って演奏されるが、特に5弦のものが多いことから「五弦琴」と呼ばれる。歌を楽しんだり、子どもを寝かせるときに子守唄代わりに聞かせたり、お祝い事などで大勢の人が集まるときの唄や踊りの伴奏として演奏された。

イチイやマツなどの丸太を刳り抜いてつくられ、弦には、ツルウメモドキのような植物から採った繊維や動物の腱を撚ったものを使用した。

飾りとして狩猟で射止めた動物の毛皮をあしらい、本体の中には、心臓（魂）としてガラス玉をはめ込むなど、独特の楽器だが、大きさも文様も特別な決まりはないとされる。

トンコリの音色には、不思議な力が宿ると信じられてきた。疫病が広

まったときには、トンコリを一晩中弾くと、病気を振りまくカムイ（神）がその音を嫌いその村には近寄らないとか、海で嵐に遭って一所懸命トンコリを弾くと嵐が静まったという言い伝えがある。

優佳良織（旭川市）
ゆうか らおり

優佳良織は、まるで油絵で描かれたような図柄を織り込んでいくつづれ織りの一種である。羊毛を染めて200色以上もの糸を紡ぎ、絹糸も織り交ぜながら、グラデーションを駆使して織り出されるテーマは北海道の原風景である。

旭川市の染織作家木内綾によって生み出された。趣味として手織りを楽しんでいた木内に相談が寄せられたのは1960（昭和35）年頃のこと。「北海道には、伝統的な工芸品が育っていない。なんとか織物工芸をつくり上げてほしい」。木内は、地元旭川の羊毛を素材に、北海道の自然を表現することに挑戦。ホームスパンを基本に、「つづれ織り」や「すくい織り」といった高度な織物技法の習得に励み、北海道の情景を織り上げることに成功した。旭川を見下ろす丘の上には、「優佳良織工芸館」が開設されて観光地ともなり、北海道を代表する織物の一つとなった。

民　話

　北海道は、日本の総面積の21％で、東北6県と新潟県を合わせた面積に相当し、また四国・九州と山口県を合わせた面積を占める。

　北海道内各地域の自然や開拓の歴史・文化は、本州とはもちろんのこと北海道内でも異なる。例えば動物相では、津軽海峡を境界として北海道と本州以南とは異なる。北海道にのみ分布する生物は、シマフクロウ、ヒグマ、クロテンなどで、ツキノワグマ、イノシシ、ニホンザルなどは生息しない。

　その北海道には、13世紀頃からアイヌ民族が先住していた。その地に鎌倉時代以後、日本海・太平洋沿岸を中心に本州以南の移住者（和人）が住み始めた。そして、1869（明治2）年〈北海道〉と命名されるまで〈松前和人地・東西北蝦夷地〉ではアイヌと和人が共存していた。その様子を菅江真澄や松浦武四郎などをはじめとする近世の旅行者たちは各種の史資料に記録している。

　日本の近代化が急速に推進されていくにつれて日本の資源基地としての「内国植民地」としての性格を強めていった。1886（明治19）年から1922（大正11）年までの36年間の統計（『北海道移民政策史』）によると、日本全国55万戸、199万6,000人以上が移住している。そのなかで、1万2,000戸以上の移住者を送り出した都県は14にもなる（東京・東北・北陸・四国などの移住者が多い）。職業別では、農業約94万人をはじめとして約200万人の農漁業者・士族・屯田兵・宗教関係者が北海道に移住している。

　この全国からの移住者は、全国各地の「モノ」をもたらし、当然ながら異なる生活文化をもたらした。北海道という気候・風土に加え、異文化接触により新しい北海道文化が生成された。しかし、日本近代化を背景にした開拓政策は、先住民族のアイヌの生活、文化基盤を破壊するものであった。しかも、これらの国づくり政策は太平洋戦争後の「戦後開拓」（戦争

罹災者・海外引揚者）にも引き継がれ、その後の高度成長期を経て、北海道は日本の資源基地としての役割を持ちながら今日まできている。

伝承と特徴

　今日までの北海道の民話伝承活動は、『県別ふるさとの民話6　北海道の民話』『北海道のむかし話』『むかし話北海道』などにみられるように再話・創作活動に重点が置かれた活動であった。しかし、『蝦夷地に於ける和人伝説攷』『北方文明史話』『北海道郷土研究』『北海道の口碑伝説』『北海道の伝説』などの他に金田一京助、久保寺逸彦、更科源蔵、知里真志保などの研究や資料収集も行われている。このような先達の成果をもとに、北海道開拓談を含めた総合的な研究が俟たれる。

　以上の成果を通してみるとき、北海道の「昔話伝承活動」は、次の五つに分類されるであろう。

　①アイヌ民族はユカラ、カムイユカラなどの口頭伝承の形で、狩猟採集民族としての自然観、世界観を創造し、伝承している。アイヌ民話については、『日本昔話通観1　アイヌ』に体系的総合的に整理されている。

　②サハリンのニヴフ（ギリヤーク）やアイヌ民族は、近世以降やアジア・太平洋戦争後も北海道に移住して自らの文化を伝えている。その民話は『ギリヤーク　民話と習俗』『服部健著作集—ギリヤーク研究論集—』『ギリヤークの昔話』『樺太アイヌの昔話 TUYTAH』などに記録され、北方民族の民話として保存されている。

　③和人が創作したアイヌ民話がある。『アイヌの伝説と其情話』『アイヌ民話』『伝説蝦夷哀話集』などに収録された民話のなかに和人が創作したアイヌ民話がある。

　④和人の移住者が伝えた民話がある。近世からニシンの漁場で伝承された「江差の繁次郎話」がある。また、義経・弁慶に関する伝説は北海道内に110か所以上ある。

　「江差の繁次郎話」は、東北・北陸の出稼ぎ者（ヤン衆）が厳しい漁業を通して伝える笑い話で、3月から7月までの漁期に語られたものである。古くは松前の役人の笑いであったものが、多くは網元の笑いになっている。これらの話は、漁期が終わり帰郷すると、その地域の風土に合わせた「江差の繁次郎話」として、北海道、東北などとの地域の共有の民話として今

日まで伝承されている。その「江差の繁次郎話」が、アジア・太平洋戦争直後から当時の「函館新聞」記者の中村純三によって、ニシン漁を舞台にした日本海沿岸に伝承されている話に、イソップ物語・フランス小噺・艶笑譚・落語などの話を翻案して掲載され、話種も豊富に今日まで伝えられている。

⑤北海道移住後に新しく生成された民話がある。一例を挙げれば「大蛇神社」伝説である。また、太平洋戦争終結前後の荒廃したなかで無責任な開発計画で北海道に入植した開拓移民を描いた『ロビンソンの末裔』や戦災集団疎開者が辿った『拓北農兵隊』などの生活記録・談話がある。

おもな民話（昔話）

銀の滴降る

私が「銀の滴降る降るまわりに……」と村の上を飛んでいると貧しい身なりの子どもが仲間の子どもたちに嫌がらせを受けながらも私に向けて弓矢を放ちました。私はその子の矢を受け取り地面に降りました。その子は大切に私を受け取り、両親の元に届けました。受け取った両親は何度も礼拝し、私を神窓の下の花ござの上に置きました。私は家中の人々が寝静まった時、「銀の滴降る降るまわりに……」と歌いながら、家の中を宝物一杯にし、家も新しくしました。夜が明け、家中の者は驚きました。立派な御幣を飾り、酒を造り私を礼拝しました。

その様子を村の人たちに伝えました。村の人たちは驚き、今までの分け隔てしたことを詫び、それからは仲良く暮らすようになりました。私は安心して天上の世界に帰ることにしました。私が帰ると家には美しい御幣やおいしいお酒でいっぱいになっていました。私は他の神々を招き、人間の村を訪ねた時のようすを語り聞かせました。人間の村を見ると村人たちは平和に仲良く暮らしていました。あの家の主人は村長になり、少年は立派に成長していました。私シマフクロウ神は村人の背後にいて常に人間の世界を見守っています（「銀の滴降る降るまわりに　フクロウの神が自らうたった謡」『アイヌ神謡集』）。

知里幸恵『アイヌ神謡集』から引用した。アイヌ民族では、シマフクロウはコタンコロ・カムイ（村・持つ・神）、カムイ・チカップ（神・鳥）と呼び、村神として敬っていた。それは、シマフクロウの強い縄張り意識と長い寿命によって創られた地域は、アイヌ民族の食料・生活資源である

サケや樹木などの生態地域と重なっていたことと関係する。シマフクロウが生活の営みに重要な価値を持つと同時に、精神的価値を持つ鳥として位置づけられてきたことに由来する。

血に咲く鈴蘭

函館から二里許り離れた所に銭亀澤といふ所がある。そこのある場所にゆくと、丁度五月の末香も高く、いとも優しく白く咲くリリー（鈴蘭）の花がたつた一ヶ所真赤に咲いて昔の恋の名残りを止めて居る。

昔此村の酋長の娘にカパラペと云ふ珍らしい美人が居つた。同じ村にキロロアンといふ青年があつた。若い娘と若い男の仲にはいつ知れず恋が成立した。キロロアンは村の猛者として知られて居た。それは秋近い日の事、青年はブシを塗つた毒矢を手にして平常の通り熊狩りに出掛けた。一頭の大熊を見付けて彼は毒矢を発止と放つとそれが熊の足に命中した。熊は一声高く唸るや青年ヲ目掛けて躍り掛つた。

彼は非常に驚いて直ぐマキリ（小刀）を手にして熊の腹に飛付いて、ぐさと許りに突き立てた。その時熊の手は青年の横腹を叩いて居た。熊が毒矢とマキリの為めにその場に倒れた時青年も同時に哀れ血に染まつて倒れて仕舞つた。

次の朝村人が之を発見して大騒ぎを始めたが、その事を聞いた娘は驚いて涙さへ出なかつた。彼女は青年の傍に走り寄つて「キロロアン様」と幾度も叫んで居たが、やがて青年の手にして居たマキリを取り、自分の咽喉にぐざと突きさした。娘の咽喉からは赤い恋の血が溢れ出て、青年の血と一緒になつて流れた。そしてその血は鈴蘭の花を真赤に染めた。

鈴蘭の花は未だに赤い血に染まつて、毎年毎年咲いて居る。そして恋の成立する花として今でも若い男女が摘みに出掛ける（『アイヌの伝説と其情話』）。

この「血に咲く鈴蘭」話は、青木純二が1924（大正13）年に『アイヌの伝説と其情話』に掲載したものである。この話はアイヌ民族に伝承されていないのにアイヌ伝説風に仕立てて創作されたものである。

ピーピーヒョロヒョロジュウージュウープー

昔々あるところに、お爺さんとお婆さんがいた。お爺さんは毎日山に樵に行った。ある日、昼の弁当を食べようとすると小鳥に食べられ、小鳥のうんこが一杯散らかっていた。腹

がすいていたので「これは汚くないんだ」といって食べてしまった。仕事を終えて家に帰るとお腹が変で、きれいな音のおならが出た。その音が珍しいので屁売りに出かけたと。その音を聞いた殿様は喜び、お爺さんにたくさんのほうびを与えた。その話を聞いた悪いお爺さんはまねをして屁売りに出かけた。殿様は前のお爺さんよりきれいな音のおならを聞けるかもしれないと思ったが、悪いお爺さんは汚いうんこをしてしまった。殿様は怒って「牢屋」に入れたんだとさ（札幌・粟井幸子談）。

　この話は一般的な話型の「鳥呑み爺」の昔話である。1899（明治33）年に石川県志賀町から移住した祖母から聞いた昔話という。親子3代にわたって語り伝えられたものである。放屁音の「ピーピーヒョロヒョロジュージュープー」の話は、出身地石川県では、「チチンポンポン　コガネザクザク　チチンポンポン　コガネザクザク」と伝承されている。それが移住地でよく見聞する鳶の「ピーヒョロロ」の鳴き声に変化している。結末句も「それきりぷっつりなんばみそ」ではなく、「ひとのことをうらやんだり、意地悪いことをしない」という教訓の言葉で語り終えられる。昔話の伝播の問題を考えると、このように語る形式も内容も変化しながら伝承されていることは、とても興味深い。

おもな民話（伝説）

大蛇神社　　旧広島村に入植した武右エ門はうっそうと茂る原始林を切り倒しながら開墾に精を出していた。樹齢数百年のタモの大木を切り倒したその夜、寝ている枕元に長い黒髪の女が現れ、「火を消してください」と武右エ門に頼むのだった。

　しかし、算段通り切り倒して焼き払った。四日間同じことを言いながら女は枕元に現れたが、その容姿は老婆のようになり、最後には白骨同様な姿になって頼むのだった。火は七日七晩も燃え続けて消えた。そしてタモの木の洞を見ると大蛇の白骨死体があった。武右エ門が祟りを恐れて供養したのが大蛇神社の始まりである。しかし、その後武右エ門の家族やその土地の次の所有者の家族にも原因不明の不幸が重なった。占い師や神主にお払いしてもらって、何事も起こらなくなったという（「大蛇神社」『郷土研究広島村』）。

　この「大蛇神社」伝説の形成は、1896（明治29）年に岸本トモ（当時

93歳）の手記が『郷土研究広島村』1号、1967（昭和42）年に掲載されたことから始まる。当初は「蛇の神社」と呼ばれていたが、その後「大蛇神社」と呼ばれるようになり、近辺の人たちが祠をつくり、お参りしていた。そして、地域の郷土民話として史家や図書館関係者などによって写真集、紙芝居、郷土絵本、郷土史、報道機関、行政の広報誌などに取り上げられて今日に至っている。

義経伝説　将軍山の東面の中腹に中央のくびれた大きな岩がある。この岩は弁慶の背負った岩で、くびれているのは荷縄の跡だという。また将軍山の頂に露出した岩があり、この岩の表面に二の字の形が食い込んでいる。これは義経が足駄を履いて歩いた跡だという。また、この山の何里か奥に平地があって、昔そこで義経と弁慶が舟を作ったと言い伝えられている（『北海道の口碑伝説』）。

　悲劇の武将と言われる源義経に関する伝説が北海道内110か所に伝えられている。内容も悲恋話や粟・麦の生産技術伝授、弁慶・静御前、大陸渡来などの話がある。時代も江戸時代以降の政治利用とも関連しながら伝説が伝えられている。また、まちおこし物語にも活用されている。北海道でも義経に寄せる思いが現在も生きている。

おもな民話（世間話）

炭鉱（ヤマ）話　私が生まれた頃には組合があるわけでもないしね、友子という制度が炭鉱の運営上非常に重要な役割を果たしていました。友子というのは一口に言うと炭鉱の技術を人に伝えていくということと、やっぱり石炭を掘るとね、掘っている人というのは真っ黒になってしまう。地熱もあるし汗も出るしね、そして肺の中も黒くなるんです。今で言う珪肺、塵肺です。そこで炭坑ヨロケになった（珪肺にかかること）人を友子の中で救済していたんです（夕張・都築螢雪（1919年真谷地生まれ）談）。

　この談話は、さらに友子への加入方法（わらじぬぎ）、取り立て式、親分の生涯にわたる面倒見などに言及する。「ですから私も年寄りですが、親父の84歳になる子分が毎月私の家に親分のお参りをさせてくださいと言ってくるんですよ」と語っている。炭鉱（ヤマ）社会の互助制度の一端を知ることができる。

妖怪伝承

オキナ

地域の特徴

北海道は日本の最北端であり、47都道府県で最大の総面積を有する。西に日本海、南東に太平洋、北東はオホーツク海と、周囲は海に面する。

かつて「蝦夷地」とよばれた北海道は、サハリン（樺太）、千島列島とともに、アイヌ民族の生活の場として、アイヌ文化がはぐくまれてきた土地である。現在でも道内の地名の多くがアイヌ語地名に由来するのは、このためである。

明治に入ると、政府は蝦夷地を北海道と改め、開拓使を設置した。以降、和人の移住も増え、「開拓」が進められるなかで、アイヌ民族の生活は圧迫されるようになった。北海道における和人のルーツの多くは、こうして明治以降になって本州などから移住して来た人々である。そのため、江戸時代からすでに和人地があった松前など道南の一部を除き、和人の民俗文化にあっては、津軽海峡を挟んで隣り合う東北地方との連続性はほとんどない。むしろ、全国各地からの移住者によって持ち込まれた多様な文化をもとに、寒冷地に適したかたちで発展した文化が北海道の特徴である。

伝承の特徴

北海道の伝承には、アイヌ民族の口承文芸と、移住してきた和人の口承文芸とがある。だが、もともと北海道がアイヌ民族の生活の地であり、北海道における和人の歴史も浅いことから、道内における和人の伝承は、比較的新しいものに限られ、話の種類や量もアイヌ民族の伝承と比べて乏しい。そのため、本項では北海道の伝承として、アイヌ民族の伝承を中心に紹介する。なお、アイヌ語の名称は、「ラ」「シ」などの小文字も用いる、アイヌ語カナ表記による。

アイヌの妖怪の多くは、普通の人間や動物とは違う姿をしていることが特徴として語られる。例えば、チチケウという熊のような化け物は、やせ

て毛がなく耳の先にだけ毛がある、などと語られる。

　道内には大きな湖や湾がいくつかあるが、そこには、巨大な生物が住んでいたという話が伝わっていることが多い。湖の端から端まで体が届くと語られるほど、異常に大きい動物たちもまた、化け物だといわれる。こうした化け物魚たちの伝説は、単なる怪異譚として終わるのではなく、湖の真ん中にある島（中島）ができた理由など、それぞれの土地にみられる特徴的な地形の由来を説明する話と関わってくることが多い。

主な妖怪たち

アラサルシ

　アイヌ民族の伝承に登場する化け物。アラは「一つの」、サラは「尾」、ウシは「〜に付く」の意。熊のような化け物だとされる場合が多い。その具体的な姿についての描写は地域や伝承によってまちまちで、赤毛で尾が長い（地域不明）、耳の先と尾の先に少しだけ毛が生えているがその他は毛がなく、歯は上も下も長い牙をむき出している（門別町〔現・日高町〕）などとされる。説話では、非常に気が荒く、人や他の動物を襲うものとして語られる。特に神謡という、カムイ（神）が自叙する形式の説話ジャンルでは、位の高い神がアラサルシに襲われて、これと戦うという話がいくつかみられる。平取町には、実はアラサルシであった夫によって兄が殺され、母や自分もあやうく殺されかけたという、位の高い熊神の娘が語ったという話がある（『カムイユカㇻと昔話』）。

イワエトゥンナイ

　アイヌ民族の伝承に登場する化け物。死者を包んだござの真ん中に4本の足をつけたような形の化け物で、頭を上下に振りながら歩くという。熊やオオカミでもかなわないほど力が強い。また、一つ目の化け物で、岩でも何でも穴を穿って突き進むといわれることもある。

オキナ

　アイヌ民族の伝承に登場する巨大な怪魚。巨大なクジラだといわれることもある。シオキナ、ショキナなどともいう。口を開けば、上あごは空に、下あごは海底に届くという大きさの魚。クジラまでも丸呑みにするため、多くのクジラが乱れ走るのは、オキナに追われているためだともいう。昔、ショキナという巨大なクジラが漁に出る舟を丸呑みにしようとするので恐れられており、カワウソの神がこれを退治しに行った。この際、助言をしてくれた登別の神にお礼として、真っ二つに斬

って退治したオキナのうち、頭のついた半分を置いていった。これが登別市にあるフンペサパ（「クジラの頭」の意）という小山だという話がある（『アイヌ伝説集』）。

オヤウ　アイヌ民族の伝承に登場する大蛇。ホヤウともいう。毒気を含む強い悪臭を発していて、それに当たると体が腫れたり死んだりしてしまう。翼のあるオヤウを「ラプシオヤウ（「翼がついているオヤウ」の意）」ともいう。また、サクソモアイェプと同一視される場合もある。洞爺湖など、いくつかの湖の主だともいわれ、八雲にある沼にもオヤウがいたという話が伝わっている。その沼に近寄った人が沼の淵にイルカくらいの動物が並んでいるのを見て、「オヤウらしい」と恐ろしくなって逃げた。しかし、一緒に連れて行った犬はその動物の近くに行ったまま帰って来なかった。それはおそらくオヤウの毒に当たって目が見えなくなり、沼に落ちて死んだのだろうということだったが、その人も間もなく死んでしまったので、この沼には近寄るなといわれたという（『アイヌ伝説集』）。

ケナシウナラペ　アイヌ民族の伝承に登場する化け物。ケナシは「木原」、ウナラペは「おばさん」の意。ニタッウナラペ（「湿地のおばさん」）ともよばれる。コノハズクという鳥の姿をしているともいわれるが、多くの場合は「編みかけのカゴを頭からかぶったような姿」の女の化け物だとされる。すなわち、肩が隠れるくらいの長さのざんばら髪で、顔の方へも同じように髪が垂れている姿である。そのため、見ただけでは前も後ろもわからないようだという。しかし、髪を分けて顔を出すと非常に美しいといわれることもある。新平賀村（現・日高町）には、人間の国から神の国に戻ろうとする子熊が、ケナシウナラペに嫉妬されて矢を射かけられたせいで毛皮に異常をきたして、本来戻るべき親の元には行けず、祖父の元に行くことになってしまった話がある（『神謡・聖伝の研究』）。この話のように、嫉妬のために、子熊を傷つけたり、人間の赤ん坊をさらって隠したりする化け物である。

コシンプ　アイヌ民族の伝承に登場する化け物。地域によってコシンプイ、コシンプクともよばれる。コシンプのなかには、山にいるイワコシンプ、海にいるルルコシンプなどがいる。イワは「山」、ルルは「潮」の意味。いずれも、色白な美男美女の姿として現れることが多

いが、変幻自在であり、海の泡などさまざまなものに化けることができる。人間に惚れることが多く、魅入られた者は遠からず死んでしまうというが、人間の憑き神になって、憑かれた人間が一生不自由しないように守る場合もあるなど、善いものも悪いものもいるという。海の中にある高い山にいるコシンプが、ある人間の男に惚れてしまい、交易のために海に出たその男を神通力で山に呼び寄せた。冬の間に男が死んだら魂を奪って夫にしようとしたためである。それに気付いたカラスが、男に肉を与え、羽で温めて助けたうえ、コシンプと戦って男を守った、という話が平取町にある（『炎の馬』）。

サクソモアイェプ

アイヌ民族の伝承に登場する、毒を発する大蛇。「夏に言わないもの」という意味。蛇の性質として、暑くなると自由に動けるようになって力を発揮するため、夏にはこの化け物のことを口にしてはいけないという。逆に寒さには弱い。激しい臭気を発しており、その毒気に当たったという話が多く、オヤウと同一視されることもある。頭と尻の方が細く、腹は太くて翼が生え、全身は黒味を帯び、目と口のまわりが赤く、鼻先のみが尖っているともいう。昔、鵡川にあった沼にサクソモアイェプが住んでいたという話がある。その悪臭で周囲は草も木も枯れてしまい、人間が風下を通ると毒気で身体が腫れあがり、腫れがひくと髪が抜け落ちる有様だった。雪の上を通った跡は、丸太を引っ張ったかのようで、2mごとに雪の上を翼で叩いた跡があり、その跡の上を歩くだけでも毒気にやられたという（『アイヌ伝説集』）。

大魚

アイヌ民族の伝承には、国造りの神が大きなアメマスの背の上に大地をつくってしまったため、地下にいるこの魚が時々動いて地震が起きるという話がある。また、洞爺湖、屈斜路湖、支笏湖などの大きな湖には、きわめて大きな魚が住んでいたという話も伝わる。魚の種類はアメマスやイトウに似た魚だといわれることが多い。江戸時代に北海道を歩いてまわった松浦武四郎も、アイヌ民族から聞いた伝説として、洞爺湖にアメマスのような大きな魚がいて、鹿を丸呑みにしていたと『後方羊蹄日誌』に記している。こうした巨大な魚の様子は、頭は湖の上手に、尾びれは湖の下手に届き、腹びれは湖底をこすり、背びれは水の上に出て天日に焦げるほど大きく、舟ごと丸呑みにする（屈斜路湖：『アイヌ伝説集』）、体長が60mほどもある大きなイトウが熊を丸呑みにした（然別湖：『アイ

ヌ伝説集』）などと語られる。さらに、大魚（大アメマス）を退治しよう
とした際に魚が暴れて山が湖に崩れたために、湖に中島ができ、魚はその
下敷きになった（『アイヌ伝説集』）というように、湖の地形ができた理由
などを説明する由来譚に関わることも多い。

チチケウ　アイヌ民族の伝承に登場する化け物。チチケウナ、チチケ
ウニッネヒなどともよばれる。「幽霊」と訳されたり、鹿の
ような化け物とされたりする場合もあるが、多くの伝承では小型の熊の
ような悪い化け物で、人を襲う。姿の詳細は、地域や伝承者によって多少異
なり、体が小さいが足は大きく、馬の尾のように長い尾をもつ（穂別町〔現・
むかわ町〕、幌別市）、毛が縮れて、体の毛色の半分は赤く、半分は黒い（千
歳市）などのような異形の姿として語られる。平取町の貫気別に住む男が
語ったとして伝わる説話では、あるとき女が刀を抜いている姿を夢に見て、
翌日、山に入るとその女が本当に刀を振るっていた。斬られそうになって
驚き、逃げおおせてから確認すると、女だと思っていたのは実は、全身に
毛がなく、耳と尾とに少し毛があるだけのチチケウニッネヒだったという
（『人類学雑誌』29-10）。

パウチ　アイヌ民族の伝承に登場し、「淫魔」「淫乱の神」などと訳さ
れる。通常は天の国のススランペッという川のほとりにいるが、
時々、人間界に来ては裸で群れて踊り、人間を誘惑して仲間に加えつつ世
界をまわって歩くという。これに魅入られると、狂ったようになり、裸で
踊りまわったり騒がしく暴れたりする。浮気などもパウチに憑かれたせい
だと考えられた。心のよくないものだが、工芸に巧みだともいわれ、層雲
峡（上川町にある峡谷）はパウチがつくったともいわれる。知里真志保に
よる『えぞおばけ列伝』には、千歳に住む男がパウチに出会った話がある。
男が山から下ると、川岸で大勢の男女が一糸まとわず、にぎやかに踊って
いた。そのなかから美女が出てきて、彼の方へ近寄ろうとしたが、男は「こ
れはパウチの群れだな」と気づいて神に助けを求めた。その祈りで神に目
をかけてもらったおかげで、女は遠くから手を差し伸べるだけで、男のそ
ばには近寄れなかったという（『アイヌ民譚集』）。

化け熊　アイヌ文化では熊は重要な神の一つだが、なかには人間を襲
うような性質の悪い熊もいる。良い熊は山の上の方に住んでい
て体毛が黒もしくは金であるのに対し、悪い熊は山裾の方に住んでいて体

毛は赤い。そして、特に異形である熊は化け物として語られる。更科源蔵・更科光の『コタン生物記Ⅱ』には、四つ指（熊は通常五本指）、前足と後ろ足の長さが違うなどの異形の熊が、悪い熊として紹介されている。平取町には、前にも後にも走れるウホシサパウシ（「反対に頭がついている」の意）という化け熊に出会った少年の話がある。この熊は、前と後ろに頭があり、それぞれの頭の額に、へらのような角が生えており、人をさらっては食べるという噂であった。体に松やにを塗っているため、毛が固く、矢が刺さらなかったが、ハリガネムシの神の助けもあって、ようやく退治できたという（『炎の馬』）。

ミントゥチ
アイヌ民族の伝承に登場する化け物。地域によってニントゥチ、フントゥチなどともよばれる。河童と訳されたり同一視されたりすることも多いが、必ずしも和人の伝承における河童と同様の特徴ばかりではない。姿の特徴として、人間の子どもくらいの大きさである（新ひだか町）、頭には毛がない（旭川市）、足跡は鎌のような形である（平取町）などといわれる。また、ヨモギを束にして十字に結んでつくった草人形がミントゥチになったという由来譚がある。そのために両腕が体の中でつながっているので、一方の手を引っ張ると両手ともに抜けるのだという。日高町には、十勝川の川上に住む男の娘と結婚しようとしたミントゥチが、正体を暴かれたために十勝川から出て行き静内川に住むようになって以降、静内川では魚はたくさん捕れるようになったが、毎年水死人が出ることになったという話が伝わる（『神謡・聖伝の研究』）。このように、人間に悪さをするばかりではなく、魚を授けるという水の神の親戚としてのミントゥチの性質がうかがえる話もある。

モシリシンナイサム
アイヌ民族の伝承に登場する化け物。見たと思ったらすぐに姿を消すという。その姿は、人によって、まだらの牛や、頭も足もない馬の姿、あるいは熊、鹿などといった動物に見えるともいう。これを見ると長生きしないとか、一生不幸になるといわれた。知里真志保『えぞおばけ列伝』には、道ばたなどで、大きな雌鹿が草を食べているのを見たと思っても次の瞬間にはもう姿がない、といったときには、この化け物に狙われているので、神に祈りながら体を清めなければならないという話がある（『アイヌ民譚集』）。

高校野球

北海道高校野球史

北海道の中等学校野球は1898年に函館商業，99年に函館中学（現在の函館中部高校）で創部されたのに始まる．一方札幌では，1901年に札幌農学校で野球部が創部されたのを契機に，北海中学（現在の北海高校），札幌中学（現在の札幌南高校），北海道師範学校でも野球部が誕生した．

20年第6回大会で初めて全道予選が開催され，北海中学が予選を制して全国大会に出場した．

24年夏北海中学が予選を制し，この年に完成した甲子園球場での全国大会に出場した．そして，開幕直後の第1試合で静岡中学と対戦，5－4で降して手島義美投手は甲子園の勝利投手第1号となった．28年には北海中学は準決勝まで進んでいる．

戦後復活した中等学校野球では函館勢が台頭し，46年夏は函館中学が戦後初優勝を飾った．さらに全国大会でも初戦で山形中学を降して戦後初勝利もあげている．

50年夏には北海高校が戦後初めて甲子園に出場してベスト8まで進み，以後再び北海道球界は北海高校を軸として展開した．

59年，参加校数の多い北海道は南北に分割されることとなった．札幌・函館という2強地域がともに南北海道となり，引き続き両都市の間で鎬が削られたが，北海高校は南大会となって最初の13年間のうち，8回を制するなど全盛期を迎えた．63年選抜では北海道勢として初めて決勝に進んでいる．

71年春，北海高校は選抜に選ばれ，選手が津軽海峡を越えた後に在校生の暴力事件が発覚した．選手は直ちに出場を辞退し，青森から札幌に引き返した．いわゆる「涙のUターン」事件である．同年夏は雪辱を果たして甲子園に出場したが，初戦で敗退，以後北海高校は低迷時期を迎えることになった．

一方，北北海道では帯広勢を中心とした戦いが繰り広げられたが，特定の強い高校はなく毎年のように違う学校が甲子園に進んだ．

　北海高校の力が衰えた南北海道地区では，新しい高校が台頭してきた．札幌市内では，東海大四高（現在の東海大札幌高）や札幌商業が強くなり，函館地区でも函館有斗高校（現在の函館大有斗高校）が実力をつけてきた．さらに83年春には駒大岩見沢高校が甲子園に初出場すると準々決勝まで進んで注目を集めた．以後，駒大岩見沢高校は，打撃を中心としたチームづくりで，北海道のチームのイメージを変える活躍を見せることになった．

　その後，北北海道地区では帯広勢に代わって旭川勢が台頭した．71年から2年連続して決勝で敗れていた旭川竜谷高校が，73年に初出場を果たすと以後3年連続して北大会を制した．80年からは最北の都市・稚内から稚内大谷高校が2年連続して北大会の決勝に進んだが，甲子園に出ることはできなかった．

　平成に入ると，さらに新しい私立高校が台頭してきた．南北海道地区では，小樽の北照高校が，関西からの野球留学選手を積極的に受け入れて実力を伸ばし，91年夏に甲子園に初出場している．

　北大会では，旭川実業が95年夏に初出場すると，松山商業，鹿児島商業，銚子商業という強豪校をなぎ倒して準々決勝まで進んだ．2度目の出場となった99年夏も3回戦まで進むなど甲子園で高い勝率をあげている．

　こうした私立高校の活躍の一方で，両地区ともに公立高校も健闘している．北大会では95年以降の5年間に，帯広南商業が4回決勝まで進んでいずれも敗退した．南大会では札幌一中の後身で，全道屈指の進学校である札幌南高校が94年から3回決勝で敗れ，2000年夏になってやっと決勝で北照高校を降して61年振りの甲子園出場を果たした．

　2004年プロ野球の日本ハム球団が札幌に移転してきた．そして，これと機を一にして南北海道の実力が急速に向上した．同年夏に駒大苫小牧高校が北海道勢として初優勝を達成すると，以後3年連続決勝に進出．2016年夏には北海高校，2015年選抜では東海大四高が準優勝と，一挙に強豪地区に変貌した．

　一方，北北海道では毎年のように違う学校が出場，2000年以降，夏の大会で初戦を突破したのは，2008年の駒大岩見沢高校と2011年の白樺学園高校のわずかに2回しかないという苦しい状況が続いている．

旭川北高 (旭川市, 道立)
春0回・夏2回出場
通算0勝2敗

1940年旭川市立中学校として創立. 48年の学制改革で旭川市立高校となる. 50年道立に移管して旭川北高校と改称した.

42年創部. 60年夏に甲子園初出場. 2004年夏に44年振りに出場している.

旭川工 (旭川市, 道立)
春0回・夏5回出場
通算0勝5敗

1941年道庁立旭川工業学校として創立. 48年の学制改革で旭川工業高校となった.

46年創部. 91年夏に甲子園初出場. 以後夏の大会に5回出場している. 2012年夏には龍谷大平安高に延長11回の末に敗れた.

旭川実 (旭川市, 私立)
春2回・夏3回出場
通算5勝5敗

1960年旭川実業高等学校として創立し, 創立と同時に創部. 95年夏に甲子園初出場を果たすと, いきなりベスト8まで進んで注目を集めた. 続いて99年夏にも3回戦に進出している.

旭川大高 (旭川市, 私立)
春0回・夏9回出場
通算4勝9敗

1898年旭川裁縫専門学校として創立. 1904年旭川裁縫女学校, 08年旭川女学校, 23年旭川実科高等女学校, 43年旭川共立高等女学校と改称. 48年の学制改革で旭川共立女子高校となり, 64年旭川日大高校, 68年北日本学院大学高校, 70年旭川大学高校と改称した.

64年に創部し, 北日本学院高校と改称した68年夏に甲子園初出場. 80年夏に2度目の出場を果たすと3回戦まで進み, 以降は常連校となった.

旭川南高 (旭川市, 道立)
春1回・夏1回出場
通算0勝2敗

1956年私立男子校の旭川南高校として創立. 74年旭川市立となり, 80年道立に移管した. 2009年市立旭川北都商業高校を統合.

創立と同時に創部し, 私立時代の1964年夏に甲子園初出場. 道立となった後, 2007年選抜に43年振りに甲子園に出場した.

旭川龍谷高 （旭川市，私立）

春2回・夏6回出場
通算4勝8敗

1958年浄土真宗西本願寺派の学校・旭川高校として創立．同年10月旭川竜谷学園高校，63年旭川竜谷高校となる．2009年旭川龍谷高校と改称した．

創立と同時に創部し，1973年夏に甲子園初出場，東洋大姫路高校を降して初勝利もあげた．以後3年連続して出場するなど，80年代にかけて北北海道を代表する強豪として活躍した．

網走南ケ丘高 （網走市，道立）

春1回・夏1回出場
通算0勝2敗

1922年北海道庁立網走中学校として創立．48年の学制改革で道立網走高校となる．50年網走南ケ丘高校と改称．

22年に創部した，北北海道きっての名門．67年夏に甲子園初出場．70年選抜にも出場している．

帯広北高 （帯広市，私立）

春0回・夏2回出場
通算0勝2敗

1916年創立の和裁私塾を母体として，27年に帯広裁縫女学校が設立．56年渡辺女子高校として創立された．64年帯広北高校と改称し，同年創部．87年夏に甲子園初出場，89年夏にも出場した．

帯広三条高 （帯広市，道立）

春0回・夏5回出場
通算1勝5敗

1915年私立十勝姉妹職業学校として創立．20年姉妹実科高等女学校，28年姉妹高等女学校となり，31年町立，32年道立に移管して帯広高等女学校となる．48年の学制改革で帯広女子高校となり，50年共学化と商業科の設置で帯広三条高校と改称した．

50年創部．59年夏に甲子園初出場．65年夏に八戸高を降して初勝利をあげた．近年では2001年夏に出場している．

帯広農 （帯広市，道立）

春1回・夏1回出場
通算0勝1敗

1920年組合立十勝農業学校として創立．22年道庁立に移管．48年の学制改革で道立十勝農業高校となり，50年川西農業高校と改称．57年帯広農業高校と改称した．

23年創部. 82年夏に甲子園初出場. 初戦の益田高戦では9回表に4人目のアウトでチェンジとなった「4アウト事件」が起こっている. 2020年選抜では21世紀枠代表に選ばれたが大会が中止. 夏の甲子園交流試合で強豪の高崎健大高崎高校を降して注目を集めた.

釧路江南高 （釧路市, 道立）
春0回・夏4回出場
通算0勝4敗

1919年北海道庁立釧路高等女学校として創立. 48年の学制改革で釧路女子高校となり, 50年共学化で釧路江南高校と改称した.

50年創部. 61年夏に甲子園初出場. 初戦の福岡高校戦は9回まで6-5とリードしていたが, 9回裏に逆転サヨナラ負けを喫した. 66年夏の2度目の出場も9回2死まで1-0でリードしていながら延長12回に逆転負けした.

駒大苫小牧高 （苫小牧市, 私立）
春4回・夏7回出場
通算16勝9敗1分, 優勝2回, 準優勝1回

1964年駒沢大学の附属校として創立し, 同時に創部. 66年夏甲子園に初出場した. 以後長い低迷時期を経て, 2001年夏に35年振りに甲子園に出場すると, 04年夏には北海道勢として初めて全国制覇を達成. 翌年には2連覇し, 06年には3年連続して決勝に進出して引き分け再試合の末に準優勝するなど, 甲子園に一時代を築き上げた.

札幌第一高 （札幌市, 私立）
春3回・夏3回出場
通算1勝6敗

1958年札幌第一高校として創立し, 同時に創部. 2002年夏甲子園に初出場した. 09年夏には初勝利をあげ, 以後は常連校として活躍している.

札幌南高 （札幌市, 道立）
春0回・夏3回出場
通算1勝3敗

1895年札幌尋常中学校として創立. 98年札幌中学校, 1915年北海道庁立札幌第一中学校と改称. 48年の学制改革で道立札幌第一高校となり, 50年札幌南高校と改称した.

01年には師範学校と試合をして勝ったという記録があり, 翌02年正式に創部した. 道内きっての名門. 27年夏に甲子園初出場, 青森師範を降して初戦を突破している. 39年夏にも出場した. 戦後は進学校化したため遠ざかっていたが, 2000年夏に61年振りに甲子園に復活した.

白樺学園高 (芽室町, 私立)

春1回・夏3回出場
通算1勝3敗

1958年帯広市白樺に帯広商業高校として創立し, 65年に白樺学園高校と改称. 95年河西郡芽室町に移転した.

58年の創立と同時に創部. 2006年夏甲子園に初出場し, 11年夏に鳥取商業を降して初勝利をあげた.

砂川高 (砂川市, 道立)

春1回・夏2回出場
通算1勝3敗

1938年創立の砂川高等家政女学校が前身. 41年砂川高等女学校となり, 45年道庁立に移管. 48年の学制改革で砂川女子高校となり, 50年共学化で砂川北高校と改称した. その後, 砂川南高校と統合して砂川高校となる.

50年創部. 84年春, 甲子園出場を辞退した函館有斗高の代わりに選抜に初出場した. 94年夏には江の川高校を降して初勝利をあげている.

滝川西高 (滝川市, 市立)

春1回・夏3回出場
通算0勝4敗

1959年私立滝川商業高校として創立. 73年市立に移管し, 北海道滝川西高校となる. 創立と同時に創部し, 88年夏に甲子園初出場. 近年では2017年夏に出場している.

東海大札幌高 (札幌市, 私立)

春6回・夏5回出場
通算9勝11敗, 準優勝1回

1964年東海大学附属第四高等学校として創立. 2016年東海大学附属札幌高校と改称.

開校と同時に創部. 1976年夏甲子園に初出場し, 86年夏に初勝利をあげた. 2015年選抜では準優勝している.

苫小牧工 (苫小牧市, 道立)

春5回・夏1回出場
通算2勝6敗

1923年北海道庁立苫小牧工業学校として創立. 48年の学制改革で苫小牧工業高校となる.

創立と同時に創部し, 56年春に甲子園初出場. 72年夏に宮古水産を降して初勝利をあげた. 89年選抜でも日高高校を降している.

苫小牧東高 （苫小牧市，道立）　春4回・夏1回出場　通算1勝5敗

1937年町立苫小牧中学校として創立．48年の学制改革で道立苫小牧高校となり，50年苫小牧女子高校と合併して北海道苫小牧高校と改称．53年東西に分離して，北海道苫小牧東高校となった．

46年創部．57年選抜に初出場．65年選抜では塚原天竜高校を降してベスト8に進んでいる．98年選抜にも出場している．

函館工 （函館市，道立）　春1回・夏4回出場　通算4勝5敗

1921年函館区立函館工業学校として創立し，22年道庁立に移管．48年の学制改革で函館工業高校となる．

31年創部．戦後，47年夏に甲子園初出場，翌48年夏にはベスト8まで進んだ．63年夏を最後に，以後出場できていない．

函館大有斗高 （函館市，私立）　春6回・夏7回出場　通算5勝13敗

1938年函館計理学校として創立．48年学制改革で函館有斗高校となる．88年函館大学附属有斗高校に改称．

47年創部．73年選抜に初出場して初戦を突破すると，以後常連校として活躍，90年までに春夏合わせて11回出場した．その後は97年に春夏連続出場している．

函館中部高 （函館市，道立）　春0回・夏2回出場　通算1勝2敗

1885年函館尋常中学校として創立．99年函館中学校と改称し，1901年北海道庁立となる．47年道立に移管し，翌48年の学制改革で道立函館高校となる．50年函館中部高校と改称．

1899年創部．1921年夏に甲子園初出場．戦後，旧制中学時代の46年夏にも西宮球場で開催された全国大会に出場し，山形中を降して初戦を突破している．

函館西高 （函館市，道立）　春1回・夏1回出場　通算2勝2敗1分

1905年北海道庁立函館女学校として創立し，27年道立函館女学校となる．48年の学制改革で道立函館女子高校となった．50年共学化して函館西

高校と改称し，同年創部．52年選抜で初出場．夏にはベスト8まで進んだ．

北照高 (小樽市，私立)
春5回・夏5回出場
通算5勝10敗

1901年私立小樽商業学校として創立．15年北海商業学校と改称．48年の学制改革で北照高校となった．

23年創部．91年夏に甲子園初出場．2010年選抜と13年選抜ではベスト8に進んでいる．

北海高 (札幌市，私立)
春13回・夏38回出場
通算33勝51敗，準優勝2回

1885年北海英語学校として創立．1906年北海道初の私立中学校である北海中学校となった．48年の学制改革で北海高校となる．

01年創部の名門．20年夏甲子園に初出場し，戦前だけで春夏合わせて15回出場　28年夏にはベスト4に進んでいる．戦後も出場を重ね，63年選抜では北海道勢として初めて決勝に進出．2016年夏にも準優勝している．

北海学園札幌高 (札幌市，私立)
春2回・夏8回出場
通算4勝10敗

1920年札幌商業学校として創立．48年の学制改革で札幌商業高校となる．2004年北海学園札幌高校と改称した．

1923年創部．31年夏甲子園に初出場しベスト8まで進む．戦後も58年夏に出場，以後80年まで出場を重ねた．

北海道栄高 (白老町，私立)
春4回・夏1回出場
通算1勝5敗

1964年北海道日大高校として創立．87年日大の系列を離れ，北海道桜丘高校と改称した．2000年北海道栄高校と改称．

創立と同時に創部．北海道日大高校時代の1975年選抜に初出場し，東山高校を降して初戦を突破．2016年選抜には北海道栄高として出場している．

鵡川高 (むかわ町，道立)
春3回・夏0回出場
通算2勝3敗

1952年道立苫小牧高校鵡川分校として創立．53年町立鵡川高校として独立し，76年道立に移管．町ぐるみで野球部の支援をしていることで有名．

88年創部．2002年選抜に21世紀枠代表として初出場すると，三木高校を降して初戦を突破．以後，04年春と09年春にも出場した．

⑬北北海道大会結果（平成以降）

	優勝校	スコア	準優勝校	ベスト4		甲子園成績
1989年	帯広北高	6－5	砂川北高	滝川西高	帯広三条高	初戦敗退
1990年	中標津高	4－0	旭川竜谷高	滝川西高	釧路工	初戦敗退
1991年	旭川工	5－1	旭川東栄高	帯広北高	本別高	初戦敗退
1992年	砂川北高	7－0	旭川竜谷高	遠軽高	旭川北高	初戦敗退
1993年	旭川大高	2－1	稚内大谷高	帯広三条高	帯広南商	2回戦
1994年	砂川北高	5－2	滝川西高	北見緑陵高	釧路西高	2回戦
1995年	旭川実	7－4	帯広南商	旭川工	滝川西高	ベスト8
1996年	旭川工	8－2	帯広南商	旭川大高	旭川竜谷高	初戦敗退
1997年	旭川大高	4－3	滝川西高	旭川竜谷高	帯広南商	初戦敗退
1998年	滝川西高	6－2	帯広南商	遠軽高	釧路北陽高	初戦敗退
1999年	旭川実	8－7	帯広南商	稚内大谷高	名寄高	3回戦
2000年	旭川大高	5－3	帯広三条高	稚内大谷高	北見工	初戦敗退
2001年	帯広三条高	7－6	旭川実	旭川竜谷高	滝川西高	初戦敗退
2002年	旭川工	5－4	砂川北高	北見柏陽高	網走向陽高	初戦敗退
2003年	旭川大高	3－1	滝川西高	雄武高	白樺学園高	初戦敗退
2004年	旭川北高	9－5	雄武高	白樺学園高	帯広農	初戦敗退
2005年	旭川工	6－2	遠軽高	白樺学園高	帯広三条高	初戦敗退
2006年	白樺学園高	9－1	遠軽高	釧路江南高	旭川実	初戦敗退
2007年	駒大岩沢高	9－2	旭川実	中標津高	白樺学園高	初戦敗退
2008年	駒大岩見沢高	5－3	白樺学園高	旭川工	旭川実	3回戦
2009年	旭川大高	5－1	帯広大谷高	武修館高	釧路江南高	初戦敗退
2010年	旭川実	9－4	武修館高	駒大岩見沢高	遠軽高	初戦敗退
2011年	白樺学園高	5－0	遠軽高	女満別高	駒大岩見沢高	2回戦
2012年	旭川工	2－1	遠軽高	帯広三条高	富良野高	初戦敗退
2013年	帯広大谷高	4－3	旭川南高	旭川龍谷高	帯広三条高	初戦敗退
2014年	武修館高	8－5	釧路工	旭川大高	北見北斗高	初戦敗退
2015年	白樺学園高	13－4	旭川実	北見工	武修館高	初戦敗退
2016年	クラーク国際	3－0	滝川西高	旭川実	江陵高	初戦敗退
2017年	滝川西高	3－2	白樺学園高	旭川大高	旭川龍谷高	初戦敗退
2018年	旭川大高	5－3	クラーク国際高	旭川実	北見北斗高	初戦敗退
2019年	旭川大高	9－0	クラーク国際高	旭川北高	武修館高	初戦敗退
2020年	クラーク国際高	10－0	旭川龍谷高	武修館高	旭川実	（中止）

⑬南北海道大会結果（平成以降）

	優勝校	スコア	準優勝校	ベスト4		甲子園成績
1989年	北海高	4－0	駒大岩見沢高	苫小牧工	木古内高	初戦敗退
1990年	函館大有斗高	2－1	札幌第一高	北照高	北海道桜丘高	初戦敗退
1991年	北照高	4－1	札幌第一高	札幌南高	東海大四高	初戦敗退
1992年	北海高	3－1	函館工	東海大四高	苫小牧工	初戦敗退
1993年	東海大四高	4－2	苫小牧工	函館大有斗高	室蘭大谷高	2回戦
1994年	北海高	5－2	札幌南高	東海大四高	苫小牧工	ベスト8
1995年	北海道工	4－3	北照高	室蘭大谷高	駒大岩見沢高	初戦敗退
1996年	北海高	5－1	東海大四高	札幌国際情報高	北照高	初戦敗退
1997年	函館大有斗高	6－5	札幌南高	知内高	北照高	2回戦
1998年	駒大岩見沢高	10－7	札幌南高	札幌商	北照高	初戦敗退
1999年	北海高	1－0	駒大岩見沢高	駒大苫小牧高	北照高	初戦敗退
2000年	札幌南高	6－2	北照高	室蘭大谷高	函館工	初戦敗退
2001年	駒大苫小牧高	13－3	北海高	函館工	北照高	初戦敗退
2002年	札幌第一高	8－4	北海道尚志高	岩内高	東海大四高	初戦敗退
2003年	駒大苫小牧高	9－0	北海道栄高	北海道尚志高	駒大岩見沢高	初戦敗退
2004年	駒大苫小牧高	6－3	北海道栄高	東海大四高	駒大岩見沢高	優勝
2005年	駒大苫小牧高	5－4	北照高	駒大岩見沢高	北海高	優勝
2006年	駒大苫小牧高	11－1	札幌光星高	北照高	駒大岩見沢高	準優勝
2007年	駒大苫小牧高	15－0	函館工	北海学園札幌高	札幌南高	初戦敗退
2008年	北海高	6－0	札幌第一高	北照高	東海大四高	初戦敗退
2009年	札幌第一高	8－4	北照高	函館工	札幌新川高	2回戦
2010年	北照高	4－3	函館大有斗高	札幌日大高	札幌第一高	初戦敗退
2011年	北海高	5－4	駒大苫小牧高	苫小牧中央高	札幌南高	初戦敗退
2012年	札幌第一高	6－5	札幌日大高	北海高	札幌龍谷高	初戦敗退
2013年	北照高	10－4	駒大苫小牧高	函館大柏稜高	函館大有斗高	初戦敗退
2014年	東海大四高	1－0	小樽潮陵高	札幌日大高	浦河高	2回戦
2015年	北海高	3－0	北照高	小樽潮陵高	東海大四高	初戦敗退
2016年	北海高	7－2	札幌日大高	東海大札幌高	札幌第一高	準優勝
2017年	北海高	6－5	東海大札幌高	札幌大谷高	函館工	初戦敗退
2018年	北照高	15－2	駒大苫小牧高	札幌日大高	北海道栄高	初戦敗退
2019年	北照高	4－3	札幌国際情報高	駒大苫小牧高	東海大札幌高	初戦敗退
2020年	札幌第一高	8－3	札幌国際情報高	札幌大谷高	駒大苫小牧高	（中止）

やきもの

大雪窯（茶碗）

地域の歴史的な背景

　北海道は、他地方に比べると長く陶磁器づくりが盛んでなかった。特に、産業として未発達であった。

　それには、二つの理由がある。

　一つには、良質な原料に恵まれなかったからである。土器を焼く程度の粘土はあちこちで掘り出すことができるが、陶器づくりに適した蛙目粘土や木節粘土の類は、ついぞ得られなかった。また、磁器づくりに必要な陶石もまったく得られなかった。

　もう一つは、ほぼ半年も雪にうずもれた厳しい寒さが影響した。今こそ、北海道にも東北各地にも窯がたくさんできている。それは、近代建築と暖房装置があってこそのこと、といわなくてはならない。あるいは、室内に設けた小型のガス窯や電気窯のおかげでもある。

　かつて、冬期が寒冷な土地でやきものを焼くのは難儀なことであった。粘土にしても素地にしても、その中の水分が凍ることは、やきものづくりとしては最も戒めなくてはならないことである。たとえ、それが表面からは分からないほどの凍結であったとしても、また、それが分からないように解凍したとしても、窯で火を掛けると確実に割れるのである。ちょうど雲母が剝げるように、凍結線に沿って割れるのだ。したがって、何としてでも作業場の温度が零度を割らないような対策を講じなくてはならず、むつかしいことであった。それは、北海道に限らず、東北各地の窯場にも共通することであった。

　もっとも、太古においては、縄文土器が焼かれた痕跡がある。北海道では、ほぼ8000年前からのことであるが、約800年前の擦文式土器を最後にそれも途絶えた。以来、江戸後期まで、北海道でやきもの（土器・

陶器・磁器）を焼いた跡がないのだ。長きにわたって、やきものづくりが途絶えていたのである。

主なやきもの

箱館（函館）焼
はこだて

　安政6（1859）年から（安政4・5〈1857・58〉年説もある）万延・文久年間（1860〜64年）にかけて、函館で陶器と磁器が焼かれるようになった。後に「箱館焼」と総称されるものだが、美濃（岐阜県）から陶工たちが移り住んで窯を築き、焼き始めた、と伝わる。中でも、染付磁器の遺品に見るべきものがあり、そこにはアイヌの風俗も描かれている。また、器の高台裏に「箱」「函」「箱館」「函製」「岩二」などの染付銘が認められる。しかし、美濃の釜戸（瑞浪市）の窯跡からも同様の銘が入った磁器片が多く出土しているというので、函館の窯跡での量産が検証できない限りは、箱館焼＝箱館製と断定することがむつかしくなる。特に、北海道の風土を考えると、磁器焼成はむつかしいことであっただろう。その点を考慮した上で、ここでは箱館焼を名乗る磁器がある時期に限っては存在したということにする。

高度成長期以降は個人窯が隆盛

　北海道で、陶磁器の焼成が他県並みに盛んになるのは、昭和30年代からのことである。つまり、経済の高度成長期を迎えてのことである。

　灯油やガス、電気を燃料とする効率の良い小窯が普及したことと、良質な粘土や釉薬などの原料が全国的に流通するようになったからである。やきものづくりに不利な自然条件の呪縛から解き放たれての近代化であった。と、同時に、窯業地を形成しての量産形態よりも個人窯による多様な陶磁器づくりが発達することになった。その中の多くが作家窯として独立を図っている。もっとも、このことは、北海道に限ったことではなく、日本全体に共通する近代化でもあった。

　ちなみに現在（平成の時代）、北海道全体で営業している窯は200以上、

といわれる。それも、大半は札幌市内に分布をみる。なまじ伝統的なこだわりがないだけに、それぞれが独創的でもあり、総覧すれば、現代の日本のやきものの見本市のような展開を呈している、といってもよい。

その中で、比較的古い歴史を持つ代表的な窯を以下に3例紹介しておこう。

小樽窯

小樽窯は、北海道の中で最も古く、四代にわたって続いてきた窯である。明治32（1899）年、白勢慎治が越後から来道し、小樽駅付近の花園町（小樽市）に窯を設け、擂鉢や鉢、壺などの素焼をつくり始めた、と伝わる。2代目清蔵のときに、良土のある入船町（小樽市）に移改築し、素焼の生活雑器を焼き続けた。3代目栄悦は、素焼に飽き足りず、昭和10（1935）年頃から本焼を始め、小樽窯と呼称した。

小樽焼は、透明感のある青緑色の釉薬が特色である。ロクロ（轆轤）でひいた湯呑やぐい呑み、型づくりによる徳利、皿などを中心にさまざまな生活雑器がつくられてきた。全盛期の昭和40～50年代には、受注から納品まで1年を要するほどの人気を博した、という。しかし、後継者不足から平成20（2008）年に閉窯した。

こぶし窯

こぶし窯は、昭和21（1946）年、山岡三秋が岩見沢に開窯した。窯名の由来は、北国に春の到来を告げるコブシが初窯を焚いた時に咲いていたから、という。

こぶし焼は、陶土・釉薬など全てを道内で調達している。製品は、食器・茶器・美術工芸品など多岐にわたるが、火山灰を主とした海鼠釉と灰釉に銅を混ぜた辰砂釉が特徴的である。全体に重厚で素朴な味わいが特色といえよう。

大雪窯

大雪窯は、昭和45（1970）年、坂東陶光が旭川の旭岡に開窯した。旭

川は、明治以降、陸軍の駐屯地として栄え、建設に必要な煉瓦製造が盛んな土地であった。旭岡は、旭川市中心部から北西に5キロほどの所で、良質の粘土に恵まれており、他にもいくつかの窯元が集まり、「北の嵐山」と呼ばれている。

　製品は、湯呑やどんぶり、鉢など日常雑器が中心である。その特徴は、雪や氷など冬の北海道を連想させる結晶釉で、これは焼成の過程で釉薬中の成分が結合し結晶化したもの。釉薬を塗った部分に必ずしも結晶釉がでるとは限らず、釉薬の調合や焼成温度・時間などの要素がそろわなければならない。その偶然性が、画一的でない温かみのある器を生み出している。また、器の内側に、北海道ならではの風景（雪原を紫に染める冬の夕日など）が抽象的に描かれているのも大きな特色といえよう。

Topics ● アイヌ社会と木器

　アイヌ社会に伝わる民具を見ると、陶磁器がきわめて少ない。あるとすれば、江戸時代以降に内地から運ばれてきたもので、それも漆器と比べると、ほとんど重きを置かれていないことが明らかである。土器を焼いた形跡も確かめられない。そこでは、やきものに頼らない生活が伝統的に図られてきた、といえるのである。

　やきものより大事な生活用具は木器であった。例えば、ニマという楕円形の椀がある。大小があり、小型のニマは銘々が所有する食器でもあった。ロクロで挽いたものでなく精巧な木彫り。後に、漆を縫った椀の普及もみた。したがって、内地からもたらされた器類（蓋付の大鉢や櫃など）も漆器が重用されたのであろう。

　現在では、観光みやげに熊や人形の彫刻物がよく知られるところである。しかし、もともと台所用具や信仰用具の多くが彫刻の施された自製の木工品であった。木工技術を高めた、そのもう一つの歴史をここにとどめておきたい。

IV

風景の文化編

地名由来

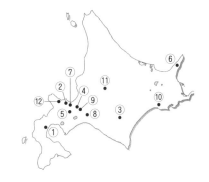

「北・海・道」の意味は？

47都道府県というが、なぜ北海道だけが「道」なのか？　よく考えてみれば疑問になる。

旧来使われていた「蝦夷地」という呼称から「北海道」に変わったのは、明治2年（1869）8月のことである。同年版籍奉還がなされ、7月には開拓使が設置された。そして、8月に「北海道」という名称が決定した。

この「北海道」という呼称は、いわゆる古代律令時代から使用されてきた「畿内七道」の延長とみられがちだ。畿内七道とは次のようなものであった。

　畿内・東海道・東山道・北陸道・山陰道・山陽道・南海道・西海道

現代の都道府県が制度として確立するのは明治の半ばのことであり、それまではこの地域区分が使用されていた。もちろん、この区分の中には「北海道」は入っていない。

畿内（山城・大和・河内・和泉・摂津）を中心において、そこから「東の海沿いに行く道」が「東海道」、「東の山の中を行く道」が「東山道」、「北の陸沿いに行く道」が「北陸道」といった具合に命名されていた。「南海道」は紀伊と四国、「西海道」は今の九州地方を指していた。もちろん、「山陰道」と「山陽道」は今もそのままイメージされている。

「北海道」は一見この地域区分の延長のようにみえるが、実態はまったく異なっている。

幕末期に活躍した探検家・地理学者に松浦武四郎（1818〜88）がいる。伊勢の出身で、弘化2年（1845）に初めて蝦夷に渡って以降、数度にわたって蝦夷地を訪れ、とりわけアイヌの人々の生活をつぶさに観察し、蝦夷地・アイヌ研究の先駆者となった人物である。

松浦は明治2年（1869）7月、「道名の義につき意見書」を政府に提出した。それによれば、「道」の名称としては、以下の6つが挙げられたという。

「日高見道」「北加伊道」「海北道」「海島道」「東北道」「千島道」

　さすがに、この地に詳しい学者の命名である。都道府県名の制定で、個人の学者が命名したという証しがあるのは、唯一この「北海道（北加伊道）」だけである。

　松浦がいちばん勧めたのは「北加伊道」だったという。なぜかというと、この「加伊」という言葉は、アイヌ民族が自らの国を「カイ」と呼んでいたからだという。アイヌ民族に深い理解を持っていた松浦ならではの命名である。

　したがって、この「北加伊道」は「北」＋「加伊」＋「道」という組合せになる。そして最終的に政府が決めたのは「北海道」だったが、「海」に「カイ」というアイヌ民族の深い思いが隠れていることは忘れてはならない。

　明治2年（1869）8月、太政官布告によって、北海道が成立し、「渡島」「後志」「石狩」「胆振」「日高」「天塩」「十勝」「釧路」「根室」「北見」「千島」の11か国が決定され、86郡が成立した。

　しかし、実際の北海道は未開の土地をどう開拓するかが大きな課題で、明治2年（1869）に設置された開拓使が中心になって開拓を推進することになる。この北の大地を切り開くことは容易ではなく、内地の藩士らが多く移住し、さらに明治の中期になると、内地で様々な災害に遇った人々などもそれに加わり北海道の開拓に当たった。

　明治15年（1882）2月に「箱舘県」「札幌県」「根室県」の3県が置かれたが、4年後には「北海道庁」に一本化され、明治22年（1889）5月に現在の体制による「北海道」がスタートした。

とっておきの地名

①長万部（おしゃまんべ）　函館から札幌に向かう中間地点にある町。古くは小砂万辺、忍山部などとも書いた。アイヌ語で魚のカレイのことを「シャマンベ」と言うが、それにちなんだ興味ある伝承が残っている。

　昔、海で大きなヒラメ（カレイの誤り）を釣り上げた神様が、これは神の魚なので山に祀るから、春になってその山の残雪がヒラメの形になったらヒラメ漁に出なさいと教えたという。北東にある写万部山がシャマンベ・ヌプリ（カレイの山）で、この山腹にカレイの形をした残雪が見られ、そ

こからウパシ・シャマンベ（雪のカレイ）と呼ばれ、それが訛ってオシャマンベになったのだという。（『日本地名ルーツ辞典』創拓社）

②小樽（おたる）　　石狩湾に面し、古くから港湾都市として栄えてきた。歴史的建造物も多く残され、観光都市としても多くの観光客を集めている。『大日本地名辞書』には、「小樽港は…北方の風には、波浪高起し船舶の安泊に便ならざるも、西及南の風には、甚安穏にして、且冬期氷結せず、夏期海霧少なく、実に北洋西岸に於ける唯一の良港なり、此港は、明治二十二年特別輸出港となり、同三十二年、一般開港場となる」と記されている。

　もともとは「オタ・オル・ナイ」で「砂浜の中の川」という意味で、川を指した言葉であった。それは現在小樽市と札幌市の境界を流れる「小樽内川」のことだという。

③幸福駅（こうふくえき）　　昭和49年（1974）のことだから、相当昔のことになる。「愛の国から幸福へ」というキャッチフレーズのもとに、帯広近くの幸福駅に若者たちが殺到したことがある。帯広駅から出ていた広尾線の「愛国駅」と「幸福駅」を結ぶわずか60円の切符が、翌年の8月までに800万枚売れたというのだから、尋常ではない。

　広尾線は昭和62年（1987）に廃線となり、すでに線路等は撤去されているが、駅舎だけはそのまま保存されている。

　「幸福駅」ができたのは昭和31年（1956）のことだが、それまでは「幸震駅」（こうしん）と呼んでいた。これはただ音読みにしただけで、もともとは「幸震」（さつない）と呼ばれていた。アイヌ語で「サッ」は「乾いた」という意味である。そして、「ナイ」は「川」のことである。すると、「幸震」とは「乾いた川」という意味になる。実際、この地には「札内川」という川が流れている。

　問題はその「幸震」がなぜ「幸福」に転訛したかである。「幸福町」（こうふくちょう）という町名ができたのは昭和38年（1963）のことだが、その「幸」はもちろん「幸震」からとった。では「福」はどこから来たのか。

　実はこの地域一帯は、明治時代、主に福井県の人々が移住して開拓したところである。「幸福」の「福」は福井県の「福」なのである。

明治の中頃、福井県大野郡はしばしば大きな水害に見舞われ、明治30年（1897）2月、厳寒の時期に村人100名余りが北海道の大地に足を踏み入れた。その厳しさの中で開拓をした先人の思いが「幸福駅」という駅名に映し出されている。

④札幌（さっぽろ）　人口は190万を超え、北海道では圧倒的な存在感を示している。人口では全国の市の中でも横浜市・大阪市・名古屋市に次いで4番目の規模を誇っている。

　「サッポロ」という地名はアイヌ語で「サッ・ポロ」で、「サッ」は「乾いた」の意味で、「ポロ」は「大きい」の意味である。かつては「サッ・ポロ・ナイ」（乾いた大きな川）と呼んでいたようで、その川とは市内を流れる「豊平川（とよひら）」のことである。「ピラ」はアイヌ語で「崖」を意味するが、確かに豊平川の上流は崖沿いに川が流れている。

⑤定山渓（じょうざんけい）　定山渓温泉は札幌市の南に位置する温泉街として知られる。これは「定山」という一人の僧が温泉を開いたことに由来する。定山は文化2年（1805）、備前国赤坂郡周匝村（すさい）、池田藩主の祈願所である繁昌院の次男として生まれた。定山は17歳で寺を出て各地を修行してまわったというが、壮年に及んで蝦夷地の松前に渡り、そこから小樽に赴き、そこで鉱泉を発見して人々に湯治を勧めた。さらに奥に良い温泉が出ていると聞いて、2人のアイヌの若者の先導で定山渓に向かった。慶応2年（1866）のことである。

　定山はこの地を自らの究極の地と定め、背後の山を「常山（つねやま）」と名づけて修行の道場とし、温泉場の開発に勤しむことになった。

　念願の道路も開通した明治4年（1871）、時の東久世通禧開拓長官が定山の功績を讃えて、この地を「定山渓」と命名したという。

⑥知床（しれとこ）　北海道東部、オホーツク海に長く突き出した半島。斜里郡斜里町（しゃりちょう）と目梨郡羅臼町（らうすちょう）にまたがっている。原生的な自然を残し、昭和39年（1964）に知床国立公園が設定され、平成17年（2005）には世界自然遺産に登録された。

　知床半島の北側の拠点は「ウトロ」だが、そこから遊覧船で半島を見学

できる。まさに日本に残された最後の秘境である。「知床旅情」の歌がよく合っている。「知床」はアイヌ語の「シリエトク」に由来すると言われ、「大地の頭の突端」あるいは「大地の行きづまり」という意味である。

⑦銭函(ぜにばこ)　この、そのものズバリの地名は、アイヌ語によるものではない。銭函は小樽市の東端に位置し、札幌と小樽をつなぐ形になっているが、どちらかというと札幌のベッドタウン化していると言える。

『大日本地名辞書』に「銭函の海岸に埠頭あり、明治十二年之を起す、当時、小樽札幌の軌道未だ通ぜざりしを以て、此を以て札幌輸出入の寄船所に擬したり」とあり、海運の要地でもあった。アイヌの人々が住む時代から鮭漁の場所として栄え、それで「銭函」というそのものズバリの地名が生まれたとされる。北海道の良き時代の痕跡であろう。

⑧千歳(ちとせ)　北海道の空の玄関である「新千歳空港」を擁し、北海道の物流拠点としても躍進している。また、自衛隊の町としても知られる。

かつて、この地はアイヌ語で「シ・コツ」（大きな窪地・谷）と呼ばれ、地形を示す地名なのだが、「シ・コツ」という音が「死骨」を連想させるということで、文化2年（1805）に箱舘奉行羽太正義が「鶴は千年」の縁起をかついで「千歳」に改称したという。西にある「支笏湖」はそのままの「シ・コツ」を継承している。

⑨月寒(つきさむ)　札幌市豊平区にある地名。もとは「つきさっぷ」と呼んでいた。明治4年（1871）に岩手県から44戸、144名が入植したことによってスタートした。アイヌ語の「チ・キサ・プ」で、「木をこすって火をつけるところ」という意味で、アイヌの人々の生活上の工夫を示す地名である。

昭和19年（1944）、豊平町議会は難読をきらった陸軍の要請を受けて「つきさっぷ」を「つきさむ」に変えたが、千歳線の「月寒駅」は「つきさっぷ」を存続させた。だが、昭和51年（1976）廃止の憂目に会った。

月寒はジンギスカン発祥の地として知られ、多くの観光客が訪れるジンギスカン料理店の名は、「ツキサップじんぎすかんクラブ」となっている。

⑩**鳥取**（とっとり）　　鳥取県からの移住者によって成立した町。明治17年（1884）に「鳥取村」として発足し、昭和18年（1943）に「鳥取町」（ちょう）となったが、昭和24年（1949）釧路市に合併された。

　北海道に旧士族が移住し始めるのは明治10年代のことだが、そのきっかけを作ったのは黒田清隆の建議であった。政府はその建議に基づき、明治16年（1883）に「移住士族取扱規則」を発布した。それによれば、「士族ノ最貧困ニシテ自力移住シ得ザル者ノ為」「農業一途ニ従事セント欲スル者」に渡航の費用、食料、農具などの援助のほかに、1戸当たり300円程度の金を貸し付けるというものであった。しかも、「耕地ハ豫メ一戸三町歩ト定メ、移着ヨリ三箇年ニ必ズ墾了スベシ」とされた。

　明治17年（1884）に鳥取村が創設され、移住者は明治17〜19年（1884〜86）の3年間で105戸、521人を数えた。今でも当地には鳥取城と鳥取神社が建てられている。

⑪**富良野**（ふらの）　　北海道のほぼ中央に位置し、「へその町」を自称している。ラベンダーに加えて、テレビドラマ「北の国から」で一躍有名になり、北海道を代表する観光地になっている。このテレビドラマのすごさは、昭和56年（1981）から平成14年（2002）まで20年余にわたって主人公の成長に合わせて作品を作り続けてきたことで、多くの視聴者の涙を誘った。原作者の倉本聰が昭和59年（1984）に富良野塾をこの地に作ったことも縁になっている。

　「富良野」の由来はアイヌ語の「フラ・ヌ・イ」で、「臭気をもつもの（川）」の意味で、十勝岳から流れる富良野川に硫黄が溶けているところからついた地名だとされる。

　また、「ピエ」は「濁った」という意味で、富良野市の隣にある「美瑛町」（びえいちょう）は、その濁った水にちなんだ地名によるという。

⑫**余市**（よいち）　　積丹半島（しゃこたん）の東の付け根に位置し、昭和9年（1934）ニッカウヰスキー創業の地としても知られる。

　地名の由来はややおどろおどろしいが、「イ・オ・チ」（蛇が群れているところ）が訛ったものと言われる。アイヌ社会では熊や蛇は神の使者として畏怖していたので、悪い意味合いの地名ではない。

難読地名の由来

a.「忍路」（小樽市）**b.**「神居古潭」（旭川市）**c.**「大楽毛」（釧路市）**d.**「馬主来」（釧路市）**e.**「納沙布」（根室市）**f.**「発足」（岩内郡共和町）**g.**「倶知安」（蛇田郡倶知安町）**h.**「妹背牛」（雨竜郡妹背牛町）**i.**「愛冠」（厚岸郡厚岸町）**j.**「白人」（中川郡幕別町）

【正解】

a.「おしょろ」（アイヌ語の「オショロ」で、「尻のような窪み」の意味）**b.**「かむいこたん」（アイヌ語の「カムイコタン」で、「神の住む場所」の意味）**c.**「おたのしけ」（アイヌ語の「オタ・ノシケ」で、「砂浜の中央」の意味）**d.**「ぱしくる」（アイヌ語の「パシクル」で、「カラス」を指す）**e.**「のさっぷ」（アイヌ語で「ノッサム」で、「岬の傍ら」の意味）**f.**「はったり」（アイヌ語の「ハッタル・ウシ」で、「淵があるもの」の意味）**g.**「くっちゃん」（アイヌ語の「クチャ・アン・ナイ」で、「狩り小屋のある川」の意味）**h.**「もせうし」（アイヌ語の「モセ・ウシ」で、「イラクサの生えるところ」の意味）**i.**「あいかっぷ」（アイヌ語の「アイカプ」で、「矢の届かない崖」の意味）**j.**「ちろっと」（アイヌ語の「チロ・ト」で、「鳥が多くいる沼」を指す）

札幌狸小路商店街（札幌市）

商店街

北海道の商店街の概観

　面積が本州の約3分の1の北海道は、自然環境や開発時期の違いなどにより、道南、道央、道北、道東に区分されるが、道北のうちオホーツク圏を別地域に、道東を十勝圏と釧路・根室圏に分けることもできる。開発が早かった道南の中心都市函館は、幕末には開港場の1つに指定された。石狩平野を中心とする道央は都市密度が高く、札幌市以外にも交通結節点として、あるいは農業地域や炭鉱開発を背景に発達した都市がある。また、太平洋側には工業化で成長した室蘭市、苫小牧市がある。道北では、札幌市に次ぐ人口を有する旭川市が中心都市で、日本海側の水産業都市留萌市、最北の稚内市が、オホーツク圏では内陸の北見市とオホーツク海沿岸の網走市、紋別市が中心都市となる。道東では帯広市、釧路市、根室市が中心都市になる。これらの都市を結ぶように形成されてきた鉄道網は縮小化が著しく、それに代わって高速バス路線が発達し、札幌から道内主要都市のほとんどへ5時間以内で到達することができる。札幌市への一極集中が明瞭で、2014年の小売業販売額では道全体の34.4％を占めている。その他の市では、旭川市、函館市、帯広市、苫小牧市、釧路市が比較的規模が大きい。

　北海道における商業中心地の歴史は基本的に明治以降のことであるが、形成の背景は様々である。まず、港湾機能により形成されたもので、江戸時代から重要な港町であった函館に次いで、明治になって小樽が、やや遅れて稚内や釧路などが成長した。根室や留萌などは水産業を中心に成長した。これらの都市のなかには江戸時代の蝦夷地における「商場」（場所）に起源するものも多い。2つ目は内陸の開拓により建設されたもので、その代表が開拓使の置かれた札幌ということになる。開拓は士族移民、屯田兵村、会社・結社と様々な主体によるものがあるが、計画的な道路網、耕

地区画が実施され、行政機関や生活関連施設を配置する「市街地」が形成され、商店街に発展していった。3つ目は、産業化や炭鉱開発によるもので、前者では製鉄業以外に製紙業や水産業の発達により成長した都市が多い。多くの人口を擁し近隣商店街が発達した炭鉱都市では、閉山による人口減少の結果、商店街は縮小している。また、鉄道結節点では駅前を中心に商業機能が集積したが、近年は縮小しているところが多い。

　北海道の商店街の特徴としていくつか付け加えておく。道央では郊外店による影響も認められるが、北海道全域を見ると大型店の立地による影響が大きいと思われる。小樽のように郊外に立地した大型ショッピングセンターもあるが、むしろ中心市街地あるいは駅前に大型店が立地し商店街に影響を及ぼすケースが多い。2つ目は、商店街と観光との関係である。レンガ倉庫群や朝市で賑わう函館の中心商店街、小樽運河沿いの「堺町商店街」だけでなく、いわゆる観光都市以外でも観光要素の取込みが課題になっている。いま1つ、国土の端に位置することの課題がある。戦前、南樺太（サハリン）への渡航地になっていた稚内では港に隣接する商店街が賑わったが、戦後、市の中心商店街は南稚内駅周辺に移動した。また、明治初期には釧路を超える人口を擁していた根室の場合、北方漁業の操業制限などにより、商業は停滞している。

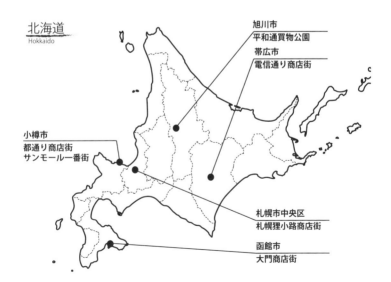

札幌狸小路商店街（札幌市中央区）

―あらゆるものが何でも揃う、北海道最古の実力派老舗商店街―

狸小路という名称はユニークであるが、その由来は正確にはわかっていない。一説によると、明治の初め、客寄せした女性の巧みな化かし方を「狸」になぞらえたとも言われている。

1873年に開設された北海道で最古の歴史を誇る狸小路商店街は、地下鉄南北線大通り駅とすすきのの駅の中間に位置し、南2条と3条の間の街区、7ブロックで構成された東西約900mに及ぶ店舗数約200軒の全蓋アーケード型商店街である。ブロックごとに異なる店舗構成が見られ、それぞれが独特の雰囲気を持っている。

初代のアーケードは1958年に狸小路3丁目に設置され、その後、1丁目から7丁目まで屋根付きのアーケードが完成した。1982年に現在のアーケードとカラー舗装が1丁目から6丁目まで設置され、2002年には、光ケーブルや無線LAN、防犯カメラ設置などのアーケードの大改修が行われている。アーケード内をゆっくりと歩いてショッピングできる居心地の良さが残っていることも大きな魅力となっている。

創成川に面した1丁目から3丁目にかけては、老舗の商店が立ち並ぶ懐かしい雰囲気の商店街となっている。ハンコ専門店や薬局、メンズショップ、果物店などバラエティーに富んだ店舗構成になっている。4丁目から7丁目にかけては、ラーメン店や喫茶店、和食・洋食、鹿肉やジンギスカン鍋料理店など飲食店が多いエリアとなっている。6丁目には「狸小路市場」と呼ばれる路地裏の老舗市場も健在である。八百屋や魚屋から居酒屋、寿司屋など様々な店が営業していて、多くの観光客で賑わっている。8丁目から10丁目にかけてはアーケードがなく、道路に面した路面店となっている。このあたりには、古書店や革製品を扱う工房、照明器具や釣具店などマニアックな店が揃っている。

狸小路商店街の北側に位置する大通り周辺は、百貨店や専門店、老舗店が立ち並ぶ一大ショッピングエリアである。創成川を隔てて東側には、明治初期に開設された二条市場があり、カニやホタテなどの北海道土産の水産物店や飲食店が集まり、観光客も多い。

近年、札幌では1993年開業の「サッポロファクトリー」を皮切りに、

2003年開業のJR札幌駅「札幌ステラプレイス」、2008年開業の地下鉄東札幌駅前「イーアス札幌」などの大型複合商業施設が次々と生まれている。また、「イオンモール」各店が札幌市周辺部に、「三井アウトレットパーク札幌北広島」も札幌中心部から地下鉄やバスを利用して45〜50分で行けることから、札幌の中心商店街にとっては競合するところが多い。そのため、札幌市商店街振興組合連合会では、加盟36商店街が一丸となって「札幌市地元商店街購買運動キャンペーン」などの取組みをしている。「街の元気、置いてます—ようこそ、商店街へ—」を合言葉に商店街活性化を進めている。札幌狸小路商店街は、札幌の商店街の代表として、大型ショッピングモールにない「商店街ストリート文化」の魅力を十分に備えた実力派老舗商店街である。

大門商店街（函館市）
—街の発展とともに市民に親しまれてきた駅前商店街—

函館市内には6つのエリア（駅前・大門、中央、五稜郭、西部、東部、北部）ごとに商店街・市場が分散立地していて、合わせて32を数える。JR函館駅前には函館都心商店街振興組合、函館大門街商興会、函館朝市協同組合連合会、函館自由市場協同組合の4つの商店街・市場がある。

なかでも、JR函館駅から東へ松風町方面に、市電沿い（電車通り）を中心に古くから「大門商店街」の名称で親しまれてきた老舗の店舗が集まった商店街がある。大門の名称の由来は、その昔、遊郭の入口にあった大きな門から来ている。この商店街には、明治時代に開業した洋品店「金森森屋」と呉服店「棒二萩野商店」が1936年に合併し、翌年に百貨店となった「棒二森屋」（2019年1月営業終了）をはじめとして、明治、大正時代に創業した印判店や和菓子店、帽子店、薬局、写真館など140ほどの老舗の個人商店が集まっている。市電松風町電停の北側は「菊水小路」「大門広小路」「京極通り」「大門横丁」などの飲食店や屋台、店舗が混在した商業地域となっている。

近年、JR函館駅前周辺は再開発が進み、ホテルの新規開業や函館朝市、若者向けのブティック、アパレルショップなど観光客を迎え入れるための商業施設、高齢者向けケア付きマンションなどが密集している。特に、2017年竣工の「キラリス函館」は再開発事業の一環としてつくられた16階建ての再開発ビルである。地下1階から地上2階までが商業施設、3階から4階までが「はこだてみらい館」「はこだてキッズプラザ」の公共施

設が入居し、5階から16階まで分譲マンションとしてつくられた函館駅前のランドマークタワーとなっている。

1940年7月28日に函館新聞で発行された「漫画商店街案内」には、当時の大門商店街界隈の様子が漫画のイラストを使って面白く描かれている。これを見ると、当時の商店街の繁栄ぶりが随所に表現されていてなかなか興味深い。その一部が函館市観光部発行の「函館まちあるきマップ23」の表紙に載っているので、ぜひ一読をおすすめしたい。

都通り商店街、サンモール一番街 (小樽市)
―小樽の発展と歩んできた中心商店街―

JR小樽駅から中央通りを小樽運河方面へ行くと、すぐ右手にアーケードが現れる。都通り商店街である。アーケードを抜けて日本銀行旧小樽支店方向へ一筋行ったところにあるのがサンモール一番街アーケードで、その先は花園銀座通り商店街に続く。中央通りをはさんで都通り商店街と反対にあるのが梁川商店街で、これらが小樽市の中央商店街を形成しており、小樽の発展とともに中心を移動させながら成長してきた。なお、小樽運河に近く、ガラス館やオルゴール堂などで知られ、観光客に人気のある堺町商店街は、地元外資本が多く中心商店街には含まれていない。

江戸時代から北前船の最北の寄港地であった小樽は、明治に入り蝦夷地開拓の重要な港湾となり、1880年に手宮-札幌間に幌内鉄道が開通し、石炭積出港になり、運河沿いに市街地が形成された。さらに、1904年に函館との間に現在の函館本線が開通し小樽駅が開設されると、稲穂方面が市街地化し、花園町第一大通り（現・花園銀座通り）に商店街が形成された。駅の北東一帯は榎本武揚の所有地で、「北辰社」を設立して開発を行い、樺太居住者や船員相手の衣料品店や食料品店が並び、賑わっていたと言われている。なお、梁川商店街の名は榎本武揚の号、梁川に由来する。大正期になると、稲穂第一大通り（現・サンモール一番街）が小樽の中心商店街になり、地元の呉服店が運河側の色内大通りから移転してきたのを皮切りに有力呉服店が集まり、これらが後に百貨店となり、市内の三大百貨店（ニューギンザ、大国屋、丸井今井）が揃う小樽を代表する商店街として繁栄する。また、都通りには映画館が開業し、繁華街として賑わうようになった。

1975年に小樽駅前に長崎屋を核店舗とするショッピングセンターがオープンすると、ホテルや百貨店を中心に再開発を行い、ニューギンザ百

貨店は閉店した。商店街では開閉式アーケードを整備し、新装なった商店街では歩行者通行量が増加し、再開発は成功したかに見えた。しかし、丸井今井の拡張で大国屋が閉店。1999年に小樽築港近くに大型ショッピングセンターがオープンすると、中心市街地の集客力は低下し、2005年には丸井今井も閉店し、中心商店街から三大百貨店は姿を消した。また、ホテルも閉店し長く放置されていたが、介護サービス付き高齢者住宅と病院になる予定である。一方、都通り商店街も苦戦しているが、ファッションをはじめ多様な業種の商店が50店ほど存在し、空き店舗は少ない。サンモール一番街と比較すると活気があるが、核店舗となる大型店や娯楽施設がなく、小樽を代表する繁華街を形成するには至っていない。中心商店街から運河方面へは、中央通り、日銀通り、寿司屋通りと観光客の動線となる通りが複数伸びており、観光客も呼び込める魅力ある商店街づくりが期待されるところである。

平和通買物公園（旭川市）

—日本初の歩行者専用道路の商店街—

JR旭川駅からまっすぐ伸びる幅20mの平和通り沿いの商店街。駅前から8条通りまでの約1kmの間に個店だけで約100店、テナントも含めると500近い商店などがある。1898年に旭川に鉄道が通じ、翌々年、第7師団が郊外に置かれると、駅から師団への道路は「師団通り」と呼ばれるようになり、沿道には商店や銀行などが並び、昭和に入ると路面電車も開通した。戦後、「平和通り」と改められたが、旭川一のメインストリートとして発展し続けた。

社会実験を経て1972年、平和通りは歩行者専用道路となり「平和通買物公園」の愛称が付けられた。買物公園化後、デパートの新改築が相次ぎ（旭川西武、丸井今井旭川店、旭川エスタなど）、道北の商業中枢としての拠点性が高まり、ブロンズ像や噴水、ベンチなどが置かれた通りは大勢の買い物客であふれていた。しかし、歩道のアスファルト舗装は古いままで、店舗の改築もほとんど手つかずで、古めかしいという印象はぬぐえなかった。歩道部分のアーケード撤去に続いて、1998年から2002年にかけてリニューアル工事が実施され、店舗側から歩道（幅4m）、施設帯（幅3m）、緊急車輌帯（幅6m）に分けられ、歩道部分にロードヒーティングが設置されたほか、電線の地中化、段差解消などが施行された。また、多くの店舗でファサードの整備が行われ、街並みは一新した。

1990年代から郊外における主要幹線道路の整備が進み、郊外型店舗が増加したことにより買物公園への来街者は減少した。とくに、道央自動車道路のインターチェンジ近くに大型ショッピングセンターが開店した影響は大きく、中核店舗であった丸井今井旭川店や西武旭川店が閉店し、空き店舗も増加している。8条通り付近にある通りのシンボルとも言える「手」の噴水以外にも佐藤忠良の彫刻などを見ながら歩行者天国を散策するのは気持ちが良いが、途中で交差する自動車も通る多くの道路によってしばしば通行が分断されるうえ、通りに面しているのが長方形区画の短辺であるため店舗の連続性を欠き、商店街としての連続性に乏しいように感じられる。特に駅近くと比較して北半分は空き店舗も多く、「南北格差」を解消することが課題で、超低速の電気自動車によるトランジットモール化が検討されている。

　平和通りの東約1kmのところにある旭川銀座商店街は1978年に旭川で2番目の歩行者天国となった商店街で、衣料品店のほか、鮮魚や青果などの食料品主体の市場がある。こちらへも足を運んでみてほしい。

電信通り商店街（帯広市）
―開拓の歴史漂う花一杯の商店街―

　帯広市の中心商業地は帯広駅の北側にある9つの商店街からなる範囲で、1893年からの入植によって市街地区画が施行されたところである。本商店街は中心商業地の北東に位置する、大通り南から東4条南中通りまでの約450mの商店街で、開拓の歴史は1883年まで遡る。現在の静岡県松崎町の依田勉三に率いられた「晩成社」開拓団27人がこの地に第一歩を印し、現在商店街のある通りは「晩成社通り」あるいは「依田通り」と呼ばれていた。1897年に帯広で最初の電信が開通したことから「電信通り」と呼ばれるようになった。その後、市街地の整備が進むにつれ商店が集まり、藤丸呉服店や三井金物店などが位置する大通り5丁目付近は帯広の商業の中心になったと言われている。戦後も肉屋、魚屋、板金店、自転車店、馬具屋などの商店が繁盛しており、1971年に会員73名で商店街組合が設立された（1974年に法人化）。1989年には街路整備事業により移動花壇や広告塔を設置するとともに、多くの店舗が大正、昭和初期を再現すべく店舗改装を行った。同時に「松崎新浜コミュニティ商店会」（静岡県）と姉妹提携し、以後も物産会の開催など交流を続けている。

　大型店の出店や後継者不足などにより閉鎖する店舗が相次ぎ、一時は商

店街消滅の危機にあったが、仲間意識が強く、様々な取組みを行い、現在は40店ほどが営業している。2000年には「花ば咲かせ隊」を結成して商店街を花一杯で飾り、2008年からはエコサイクル活動として廃食油回収事業を始め、「高齢者・障がいのある方と協働・共生する商店街づくり事業」は北海道経済産業局の中小商業力向上事業に、「帯広電信通り商店街スイーツロードルネサンス事業」は全国商店街支援センターの商店街活性化モデル創出事業に採択された。花で飾られた商店街の中ほど、本願寺帯広別院向かいの「べんぞう商店」は、空き店舗を活用したアンテナショップで、2階には地震や水害時の一時避難所が常設されている。近くには障がい者就労支援事業で設けられたミートパイの店「てのひら」やクッキーハウス「ぶどうの木」がある。商店街にはスイーツの店が多く、各店のおすすめを食しながら商店街巡りをするのも良いだろう。ゆるキャラ「でんぞうちゃん」に会えるかも。

コラム

端に位置する商店街

　日本国土の端に位置する商店街は次のようになる。〈最北端〉稚内駅前の中央商店街、〈最東端〉根室市の緑町商店街、〈最西端で最南端〉石垣市の中央商店街（ユーグレナモール）である。これらと〈西北端〉対馬市上対馬の比田勝商店街が、国境近くに位置する商店街と言える。国際クルーズ船が入港する石垣港に近いユーグレナモール、韓国プサンとの間に高速艇が就航している比田勝の商店街では多くの訪日観光客を見かけるのに対して、稚内や根室の商店街では少ない。国境を越えた往来が容易かどうかの違いを反映したものと思われる。

　本州の主な半島では、〈下北半島〉むつ市田名部あるいは大湊の商店街、〈能登半島〉珠洲市飯田の商店街が先端近くに位置する。むつ市は鉄道の終点でもあり、珠洲市はかつての鉄道の終点であった。一方、〈紀伊半島〉では串本町串本の商店街が最南端に位置するが、鉄道は新宮が終点になっている。しかし、新宮が多方向から買い物客を吸引しているのに対して、串本は通過する傾向が見られる。

　どのような条件、環境であれば、端という位置が商業を活性化するのか、考えてみよう。

花風景

羊蹄山麓のジャガイモ

地域の特色

　太平洋、日本海、オホーツク海に臨み、本州と津軽海峡で隔てられた最北の地で、冬は長く厳しい。国土の約20％の広大な面積を占める。雄大で原始的な山岳、特異な火山、広大な平野や湿原、神秘的な湖沼など独特の風景を呈している。元はアイヌ民族の蝦夷地と呼ばれて、江戸時代に松前藩が支配し、1854（安政元）年に函館（当時は箱館）開港。1869（明治２）年、明治新政府が北海道と改め、開拓使、屯田兵、大土地処分などによって開拓を進めた。北海道特有の亜寒帯と冷温帯の気候である。

　花風景は、近世の城郭や近代化時代の城郭・港湾・道路のサクラ名所が知られ、ラベンダーなどの観賞用花畑が一面に広がり、生産用植物のなりわいの花も広がっている。山岳や離島には貴重な高山植物が見られる。

　北海道の花はバラ科バラ属のハマナス（浜梨）である。海岸の砂地に自生する落葉樹低木の海浜植物で、北海道に多く、東日本や山陰などにも分布している。薄紅色の花が鮮烈に目立ち、赤い果実や艶のある葉も美しい。果実は食用や香水にもなる。北海道誕生110年を記念して公募され、純朴、野性的、美しさ、生命力など北海道の象徴として選定された。

主な花風景

二十間道路桜並木のサクラ　＊春、日本さくら名所100選

　日高郡新ひだか町静内にある新冠牧場は、1872（明治５）年開拓使長官・黒田清隆により創設され、77（同10）年アメリカ人エドウィン・ダンによって近代的な西洋式牧場として再編整備され北海道馬産政策の拠点となった。84（同17）年に宮内省所管の新冠御料牧場となり1990（平成２）年（独法）家畜改良センター新冠牧場となり現在に至っている。

　1903（明治36）年皇族の行啓のため、静内から御料牧場に至る延長約8

キロの道路が造成された。道路幅が二十間（約36メートル）であったことから二十間道路と呼ばれるようになった。16（大正5）年から3年の歳月を費やし御料牧場職員によって道路の両側にドイツトウヒ32万本が植栽されたほか、近隣の山々からエゾヤマザクラなど1,600本が山取り移植されサクラ並木が造成された。現在植えられているサクラは、エゾヤマザクラが約2,100本、カスミザクラ約800本、ミヤマザクラ約100本の合計約3,000本となっている。広々とした幅員でまっすぐに延びた道路の両側に植えられたエゾヤマザクラはのびのびと育ち、約7キロに及ぶ美しい薄紅色の長い帯をつくり、北海道のサクラ並木を代表する素晴らしい風景を形成している。

　全国のサクラの名所の多くはソメイヨシノが植えられている。ソメイヨシノは単一の木から生まれた同じ性質を持つクローン（分身）であることから同じ時期に一斉に花を咲かせる。しかし、二十間道路のエゾヤマザクラは、花色は全体として薄紅色であるが、よく見ると一本一本花色に個性があり咲く時期も微妙に異なっている。また、カスミザクラの白い花など微妙に異なる色合いのサクラを交えることから自分好みのサクラを見つける楽しみがある。サクラの背後には防風のためのドイツトウヒが植えられているため、ドイツトウヒの深い緑とエゾヤマザクラの薄紅色が補色関係となり、花の色の美しさがよりいっそう強調されている。

松前公園のサクラ　＊春、史跡、日本さくら名所100選

　松前公園は、松前郡松前町にある都市公園である。松前城とその背後に広がる約22ヘクタールの城跡公園で、多くの史跡や社寺が点在している。約250種1万本のサクラが植栽されており、松前城の天守閣など古い建物群の中に咲くサクラは歴史の重みを感じさせる。4月下旬から5月下旬まで約1カ月間の長い間さまざまな種類のサクラの花を楽しむことができる。

　松前は、江戸時代蝦夷地の産物を北前船によって商いする近江商人によって栄えた。北前船の往来により商人や参勤交代の藩士、京都から嫁いできた奥方たちが近江や京都など各地の文化と共にさまざまな種類のサクラを持ち込み松前の地に植えられた。こうした歴史から、松前には由緒あるサクラの古木が多く残されている。光善寺の血脈桜は樹齢300年以上といわれる。その昔寺の改修の際にこのサクラを伐採しようとしたところ、

前夜に人が極楽へ渡る際の通行手形である「血脈」を乞うサクラの精が現れたため伐採をとりやめたという伝説が残されている。

　江戸時代の終焉とともに北海道の中心は函館、札幌へと移り、松前は衰退するが、大正時代町の職員鎌倉兼助が町の元気を取り戻すため、松前のサクラを接ぎ木によって増やし植栽を続ける。昭和20年代からは小学校教諭浅利政俊が、全国からサクラを集め、品種改良によって松前独自のサクラを育てた。公園内のサクラの名前に「松前」と付くものが多いのは、浅利が100種類以上のサクラを生み出してきたことによる。松前のサクラは、江戸時代から続く古いサクラを守りつつ現代まで多くの人によって植え続けられてきた長い歴史がある。ソメイヨシノ一色のサクラの名所とは異なり、さまざまな種類のサクラが微妙に異なる色合いで時期をずらして咲き長く楽しめるサクラの見本園となっている。

　なお、松前城は、江戸時代末期北方警備を目的に1854（安政元）年に建造された北海道唯一の日本式城郭で戊辰戦争の時に旧幕府軍との戦いで落城した。現在の天守は1961（昭和36）年に復元されたものである。

函館のサクラ　　＊春、特別史跡、登録記念物

　函館には、五稜郭公園と函館公園の二つのサクラの名所がある。五稜郭公園のサクラは、北海道で最も早く創刊した新聞社である函館毎日新聞が発行1万号を記念して1913（大正2）年から10年の歳月を費やし約5,000本のソメイヨシノを植樹したものが始まりである。現在、星型の城郭とその周りに約1,600本が植栽されており、満開時にはサクラの白い星が描かれる。また、サクラが散る頃には、お堀の水面が花びらで覆い尽くされ、開花時とはひと味違った趣となる。

　函館公園のサクラは1891（明治24）年、94（同27）年に商人逸見小右衛門がサクラとウメの木約5,250本を植栽したことに始まる。現在でもソメイヨシノを中心に約420本のサクラの木があり、移築された古い洋館とサクラの花のコラボレーションは函館ならではの風景である。観光地から離れていることから観光客の喧騒の少ない静かなお花見を楽しむことができる。公園内の小高い展望台からはサクラと共に津軽海峡の青い海を見渡すことができる。

　五稜郭は、江戸時代の末期1866（慶応2）年に江戸幕府によってロシア

の脅威に備えるため函館郊外に建造された西洋式の城郭で稜堡と呼ばれる五つの突角のある星形五角形の外観から五稜郭と呼ばれている。完成後わずか2年後に江戸幕府が崩壊、榎本武揚率いる旧幕府軍に占領され、その本拠地となった。1914（大正3）年から五稜郭公園として一般開放され、52（昭和27）年には「五稜郭跡」の名称で国の特別史跡として指定された。現在、中央部に函館奉行所の一部が再建されている。なお、サクラの花の星型を実感するためには高さ107メートルの五稜郭タワーにのぼってみることをお勧めする。

　函館公園は、1874（明治7）年に開園した歴史ある公園で、函館駐在英国領事リチャード・ユースデンの呼び掛けで始まり、商人の渡辺熊四郎をはじめ市民の寄付や労働奉仕など市民の力によってつくられた公園である。

国営滝野すずらん丘陵公園のチューリップ　＊春・夏・秋

　滝野すずらん丘陵公園は、札幌市南区滝野にある面積約400ヘクタールの広大な国営公園である。園内は四つのゾーン（中心ゾーン、渓流ゾーン、滝野の森ゾーン西、滝野の森ゾーン東）に分かれている。中心ゾーンのカントリーガーデンは「花と緑のある北のくらし」をテーマに、北海道を代表するおおらかな田園風景が人工的な植栽によって表現されている。数万株のクロッカス、スイセンやチューリップなどの球根類、スズラン、キングサリ、イングリッシュ・ブルーベル、シベリアアヤメ、ラベンダー、デルフィニウム、ヘメロカリス、ポピー、ユリ、ハギ、コスモス、コルチカムなどが春から秋まで次々に咲く。花々の量と色合いの多様さは素晴らしく北の台地を連想させるものがある。

　一方、公園の大半を占める滝野の森ゾーンなどではフクジュソウ、エンレイソウ、エゾエンゴサク、ヒトリシズカ、シラネアオイ、ミズバショウ、エゾノリュウキンカ、カタクリ、エゾヤマザクラ、キタコブシなど北海道の里地里山の花々を見ることができる。

　公園がある滝野は、1879（明治12）年に開拓使が官営の製材所を設置後、アメリカ軍演習場、パイロットファーム、札幌市野外学習施設を経て北海道開発局によって国営滝野すずらん丘陵公園として整備され2010（平成22）年全面開園した。

東藻琴芝桜公園のシバザクラ　＊春

　網走郡大空町東藻琴藻琴山のふもとに位置する公園で、約10ヘクタールの丘が一面シバザクラのピンクで覆われる。シバザクラはハナシノブ科の北米原産の多年草で、サクラに似た形の淡桃、赤、薄紫、白色などの花を10センチ程度の低い位置に咲かせる。晴天の日に公園の満開のシバザクラの中に立つと全ての物がピンク色に染まる錯覚に陥いり眩暈を覚えるほどである。

　東藻琴のシバザクラは、地元の農家中鉢末吉が、終戦後親戚からシバザクラを入手して自分の畑の隅に移植、少しずつ増やして約10アールの「ミニシバサクラ公園」をつくったことに始まる。そのミニ公園が見事であったことから「藻琴山温泉管理公社」が、経営するユースホステルの裏山にシバザクラを植えて村の憩いの場をつくることを中鉢に依頼する。中鉢は1976（昭和51）年離農して公社職員に転身し毎日丘一面の木々やササなどを刈り払い開墾してシバザクラの苗を植え付けていった。この作業は険しい斜面のため機械や馬は使えず全て手作業で行われたという。8年後の84（同59）年に植栽が完了し芝桜公園としてオープンした。

　現在、全国各地でネモフィラなどの単一種の広大な面積の花園が造成されているが、これらは機械によって造成・播種されている。東藻琴のシバザクラは、一人の人間がこつこつと手作業で植え続けることによってつくられた花園である。一見同じような花園であるが、その来歴を知ることによってより趣が深まるのではないか。

四季彩の丘のチューリップ　＊春・夏・秋

　四季彩の丘は、上川郡美瑛町にある農園で、正式名称は「展望花畑 四季彩の丘」という。面積は7ヘクタールでチューリップ、ラベンダー、ルピナス、コスモス、ヒマワリなど年間約30種類の草花が緩やかな傾斜の丘全体にカラフルな絨毯のように咲き、十勝連峰を背景に美しい風景が展開する。

　美瑛町は、写真家前田真三によって発見された美しい「農の風景」を多くの人が見に訪れるようになった。「農の風景」は農家の営みがつくり出した風景であり、本来は人を呼ぶためにつくられたものではないが、四季彩

の丘は、初めから人を呼ぶことを目的としてつくられた花の農園である。農園のオーナーは入植3代目の熊谷留夫である。1999（平成11）年から造成に着手し2001（同13）年にオープンした。春のチューリップ、夏のクレオメやリアトリス、秋にはキカラシが咲き乱れる展望花畑と、農産物直売所からなる。

　熊谷は、かつて地元の農協に花畑の開設を何度も働きかけたが理解は得られず、独自で事業に取り組むこととなる。丘の畑は土質が悪く傾斜がきついため農業をするには不適であったことから、大量の客土を行うとともに花栽培の技術に長けたスタッフを雇用することでプロの力を結集し、美しい花畑をつくり上げた。傾斜のある丘陵上の地形は、農業には不向きではあるものの、十勝連峰を背景とする巨大な花のキャンバスとしては最適のものとなり、さまざまな花の色彩による幾何学的な現代美術のようなコンポジションが描かれる。日本ではほとんど経験することができない壮大な花の色彩によって描かれた現代美術といっても過言ではなく、見る者を魅了する。

ファーム富田のラベンダー　＊夏

　ファーム富田は、空知郡中富良野町にあるラベンダー農園である。園内には約15ヘクタールのラベンダーが栽培されているほか、ハマナスなど多くの花が栽培されている。花畑は、花人の畑、春の彩りの畑、秋の彩りの畑、トラディショナルラベンダー畑などに分かれ、ラベンダーや北海道の花ハマナスなどそれぞれ特徴のある花々が植えられている。4月からクロッカス、スイセン、チューリップ、ハマナスやシャクヤクなどが次々に咲き、6月下旬頃からラベンダーが開花し始めると一面が紫色のラベンダーの花で敷き詰められ、ラベンダーの独特の甘い香りに包まれる。ラベンダーの香りには癒やしや安眠の効果があり、精神的にも落ち着いた雰囲気を楽しむことができる。

　富田ファームは、緩やかな傾斜を持つ広大なラベンダーの畑自体も素晴らしいが、ラベンダー畑の先に広がる富良野の田園風景とさらに遠くに十勝連峰の雄大な山々が眺望され、その全体のロケーションが北海道を代表する素晴らしい風景となっている。

　ファーム富田の歴史は、1903（明治36）年福井県出身の初代富田徳馬が

入植したことに始まる。稲作農家であったが、3代目富田忠雄が58（昭和33）年からラベンダー栽培を開始した。当時のラベンダーは観賞用ではなく、精油（香料の原料）の抽出のため栽培されていた。富良野地方では数多くの農家がラベンダーを栽培し70（同45）年に生産量はピークを迎える。その後、合成香料の進歩や安い輸入香料が出回ったため73（同48）年香料会社がラベンダーオイルの買い上げを中止。他の農家が別の作物へと切り替えるなか、富田は稲作で生計を立てながら細々とラベンダー栽培を続けた。さすがの富田も栽培を諦めかけたが、76（同51）年転機が訪れる。旧国鉄のカレンダーに富田のラベンダー畑の写真が紹介されたのである。これを契機として徐々に観光客やカメラマンが訪れるようになった。さらにTVドラマ『北の国から』で放送されることによって、花の観光地として一躍有名になった。

羊蹄山麓のジャガイモ　＊夏

　ジャガイモは、ナス科ナス属の多年草の植物である。北海道は、全国一のジャガイモの産地でシェア8割の収穫量を誇る。花の最盛期には、北海道の各地に広がる広大な畑一面が白や紫色のジャガイモの花で埋め尽くされる。緩やかにうねった畑に幾何学的な美しい色の花が咲き、地平線のかなたまで続く風景は、まさに北海道の夏を代表する風景である。

　北海道では明治以降本格的なジャガイモの栽培が始まる。北海道開拓使によって欧米から北海道に導入されると、気候・風土に適合したことから広大なジャガイモ畑がつくられるようになった。

　北海道では用途などに応じて、男爵薯やメークインの他、約50種類もの品種が作付けされている。男爵薯は白っぽい花、メークインはピンクがかった紫色、キタアカリはうすい赤紫色の花を咲かせる。一つ一つの花は派手ではないが、広大な面積で作付けされることから雄大な農の風景が出現する。北海道各地でジャガイモ栽培が行われているので、花の時期には至る所が花畑となるが、特に道南の羊蹄山麓、道央の美瑛町周辺、道東の小清水町ジャガイモ街道などが著名な風景地となっている。

　なお、最近、畑の中に入る撮影者がいるが、土壌への雑菌侵入・病気害虫の発生の原因となり、最悪の場合、無農薬有機栽培農家や種芋農家は、壊滅的打撃を被る可能性があるので決して畑に入ってはならない。

幌加内のソバ　＊夏

　ソバは、タデ科の一年草で、播種後70〜80日程度で収穫でき、痩せた土壌や酸性の土壌でも成長し結実することから、救荒作物として5世紀頃から栽培されていた。花の色は白が多いが、淡紅、赤色などもある。ソバといえば信州が有名であるが、ソバの栽培は北海道が面積、収量ともに北海道がいちばんで、北海道各地で広大な面積で栽培され一面に白いソバの花が広がる美しい農の風景が出現する。

　北海道では開拓史の時代から大変な苦労をして米作が行われてきたが、1970（昭和40）年代に入り米の減反政策が始まると大幅な減反が求められ、やむを得ずソバの作付けが行われるようになった。北海道各地でソバの作付けが進められたが、特に道北雨竜郡幌加内地域は自然条件がソバ栽培に適していたことなどから作付面積が増え、80（同55）年に日本一になった。北海道のソバ栽培は6月に播種が行われ、7月下旬〜8月上旬に白い可憐な花が咲き、9月上旬に収穫シーズンを迎える。

　幌加内町の平坦な場所のほとんどでソバが植えられており、はるか遠方の丘陵まで一面白い花で埋め尽くされる風景は、まさに絶景である。幌加内町にはこの風景を観光客に楽しんでもらうため政和、純白の丘、白銀の丘、白絨毯の畑の四つのビューポイントがつくられている。ビューポイントには少し高いところからソバ畑を見ることができる展望台などがつくられているが、ソバは輪作されるため年によってはソバの花を見ることができないことがあるので事前によく調べておく必要がある。

　幌加内のほか鹿追、空知など北海道各地で広大なソバの花を見ることができる。近年、かってに畑に入り込み写真撮影をする観光客が増えているという。生産現場であることを忘れず、決められた場所で花の風景を楽しんでいただきたい。

北竜町のヒマワリ　＊夏

　ヒマワリはキク科の一年草である。北アメリカ原産で、高さ3メートルまで生長し、夏から秋に大きな黄色の花を咲かせる。種実を食用や油糧とするため、あるいは花を観賞するため広く栽培されている。

　ひまわりの里は、雨竜郡北竜町にある約23ヘクタールの観光ヒマワリ

園で、なだらかな丘一面が150万本の黄色いヒマワリで彩られる。ヒマワリの最盛期には広大な面積の畑で大輪の黄色い花の全てが太陽の方向に向かって咲き、地平線まで黄色く染まる風景を見ることができる。日本各地でヒマワリが植えられているが、北竜町の規模に及ぶところはなく、北海道を代表する風景となっている。

　北竜町のヒマワリ栽培は1979（昭和54）年農協職員が、旧ユーゴスラビアのベオグラード空港周辺一面に広がるヒマワリ畑を見てその美しさに感動し、さらに健康に良い食用油として利用していることを学んだことから始まる。帰国後、80（同55）年農協女性部と共に健康づくりのため家の周りにヒマワリを植える「一戸一アール運動」を開始し、422戸4.2ヘクタールのヒマワリが作付けされた。89（平成元）年、離農希望の農家の土地6ヘクタールを町が借りてヒマワリを植え、ひまわりの里が誕生した。ヒマワリの作付けは、農協青年部が十数台のトラクターを持ち寄り、役場、農協、商工会などの職員が協力し、草取りも全町民に呼び掛け鍬を持ち寄り町一丸となった畑づくりが始まり、作付面積を少しずつ拡大して現在に至っている。

　北竜町で栽培するヒマワリの種類は27種類にもなる。ナッツ用、オイル用、観賞用などとそれぞれ用途によって種類が異なっており、赤やピンクの花もあるという。ヒマワリは開花期が長いことから長期間風景を楽しむことができる点で観光資源としても優れている。

滝川市のナノハナ　＊春

　ナノハナは、アブラナ科アブラナ属の二年生植物で、古くから野菜、採油のため栽培されてきた作物である。江戸時代には燈明油として栽培され菜種油と呼ばれた。かつては全国各地で栽培され最盛期の1957（昭和32）年北海道の作付面積は16,000ヘクタールに達するが、輸入自由化により激減し2016（平成28）年には884ヘクタールと約5％まで減少してしまった。

　滝川市は、ナノハナの作付面積日本一を誇っている。ナノハナの黄色は大変鮮やかで丈が低いことから展望台などがなくても遠くまで見通すことができる。滝川市では広大な面積のナノハナ畑が地平線のかなたまで広がる黄色い絨毯を広げたように見える。天気の良い日にはさわやかな空の青さと鮮やかな黄色いナノハナが鮮烈なコントラストをなす。ナノハナがつ

くり出す広大な黄色い風景は北海道ならではの風景である。

　滝川市でナノハナの作付けが始まったのは1989（平成元）年北海道庁が
ナタネ地域適応性研究のため市内の農家に現地試験を委託したことに始ま
る。この試験研究成果として92（同4）年北海道の優良品種として秋まき
の「キザキノナタネ」が開発された。これらによって滝川地域にナノハナ
栽培が普及し99（同11）年頃から次第に栽培面積が拡大し2008（同20）年
には作付面積が225ヘクタールを超え単一市町村の作付けとしては日本最
大となった。

　なお、滝川のナノハナは観賞用ではなく、油の原料となる菜種を取るた
めの農作物として栽培されているものが中心であるため、畑の中に入るこ
とはせず、マナーを守って観賞する必要がある。

礼文島の高山植物　＊春・夏、利尻礼文サロベツ国立公園

　礼文島は、北海道の北部、稚内の西方60キロの日本海上に位置する比
較的平坦な島で、北西に位置する利尻山（1,721メートル）を有する利尻島
と好対照をなしている。200種類以上の高山植物が見られることから別名
「花の浮島」「フラワーアイランド」とも呼ばれている。海岸付近から多数
の高山植物を手軽に見ることができ、ピンクの可憐なレブンコザクラ、エー
デルワイスに近いレブンウスユキソウ、青いリシリシノブ、一面に咲くニッ
コウキスゲなど青い海をバックにたくさんの色とりどりの花が咲く。可憐
な花々と海、さらにその先に利尻富士を望むロケーションは日本有数の花
風景の一つとなっている。

　礼文島には、レブンの名を冠する固有種が多く、代表格のレブンアツモ
リソウをはじめレブンウスユキソウ、レブンコザクラ、レブンハナシノブ、
レブンキンバイソウ、レブンシオガマ、レブンイワレンゲなどがある。

　レブンアツモリソウは、礼文島を代表する野生ランである。アツモリソ
ウの和名は、平家の平敦盛にちなんでいる。草丈は25〜40センチ程度で、
花の色は淡いクリーム色、5月下旬から6月上旬頃に開花する。群生地で
は、盗掘防止のため昼間のみ遊歩道が開放されており大きなクリーム色の
独特な花を見ることができる。かつては島内各地で見られたが、礼文島の
大部分を焼く大きな山火事によって、木々に埋もれるように咲いていた花
が人目にふれるようになったため盗掘に遭って数は激減、現在では北鉄府

の「レブンアツモリソウ群生地」以外はほぼ絶滅している。このため、レブンアツモリソウの種を保護するため、礼文町の高山植物培養センターで保護増殖事業として組織培養による増殖の研究が続けられ、2001（平成13）年18本の開花に成功し絶滅の危機を回避している。

大雪山の高山植物　＊春・夏、大雪山国立公園、特別天然記念物

　大雪山は北海道中央部に位置し、北海道最高峰の旭岳（2,291メートル）を主峰とする大雪火山群を総称して大雪山と呼ばれている。大雪山を中心に、トムラウシ山から十勝岳連峰、石狩岳連峰などの壮大な山々や、北海道を代表する石狩川と十勝川の源流地域を含む地域は「北海道の屋根」といわれ、一帯は大雪山国立公園に指定されている。これらの山岳は標高2,000メートル前後であるが、緯度が高いため本州の3,000メートル級に匹敵する高山帯となっている。広大な高山帯は高山植物が一面に咲き美しい庭園のようになることから、アイヌの人々は「カムイミンタラ—神々の遊ぶ庭」という素敵な名前を付けている。

　大雪山の山頂部付近では約250種の高山植物が見られる。希少種も多く、エゾオヤマノエンドウ、ホソバウルップソウなどの大雪山固有種や、リシリリンドウのような分布の限られた種類も見られる。山頂部には真夏でも大きな雪渓・雪田が残り、雪解けを追うようにピンクのエゾコザクラや黄色のメアカンキンバイ、白と黄色のチングルマなどが一面に咲く華麗なお花畑をつくり出している。

　大雪山は広大な面積であり主要部へは数日を要する登山を強いられるため、一般観光客が簡単に訪れることはできない。しかしながら、ごく一部ではあるが旭岳ロープウェイを利用することによって容易に高山植物を見ることができる。旭岳ロープウェイは大雪山の東側の玄関口東川町にあり、標高約1,100メートルの山麓駅から標高約1,600メートルの姿見駅を結んでいる。姿見駅からは、遊歩道が整備されており一周約1時間程度で姿見ノ池や夫婦池、盛んに噴煙を上げる噴気口などを巡ることができる。姿見ノ池は、晴天時に池面に旭岳の姿を映し出すことが名前の由来となっている。遊歩道周辺では、キバナシャクナゲ、エゾノツガザクラ、チングルマ、エゾコザクラ、エゾイソツツジ、メアカンキンバイなどの高山植物の他、シマリスやナキウサギなどの動物も運が良ければ見ることができる。

小清水原生花園のハマナス　　＊春・夏、網走国定公園

　「原生花園」は北海道ではオホーツク海沿岸をはじめ、道東から道北にかけて多く分布している。「原生」と書かれていることから一般には手付かずの自然が残された湿地帯や草原のイメージが強い。

　小清水原生花園は、斜里郡小清水町浜小清水にある。オホーツク海と濤沸湖に挟まれた細長い砂丘に約40種類の花が咲く花園で、JR北海道の釧網本線が中を通過し「原生花園駅」（5月から10月まで臨時営業）がある。深い青色のオホーツク海と知床連山などを背景にピンクのハマナスや橙色のエゾスカシユリ、黄色いエゾキスゲ・センダイハギ、濃い紫色のクロユリ、藍色のヒオウギアヤメなど多彩な色の約40種の花が一面に咲き乱れる風景は、北海道の「原生花園」を代表するものとなっている。たくさんの花々とともに釧網線の鉄道車両や濤沸湖畔に放牧された馬などが北海道らしい風景を演出している。

　かつて蒸気機関車が主役であった時代、蒸気機関車から火種が飛び野火が発生して一面を焼き払うことがしばしばあった。また、牛馬の放牧も行われていたことから、野火と放牧によってさまざまな美しい花が咲く草原が維持されてきた。しかしながら、蒸気機関車からディーゼル車に替わり野火が発生しなくなったことや放牧が終了したこと、網走国定公園に指定され、厳重な保護が行われたことなどによって植生が変化し、美しい花々が減少していった。このため、現在では、小清水原生花園風景回復対策協議会によって毎年5月人為的な火入れが行われているほか、馬の放牧を行うことによって往時の美しい原生花園の風景が再生し美しい花々が咲き続けるようになった。「小清水原生花園」は実は「原生的な」花園ではなく、自然と人の営みがつくり出した花園なのである。

　北海道にはこの他、サロベツ原生花園、ワッカ原生花園、ベニヤ原生花園、コムケ原生花園などそれぞれに特長のある「原生花園」が沿岸各地に点在している。

公園 / 庭園

国立公園釧路湿原タンチョウ

地域の特色

　北海道は、太平洋、日本海、オホーツク海に囲まれ、本州と津軽海峡で隔てられた最北の地で、冬は長く厳しい積雪の地である。国土面積の約5分の1を占める広大な地で、人口密度はわが国最低であり、独特の風土を形成してきた。北海道は雄大で原始的な山岳、変化に富む特異な火山、広大な平野や湿原、神秘的な湖沼などが特徴的である。中央南北の宗谷岬から襟裳岬にかけては天塩山地、夕張山地、日高山脈などの脊梁山脈が連なり、中央東西には東日本火山帯の旧千島火山帯に連なる知床、阿寒や、東大雪、大雪山、十勝岳の火山群とカルデラ湖などが並び、この周辺に平野や盆地を形成している。南西の半島部には東日本火山帯の旧那須火山帯に連なる樽前山、有珠山、羊蹄山、駒ヶ岳などの火山群と支笏湖、洞爺湖などのカルデラ湖がある。

　気候が寒冷のため亜寒帯と冷温帯の植生を示し、エゾマツ、トドマツ、カラマツ、ブナ、ミズナラ、イタヤカエデなどが北海道らしい風景を生み、山岳各地に高山植物のお花畑が広がっている。ヒグマやシマフクロウなど北海道に生息地が限られている動物も多彩で、希少種の植物も多く、豊かな生物多様性を確保している。

　北海道は長く狩猟漁労で生活するアイヌの天地として蝦夷地と呼ばれていたが、江戸時代に比較的温かい道南に本州などから移住が始まり、松前藩が支配し、時に幕府の奉行所が置かれた。松前と上方（大坂など）は西回り航路の北前船によって結ばれていた。1854（安政元）年の日米和親条約によって箱館（現函館）はいち早く開港する。明治新政府が北海道と改め、開拓使、屯田兵、大土地処分などを通じて開拓が進んだ。

　自然公園は、6カ所の国立公園、5カ所の国定公園などを擁し、雄大性、原始性など、質も量も圧倒的にレベルが高い。都市公園も総じて大規模であり、ナナカマドやライラックなど北海道らしい植物で彩られている。

凡例　🄰自然公園、🄳都市公園・国民公園、🄶庭園

219

主な公園・庭園

目 知床国立公園知床　＊世界遺産、日本百名山

　知床はオホーツク海に鋭く突き出た半島であり、最高峰の羅臼岳（1,661m）、活火山の硫黄山などの山岳が連なり、特に先端部の海岸は切り立った海食崖の断崖となって、人間を寄せつけない厳しい自然環境となっている。それだけ原生的な自然を残し、野生生物の宝庫となり、原始性を残す秘境といえる。エゾマツ、トドマツなどの深い森林、ハイマツなどの高山植物、シレトコスミレの固有種などが見られ、ヒグマ、シマフクロウ、オジロワシ、トドなどの大型動物などの生息地である。陸海にわたる豊かな生物多様性、低緯度の流氷の海などが評価され、2005（平成17）年に世界自然遺産に登録された。世界自然遺産になるほどの優れた自然地域でありながら、国立公園になるのは遅く、ようやく1964（昭和39）年に22番目の国立公園として指定された。国立公園は「公園」であり、人々の野外レクリエーションの場になることも重要であったのである。しかし、この頃、高度経済成長期の乱開発、消滅する原生林などに対する危機感から自然保護の世論が高まり、また、アメリカの原始地域法の影響もあって、国立公園の指定が自然観光から自然保護にシフトした。

　高度経済成長期以降、岬巡りや秘境探勝がブームとなり、歌謡曲「知床旅情」の流行もあって、知床は徐々に注目され、知床にも開発の危機が押し寄せる。開拓跡地のリゾート開発の動きが起き、1977（昭和52）年、当時の藤谷豊斜里町長はイギリスのナショナルトラスト運動を模範とした「しれとこ100平方メートル運動」を開始し、国民から寄付金を募り、土地の公有地化を図る。これは約860haの民有地買い上げという目的を達成し、現在は原生林再生の「100平方メートル運動の森・トラスト」へと引き継がれている。また、87（昭和62）年には国有林原生林の有用材となる大木が択伐されたが、自然保護運動によって中断された。

　知床の利用は半島基部の知床横断道路、知床五湖、ウトロや羅臼の温泉、登山、遊覧船に限られているが、それでも過剰利用による植生破壊、ヒグマ被害、外来生物問題などが起きている。2010（平成22）年、環境省は知床五湖利用調整地区を指定。一般観光客は高架木道のみを歩くこととし、

自然地域探勝者はきめ細かいガイドツアーと利用者数制限を実施した。なお、遠音別岳（1,330m）は1980（昭和55）年に原生自然環境保全地域に指定され、一切の利用を排除するため、国立公園は解除された。

🏛 阿寒国立公園阿寒

*ラムサール条約湿地、特別天然記念物、天然記念物、日本百名山

　阿寒国立公園はカルデラ湖の阿寒湖、屈斜路湖、摩周湖からなる湖と森と火山の原始的で神秘的な秘境である。シマフクロウなどの希少種も生息している。阿寒湖は雄阿寒岳、雌阿寒岳の火山を控え、エゾマツ、トドマツなどの深い大森林に覆われている。阿寒横断道路の双湖台から展望する森林は圧巻であり、火山も望める。雄阿寒岳山麓にはペンケトー、パンケトー、雌阿寒岳山麓にはオンネトーという小さな湖沼もひそかにたたずんでいる。阿寒湖の緑藻のマリモは美しい球体をつくり、特別天然記念物になっている。雌阿寒岳は今も活動中の火山で、一般に阿寒岳、阿寒富士と呼ばれている。屈斜路は世界最大級のカルデラを形成し、その中の屈斜路湖は大きな湖で、藻琴山を控え、和琴半島が突き出し、美幌峠から湖のパノラマが眼前に広がる。近くの硫黄山は噴気現象が盛んである。摩周湖は絶壁に囲まれた最も神秘的な湖である。阿寒湖、屈斜路湖周辺には川湯など多くの温泉地がある。阿寒はアイヌの生活空間であったが、現在はアイヌ文化が観光化されて残るのみである。

　雄阿寒岳に接する阿寒湖は、一部に温泉街を形成するものの、周辺はうっそうとした天然林に覆われ、原始的風景に包まれている。ここには一人の人物の貢献があった。1906（明治39）年に前田正名男爵が国有未開地処分法に基づき湖畔の森林の払い下げを受け、「前田一歩園」と名付け、子孫に引き継ぐ。83（昭和58）年、子孫は前田の遺志を受け継ぎ、前田一歩園財団を設立、財団所有地として永久に自然保護のために残すこととした。同時に、前田一歩園の一部は民有地買い上げ制度により公有地化された。財団は現在一般財団法人として、温泉街を含む約3,900haの森林地帯を管理し、自然環境保全に関するさまざまな事業を展開している。前田正名は薩摩藩（現鹿児島県）出身で、8年間フランスに留学し、その後大蔵・内務・農商務省の要職を歴任し、農商務省次官にまでなった人物である。阿寒湖畔の払い下げによって退官後の牧場・山林経営に乗りだし、一部を開墾したものの、しかし、阿寒湖の風景に感銘し、残すべきだと考えるようになっ

たと伝えられている。現在、森林の多くは厳正に守られている。「一歩園」の名は前田の座右の銘「物ごと万事に一歩が大切」に由来している。

🔵 釧路湿原国立公園釧路湿原   *ラムサール条約湿地、特別天然記念物、天然記念物

　釧路湿原はヨシ・スゲ類の茎の長い草が生い茂った湿地が水平に広がり、その中にいくつもの湖沼が残り、河川が流れている。周辺はミズナラやハルニレの丘陵地であり、湿原の格好の展望地となっている。JR釧網本線からも眺めることができる。湿原の一部にはハンノキの林が点在している。釧路湿原は絶滅したと思われていたタンチョウが1924（大正13）年に発見され、その後手厚い保護策で個体数は大幅に回復した。タンチョウは日本人が「瑞鳥」として敬愛してきたツルである。その他、オジロワシ、オオハクチョウ、クシロハナシノブなど動植物の宝庫で生物多様性に富んでいる。80（昭和55）年、湿地（ウェットランド）を保全する国際条約ラムサール条約のわが国初の登録湿地となった。条約は当初水鳥の生息地保全を目的としていたが、現在はあらゆる湿地保全を目的とし、持続可能な「ワイズユース」（賢明な利用）を理念としている。釧路湿原国立公園は87（昭和62）年に28番目の国立公園として指定され、当時は最後の国立公園といわれていた（20年後の2007年、国立公園は新たな動きをみせる）。

　わが国は古く「豊葦原の国」と呼ばれていたように水辺のアシ（ヨシと同じ）は低層湿原としていたる所に広がっていた。一般に高山に多い貧栄養の高層湿原は守られてきたが、このような流入出水のある平地の富栄養の低層湿原は20世紀に自然河川や自然海岸、海岸の干潟や浅海の藻場と同じように開発によって消滅していった。釧路湿原も「不毛の大地」と呼ばれ、干拓され、農地・宅地開発が進んだ。しかし、タンチョウの生息地であるように、徐々に豊かな生物相が明らかになり、ラムサール条約登録湿地にもなって評価が変化してくる。科学的評価が高まり、失われゆく風景であることが分かると、今度は風景評価も変化してくる。蚊が大量発生し、ゴミ捨て場にもなっていた役に立たないうっとうしい風景が、豊かな命を育む広々とした湿原の美しい風景へと変化したのである。現在、釧路湿原は開発や乾燥化による湿原の減少が進行し、外来生物の増加による生態系の変化が危惧されることから、行政、研究者、NPO、市民の協働によって、耕作放棄地の湿原化、直線河川の蛇行河川化、人工林の自然林化などの自

然再生事業が進められている。

🔳 大雪山国立公園大雪山 ＊特別天然記念物、名勝、日本百名山

　大雪山はアイヌ語で「カムイミンタラ」（神々の遊ぶ庭）と呼ばれた天上の世界であり、雪渓が残る山頂がそびえ、ミヤマキンポウゲ、エゾキンバイソウなどの高山植物のお花畑が一面に広がる別世界で、氷河期の遺存種ナキウサギが生息するなど動植物の宝庫でもある。大雪山は山岳地帯の総称であり、大雪山国立公園は北部の大雪火山群、南西部の十勝火山群、南東部の東大雪と呼ぶ石狩山群と然別火山群からなり、陸域面積ではわが国最大の約227,000haの国立公園である。北部には北海道最高峰の活火山の旭岳（2,290m、日本百名山はこれを大雪山と呼ぶ）を擁し、トムラウシ岳、黒岳などの2,000m級の山岳が連なり、山麓には20km以上にわたって断崖や柱状節理が続く層雲峡が深い峡谷をきざんでいる。活火山の十勝岳は1923（大正12）年の大正噴火で泥流による大災害で多数の犠牲者を出し、昭和噴火でも被害をもたらした。東大雪には深い森と静かな湖の糠平湖と然別湖がたたずんでいる。旭岳、黒岳にはロープウェイ、リフトがかかり、山岳には登山道と避難小屋が整備され、山麓には多くの温泉地がある。

　わが国の国立公園は、1921（大正10）年に16カ所の候補地があげられ、その中から1930年代に12カ所が3群に分かれて誕生する。12カ所のうち11カ所は16候補地から選定されたが、唯一大雪山だけは選定の審議の過程で急浮上してきたものである。10（明治43）年、官選で愛別村（現上川町）長になった太田龍太郎は石狩川上流の大雪山層雲峡を探検し、『北海タイムス』紙に「霊山碧水」と題して、いかに天下無双の景勝地であるかを紹介する。しかし、大雪山の景勝地はその真価が広く知られることはなかった。その後、旭川の教員の小泉秀雄が大雪山を踏査し、日本山岳会誌『山岳』に「北海道中央高地の地学的研究」を掲載、さらに著書『大雪山─登山及登山案内』を刊行し、大雪山は徐々に登山家の間で知られるようになり、紀行文家の大町桂月も大雪山登山の紀行文を発表する。31（昭和6）年、国の内務省による国立公園の選定が本格化し始め、北海道庁は北海道の候補地の阿寒、登別、大沼のうち選定は阿寒のみだと察知し、そこで、急きょ、大雪山を滑りこませる。さらに、十勝毎日新聞初代社長の林豊洲が南側の十勝川・音更川流域も編入するよう働きかけ、面積は一気に3倍近くに

拡大する。なお、77（昭和52）年、十勝川源流部原生自然環境保全地域の
指定により、公園区域の一部が解除された。

🈩 支笏洞爺国立公園支笏湖・洞爺湖・羊蹄山

＊世界ジオパーク、特別天然記念物、天然記念物、日本百名山

　支笏洞爺国立公園はカルデラ湖の支笏湖と洞爺湖を中心として、羊蹄山、
登別、定山渓などを含む多彩な火山と温泉からなる公園である。支笏湖
は静謐で神秘的な森林に覆われ、洞爺湖は南部に一大温泉街を形成して、
対照的な風景を見せる。支笏湖には恵庭岳、樽前山、風不死岳、洞爺湖に
は有珠山、昭和新山と特異な山容を見せる活火山が連なっている。羊蹄山
（1,898m）は独立峰の成層火山で蝦夷富士と呼ばれている。有珠山は噴火
の記録を多く残しているが、現代では、1944（昭和19）年に農地から火山
が出現した昭和新山、77（昭和52）年に大規模な噴火によって有珠山に新
たに出現した有珠新山、さらに2000（平成12）年の噴火と火山活動・造山
活動が続いている。粘性の高い溶岩が数年で盛り上がる溶岩ドームと呼ば
れる溶岩円頂丘が特徴的である。昭和新山の成長は戦時下において地元の
郵便局長三松正夫が記録していた。1977（昭和52）年の有珠山噴火は、噴
煙が上空約12,000mに達し、長期の避難生活、火山灰による温泉街・農地・
森林の被害、泥流による犠牲者と甚大な被害をもたらした。

　支笏洞爺国立公園は伊勢志摩国立公園に次ぐ戦後2番目の国立公園であ
る。この国立公園は12国立公園誕生時にも登別や支笏及洞爺として候補に
あがったが、支笏湖と洞爺湖が飛地になるということで落選した。戦時中、
健民修錬、学徒疎開などの観点から都市人口稠密地方に国立公園の必要
性が説かれ、北海道にも道南国立公園が提案され、支笏洞爺が再評価され
る。戦後は経済復興、観光振興、地域振興の要請を受けて、また、観光の
広域の周遊にあわせた広域指定だとの理由付けから、利用重視で飛地が許
容されることとなる。当時は観光振興のために地元の人々は国立公園指定
に必死だった。洞爺湖温泉では、1948（昭和23）年、GHQ（連合国軍総司
令部）の招聘で、全国候補地調査に来日したアメリカ国立公園局チャール
ズ・リッチーを有珠山山麓の溶岩ドーム四十三山（明治新山、明治43年誕
生）に案内する。戦後の物資の少ない時期に手厚くもてなそうと、温かい
コーヒーを山頂に運び、心をこめて貴重な砂糖をたっぷりと入れて差しだ

224

した。ところが、ブラックしか飲まないと断られたという。支笏洞爺は幸いにも「国立公園に対する C.A. リッチーの覚書」で高い評価を受け、翌年国立公園に指定される。戦時下の昭和新山の出現も功を奏していた。

目 利尻礼文サロベツ国立公園利尻島・礼文島・サロベツ原野

＊ラムサール条約湿地、日本百名山

　稚内の西に位置するわが国最北の自然公園である。利尻島は日本海の洋上に浮かぶ整った円錐形の島であり、西に隣接する礼文島は利尻島とは対照的に平坦な島である。利尻島は成層火山の独立峰利尻岳（1,721 m）からなり、利尻富士とも呼ばれている。山麓の針葉樹林、その上の低木林、森林限界から上の高山植物群落と垂直分布が明確である。礼文島は最高峰で礼文岳（490 m）であるが、厳しい環境特有の風衝性の高山植物群落が発達している。利尻島も礼文島もリシリヒナゲシ、レブンアツモリソウなどの固有種が見られ、希少種も多いさいはての花の島である。サロベツ原野はモウセンゴケなどの高層湿原とペンケ沼、パンケ沼周辺のヨシ・スゲ類の低層湿原からなり、海岸には南北に稚咲内砂丘が長く連なっている。

　この国立公園は、1950（昭和25）年、利尻島・礼文島の利礼道立自然公園に始まり、65（昭和40）年、稚咲内砂丘を含めて利尻礼文国定公園に昇格し、さらに74（昭和49）年、わずかなサロベツ原野を加え、利尻礼文サロベツ国立公園に昇格したものである。サロベツ原野は農業振興のため大規模な土地改良が行われていたが、当時の自然保護の世論をうけて、消滅を逃れることとなった。

目 大沼国定公園大沼・駒ヶ岳

　大沼国定公園は活火山の駒ヶ岳（1,131 m）と堰止湖の大沼、小沼、蓴菜沼などの湖沼群からなる。駒ヶ岳は全国にあるので、北海道駒ヶ岳、蝦夷駒ヶ岳、渡島富士などとも呼ばれ、もともと標高1,700 m ぐらいの富士山のような円錐形の成層火山であったが、江戸時代1640（寛永17）年の大噴火で、山頂部が陥没した。この時、大津波を発生させ多数の犠牲者を出すとともに、大量の泥流が山麓の川をせき止めた。現在は大沼と小沼の間をJR 函館本線が通ることから、車窓から目前に大沼を通して駒ヶ岳を見ることができる。自然災害の風景が園池と借景のような穏やかな風景に変貌

し、北海道としては庭園的な風景を見せている。

　大沼は1921（大正10）年の最初の国立公園候補地16カ所にあげられていた。函館に近い渡島半島の交通の要衝にあり、古くから景勝の地として知られ、03（明治36）年に鉄道（現函館本線）が開通し、大沼駅が設けられ、05（明治38）年には大沼道立公園となっていたからである。交通が便利な景勝地として、北海道は14（大正3）年、東京帝国大学教授の林学博士本多静六に「大沼公園改良案」の策定を依頼し、公園整備に力を入れていた。本多は日比谷公園をはじめ各地の公園の計画・設計を行った人物である。国立公園を選定する内務省の有識者委員であった本多は大沼に固執する。しかし、駒ヶ岳と大沼・小沼だけでは傑出した自然風景地とはいえず、国立公園の選にもれる。

🟢 日高山脈襟裳国定公園日高山脈　　*特別天然記念物、名勝、天然記念物、日本百名山

　日高山脈は大雪山と並ぶ北海道中央部の大山脈であり、火山ではなく褶曲によってできた急峻な地形の構造山地であり、氷河にえぐられたカール（圏谷）地形が残っている。最高峰の幌尻岳（1,736m）の七つ沼カールには高山植物が咲き乱れ、アポイ岳も山上の楽園といわれる。豊かな高山植物と深い森林に覆われ、ヒグマ、ナキウサギなどの生息地である。人を寄せつけない原始性と広大な公園面積約10万haは国立公園に優るとも劣らないわが国最大の国定公園である。1970年代に日高横断道路が計画されたが、自然保護運動によって2000年代に建設中止となる。日高山脈の南端の太平洋に海食崖、岩礁群、ゼニガタアザラシ生息地の襟裳岬がある。

🟢 ニセコ積丹小樽海岸国定公園ニセコ

　ニセコは最高峰のニセコアンヌプリ（1,308m）やイワオヌプリなどの1,000m級の山々が連なる山群の総称である。山頂部には高山植物や湿原があり、山麓には比羅夫など多くの温泉地がある。樹木が少ないなだらかな山容で、パウダースノーの雪質のスキー場として知られ、海外のスキー客も増えている。スキー場からは眼前に隣接する羊蹄山の雄姿が望める。

🟢 野幌森林公園道立自然公園野幌森林公園　　*特別天然記念物

　1968（昭和43）年に北海道100年を記念して、札幌市などにまたがる野

幌丘陵に生まれた公園である。大都市に近い森林としては、直径1mを超える大木も多く、原生的な森林の様相を呈し、開拓以前の自然を知ることができる。都市住民が自然とふれあう恰好の自然観察の場となっている。

都 大通公園　＊日本の都市公園100選、日本の歴史公園100選

大通公園は札幌市の中心を東西に走る全長約1.5kmの緑地で、花壇や木陰を楽しみながら散策することができる。西1丁目から12丁目まで連なる広場ではさまざまなイベントが開催されている。大通公園は道路なのだろうか、公園なのだろうか。現状は「道路の上に公園が仮住まいをしている」という状況である。元は1871（明治4）年に着手された都市計画道路で、碁盤の目状の市街地を北の官地と南の民地に分け、民地の火災が官地に延焼するのを防ぐ目的があったとされている。道から公園への利用の変化は明治初期にはすでにみられ、花壇がつくられたり、博覧会の会場になったりした。78（明治11）年には第一回農業仮博覧会が開催され128種、763点の農畜産物が出品され、2年後の第二回博覧会では1万人を超える来場者で賑わったという。当時は「後志通」と呼ばれていたが、その後に「大通」に改称された。1909（明治42）年に当時の札幌区が公園技師の長岡安平に設計を依頼し、23（大正12）年には全域が「逍遙地」緑道として整備された。設計図をみると、幾何学的な線を描いたり、自然なカーブを描いたりしていて多様なデザインが試みられたことがわかる。

第二次世界大戦後に進駐軍によってつくられたスポーツ施設が移転した後は荒廃した時期もあったが、荒れ果てた公園を見かねた北海道大学植物園の石田文三郎が12名の同志を募って花壇を復活した。もう一つの戦後復興の象徴である雪まつりは、地元の中学生と高校生が六つの雪像を大通につくったことがきっかけで始まり、その後200万人以上の観光客が訪れるイベントに拡大した。大通公園の花壇には出展企業や管理をする市民グループの名前を書いた札が立てられ、賑やかに咲く季節の草花を楽しむことができる。北海道民に愛される公園として全国的な知名度を誇っている。

都 函館公園　＊登録記念物、日本の歴史公園100選

夜景で有名な函館山は函館市の南西に突き出した小さな半島にあり、麓には教会や洋館、海沿いには赤レンガ倉庫など多くの観光施設が集まる。

その函館山の東に樹林に覆われた函館公園がある。函館公園は1874（明治7年）に開園し、1878（明治11）年から翌79（明治12）年までの大規模な整備によって現在の姿がつくられた。整備は函館駐在英国領事のリチャード・ユースデンの呼びかけで始まり、商人渡辺熊四郎（わたなべくましろう）をはじめ函館市民の寄付や労働奉仕によって完成した。まさに市民の市民による市民のための公園である。82（明治15）年に出版された函館公園全図をみると茶室や博物場（博物館）があったことがわかる。開館直後、二つの博物館では道内外の「珍怪奇異（ちんかいきい）」な品を展示しており、年間3〜4万人の来場者で賑わったという。現在、博物館の建物は北海道の有形文化財に指定されている。明治初期には画期的だったと思われる西洋風の幾何学的な形の花壇は現在噴水につくり変えられ、舗装（ほそう）の模様に当時のデザインをしのぶことができる。公園の一角には1956（昭和31）年に開園した「こどものくに」があり、国内で動いている最も古い観覧車や小動物とふれあうことができる動物園がある。公園は2006（平成18）年に国の登録記念物になった。

都 モエレ沼（ぬま）公園

　ゴミの山の上に彫刻家イサム・ノグチのデザインによる高さ50mのモエレ山が現れたのは2005（平成17）年である。名前はアイヌ語でゆっくりとした川の流れを意味する「モエレ・エベツ」に由来する。モエレ沼は激しく蛇行する豊平川（ばていけい）が馬蹄形に残された三日月湖（みかづきこ）で、札幌駅の北東約9kmの札幌市郊外にある。札幌市の「環状グリーンベルト」の拠点として計画され、沼で囲まれた敷地に1979（昭和54）年から90（平成2）年まで274万トンのゴミや公共残土が埋められた。イサム・ノグチは1988（昭和63）年に現地を訪れて公園の設計を決意したという。その後、イサム・ノグチの急逝という困難を乗り越えて完成した。公園を散策するとなだらかな美しい形のモエレ山に登る人々が豆粒のように小さく見えて、山の大きさを実感することができる。そのほかにガラスのピラミッド、1,700トンの花崗岩の階段があるプレイマウンテン、テトラマウンドなどの抽象的でシンボリックな空間デザインと、そこで遊びくつろぐ親子連れが溶け合い絵のような風景が広がる。公園全体が一つの彫刻である。

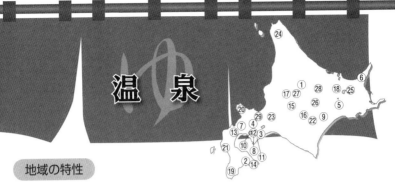

温泉

地域の特性

　北海道は、本州、四国、九州とともに日本列島を構成する主な島の一つである。最北の宗谷岬を境に、東はオホーツク海、西は日本海に分かれ、道東の納沙布岬の南は太平洋に面している。道庁のある札幌市の東に石狩川が流れ、一大畑作地域を形成している。山地はエゾマツなどの針葉樹林で覆われ、西は開発が進んだ渡島半島、北は北見山地や天塩山地の麓に原野が広がる。梅雨がなく夏は涼しいので観光客で賑わう。

　この地は、かつてアイヌ民族が住む蝦夷地とよばれ、近世期に松前藩との交易が始まった。1869（明治2）年、明治政府は開拓使を置き、北海道と改称した。屯田兵や内地からの移住者による農地開発が進み、渡島半島ではニシン漁が盛況で鰊御殿が残されている。第2次世界大戦後の開発で、根釧原野の大規模畜産農場、十勝平野の広い畑地と見事な防風林の景観、道東の海岸のコンブ乾燥風景や可憐なハマヒルガオの群落などを観察できる。2014（平成26）年の面積は国土の約5分の1を占めて全国1位、2012（平成24）年の人口は547万人で8位、人口密度は1km²あたり65人で最下位である。

◆旧国名：蝦夷　道花：ハマナス　道鳥：タンチョウ

温泉地の特色

　道内には2013（平成25）年3月現在、宿泊施設のある温泉地が254カ所あり、源泉総数は2,225カ所、42℃以上の高温泉が1,157カ所で多く、湧出量は毎分23万ℓで全国2位である。年間延べ宿泊客数は1,100万人であり、都道府県別では日本一である。温泉地別延べ宿泊客数では、層雲峡の148万人をはじめ、湯の川、登別、定山渓、阿寒湖、ウトロが50万人以上、泉川（ルスツ）、北湯沢、十勝川、洞爺湖が20万～50万人で全国の上位100位内にランクされている。国民保養温泉地はカルルス、北湯沢、ニセコ、

恵山、十勝岳、然別胡、芦別、雌阿寒、湯ノ岱、盃、貝取澗、幕別、ながぬま、豊富、洞爺・陽だまりの15カ所が指定されている。登別や多くの温泉地が火山地域と一体となっており、四季折々の大自然の景観、歴史、温泉、スキーなどを求めて来訪する客が、道内外を問わずに多数集まる。

主な温泉地

①層雲峡 （そううんきょう）

148万人、8位
硫黄泉

　道中央部、大雪山系北麓の石狩川上流の標高約600mに位置する山峡の観光温泉地である。近年、北海道で最多の年間延べ148万人もの宿泊客を受け入れており、全国温泉地の第8位にランクされている。源泉のほとんどが高温の硫黄泉であり、毎分2,000ℓを超える温泉が湧出する。明治時代の詩人で文芸評論家の大町桂月が大雪山登山の際にこの地を訪れ、アイヌ語で滝の多い沢を意味するソウウンベツという地名にちなんで層雲峡と名づけた。

　温泉は幕末の1857（安政4）年に発見され、大正時代中期に開発が進んで温泉街が形成された。温泉地名も以前の塩谷温泉から層雲峡温泉に変わった。1934（昭和9）年、大雪山、十勝岳、石狩山地を中心に層雲峡、天人峡などの景勝地が大雪山国立公園に指定され、宿泊拠点としての価値を高めた。石狩川が火山灰の固まった凝灰岩を浸食し、両岸の切り立った岩壁が24kmも連続する地形を形成しており、柱状節理の見事な景観を満喫できる。温泉街上流には高さ120mもの銀河の滝や流星の滝が並んでおり、双観台から間近にみることができる。岸壁には春はエゾムラサキツツジ、秋は紅葉が素晴らしく、原生林のエゾマツ、トドマツなどとともに景観美を構成し、上流には、柱状節理の大函、小函の景観が続き、観光客で賑わう。

　30軒を超える旅館を中心に温泉街が整備され、その一角に写真ミュージアムもあり、良好な温泉地環境を保っている。1月下旬から3月下旬まで層雲峡氷瀑祭りが行われ、断崖絶壁がライトアップされて幻想的な空間が出現する。7月末から8月中旬には峡谷火まつりがあり、アイヌの神秘的な古式舞踊なども行われる。温泉街から黒岳へはロープウェイが運行されており、高山植物が咲き乱れ、紅葉が見事な北海道最高峰の旭岳へのハ

イキング客も数多い。冬季には、大自然の真っ只中でスキーが楽しめる。さらに、勇駒別や天人峡の温泉地などへも足を延ばし、大雪山国立公園の大自然を満喫することができる。

交通：JR石北本線上川駅、バス35分

② **湯の川**（ゆのかわ）　102万人、11位
塩化物泉

　道南西部、北海道の玄関口である函館駅から北東方向へ7kmほど行くと、湯の川の温泉地が広がっている。この温泉地は、津軽海峡に注ぐ松倉川の西岸の湯の川と東岸の根崎に分かれていたが、後に地名が湯の川に統一された。湯の川の語源は、アイヌ語の「ゆぺつ（湯川）」からきているといわれる。湯の川には設備の整った大規模な温泉ホテルや旅館が集中し、60℃の高温の塩化物泉が毎分4,800ℓも湧出しており、年間延べ102万人の宿泊客を集めている。

　1453（享徳2）年に樵が温泉を発見したといわれ、腕を負傷してこの湯に浸けて癒した後に薬師如来を祀る湯倉神社を建てた。近世初期にその存在が知られ、北海道で最も古い温泉地という。1654（承応3）年に松前藩の嗣子が入湯して病気が全快したことから、その存在が広まった。明治の戊辰戦争では、旧幕府軍の榎本武揚が傷病兵の療養に利用した。その後、1885（明治18）年に石川勝助が高温の温泉源を掘り当て、温泉浴場を整備したことから湯の川発展の基礎が築かれた。旅館、料理屋、商店などが建ち並び、馬車鉄道を経て1913（大正2）年には電車が開通した。また、動物園、竜宮城などの遊園施設ができて、賑わったという。根崎は明治時代後半の1902（明治35）年に発見され、6年後に温泉宿が開設されて温泉街が形成された。

　函館市の一地区でもあるので、近くの北海道唯一の国指定名勝香雪園（見晴公園）、熱帯植物園や日本初の女子修道院のトラピスチヌ修道院、五稜郭の史跡などを訪ね、函館山から陸繋島の砂州の上に形成された市街地の夜景を楽しみ、函館漁港に水揚げされた鮮魚の市場で買い物をすることもできる。函館空港は車で5分の距離にある。長年の懸案であった北海道新幹線新函館駅（仮称）が2016（平成28）年3月に開業する予定であり、函館は湯の川を宿泊拠点とした観光都市の性格をいっそう強めている。8月第3土曜日に湯の川花火大会が開催される。

交通：JR函館本線函館駅、市電30分

③ 登別(のぼりべつ)　99万人、14位
　　　　塩化物泉、硫黄泉、鉄泉、硫酸塩泉

　道南西部、支笏洞爺国立公園の原生林に囲まれた倶多楽湖近くに、噴煙を上げる地獄谷の地熱地帯があり、ここで湧く温泉を500mほど引いて日本有数の観光温泉地が形成された。温泉資源に恵まれていて湧出量は毎分6,600ℓに及び、その90％は自然湧出である。泉質は塩化物泉、硫酸塩泉、鉄泉、硫黄泉など9種類の多種にわたり、年間延べ宿泊客数は99万人を数える。登別の語源はアイヌ語のヌプルベツ（白濁した川）であり、温泉街はクスリサンベツ川（薬湯の川）に沿って大規模なホテルや旅館を中心に土産品店、飲食店などの観光施設が建ち並んでいる。

　爆裂火口の土地は、1799（寛政11）年に江戸幕府が硫黄採取のために直轄地として利用していた。幕末の1857（安政4）年に幕府の蝦夷地開拓に際し、近江商人の岡田半兵衛が道路を開削、武蔵国本庄の滝本金蔵が湯守として入植し、温泉地経営が始まった。その契機は、金蔵の妻が皮膚病で困っていたときに、霊夢のお告げでこの温泉に来て湯治をし、全快したことにあった。翌年、金蔵は温泉宿を開業し、今日の登別最大の宿泊施設である第一滝本館の基礎を築いた。1915（大正4）年に鉄道馬車が開設され、その後の蒸気機関車を経て1925（大正14）年に電車が通じた。一方、1936（昭和11）年に北海道帝国大学医学部附属登別分院が設立され、1943（昭和18）年には傷痍軍人登別温泉療養所が設置されるなど、温泉療養の拠点としても知名度を上げた。

　第2次世界大戦後、自動車道が札幌をはじめ道南各地とも直結されて、登別を宿泊拠点とした観光開発が加速された。温泉地内の遊歩道に沿う一帯は原生林に覆われていて、荒々しい地熱地帯の自然景観とは対照的であり、秋の紅葉も素晴らしい。登別といえば、地獄の鬼が主役である。温泉地内には鬼祠念仏鬼、親子鬼、湯かけ鬼像や3体のシンボル鬼像（商売繁盛、恋愛成就、合格祈願）があり、JR登別駅前と登別東インター前では歓迎鬼が客を迎えてくれる。近くには、ヒグマの観光ショーで知られるクマ牧場や登別時代村などがあり、大湯沼、倶多楽湖、日和山への散策も容易である。このように、登別温泉は年間を通じて多くの観光客で賑わっているが、さらに、近くのアイヌ集落の白老ポロトコタンに足を延ばすこと

もできる。主な行事として、源泉湯かけ合戦（2月上旬）、鬼踊り大群舞（8月末）などがある。

交通：JR室蘭本線登別駅、バス10分

④定山渓（じょうざんけい）　84万人、17位
　　　　　　　　　　　塩化物泉

　道中央部、北海道庁のある札幌から豊平川を28kmほど遡ると、札幌の奥座敷とよばれる定山渓の大規模な観光温泉地がある。温泉街は渓谷の両岸に展開しており、渓谷美を求めて年間延べ84万人の宿泊客が来訪し、北海道ではトップクラスの地位にある。温泉は川床より60℃以上の塩化物泉が毎分6,000ℓ以上も湧き、温泉資源性は著しく高い。

　この温泉地は早くから知られており、鹿が温泉に浸かっていたことから鹿の湯といわれていた。幕末の1866（慶応2）年、越前の禅僧美泉定山が札幌に来てこの温泉の湯守となったので、1870（明治3）年に定山渓温泉の地名に変えられた。温泉場の整備が進んだのは、札幌を結ぶ函館本線白石駅から定山渓鉄道が開通した1918（大正7）年以後である。昭和前期には約50分で札幌と結ばれていて交通の便もよく、温泉旅館の規模も大きく、保養と慰安向きの温泉地として賑わった。

　2005（平成17）年、高層ホテルや旅館が林立する温泉街の一角の河川敷に、定山の生誕200年を記念して定山源泉公園が整備された。緑いっぱいの公園に定山像、長さ10mの足湯やひざ湯、高温の温泉でゆで卵をつくれる場所などが点在しており、浴後の散策に最適である。河岸には景勝地が続き、春の桜、秋の紅葉が彩りを添えるが、特に豊平峡は原生林に囲まれた深い断崖を形成しており、マツの樹林が優れた自然景観をつくりあげている。また、スキー場やパークゴルフ場もあり、体験型動物園、乗馬、カヌー、ラフティング、サクランボ果樹園、ワイナリーなども四季を通じて観光客を集めている。行事は渓流鯉のぼりが4月上旬から1カ月間行われる。

交通：JR函館本線札幌駅、バス約1時間

⑤阿寒湖（あかんこ）　73万人、22位
　　　　　　　　単純温泉、硫酸塩泉

　道東部、エゾマツ、トドマツなどの原生林に覆われた阿寒湖畔に形成された大規模観光温泉地である。現在、毎分5,000ℓの豊富な単純温泉と硫

酸塩泉が利用されている。年間延べ宿泊客数は73万人であるが、最盛期に比べて減少している。

　幕末の1858（安政5）年、松浦武四郎が踏査した際、すでにアイヌの先住民によって温泉が利用されていたという。1906（明治39）年に前田一歩園が、山林経営、温泉開発などの事業を進め、1912（明治45）年に最初の旅館が開業した。その後、道路や交通網が整備されて観光客が増え、1933（昭和8）年には年間延べ宿泊客数が2万人に達した。休火山の雄阿寒岳と活火山の雌阿寒岳に囲まれたカルデラ湖の阿寒湖には、特別天然記念物のマリモ（毬藻）が生育し、ヒメマス、ニジマスやワカサギが漁獲される。雄大な自然景観が素晴らしく、1934（昭和9）年に阿寒国立公園に指定された。阿寒湖は冬季にはほとんどが結氷するが、南岸のボッケ（アイヌ語で沸騰の意）から東岸のセセキモイにかけて凍結しない水域があり、これらは湯壷（湧壺）とよばれる。温泉街近くの遊歩道からは、阿寒湖畔に湧き出るこれらの源泉や、熱い泥と温泉が吹き出すボッケを観察できる。夏季に遊覧船でチュウルイ島に行くと、マリモ展示観察センターがあり、マリモを直にみることができる。また、阿寒湖畔エコミュージアムセンターでは常時、水槽内のマリモを展示している。

　湖畔の景勝に面して温泉ホテルや旅館が建ち並び、隣接して土産品店が密集しており、その中心に北海道最大のアイヌコタン（集落）がある。夜には松明行列が行われ、舞台では伝統的な民俗舞踏を披露しているので、先住民の子孫と観光客とが触れ合える場となっている。冬季には、結氷した湖上で花火が鑑賞できる「冬華美」が開催され、ワカサギ釣り、スケートやスキーが楽しめる。阿寒湖周辺には、阿寒湖から流れ出た阿寒川に沿って素朴な雄阿寒温泉があり、雌阿寒岳山麓にも1919（大正8）年に開かれた雌阿寒温泉があるので、これらの温泉地を訪ねるのもよい。主な行事は、まりも夏常灯（6月下旬〜8月末）、千本タイマツ（9〜10月）、イヨマンテ火祭り（9〜11月）、まりも祭り（1月末〜3月15日）などである。

交通：JR根室本線釧路駅、バス2時間

⑥ウトロ　54万人、39位
　　　　　塩化物泉
道東部、斜里町の知床半島西岸の中央部に位置する新興の温泉地である。

1971（昭和46）年に高台の一角でボーリングをして温泉が湧出した。泉質は塩化物泉であり、42℃以上の高温で毎分2,500ℓの豊富な温泉が得られ、民宿が誕生した。この地は知床国立公園の原始景観が残されており、海上からの半島の景観を楽しむことができ、ホエールウォッチングや冬にはオホーツク海の流氷観光船が就航する。知床観光の拠点として、港の近くに旅館、ホテルが開業し、年間延べ54万人もの宿泊客で賑わうようになった。高台のオホーツク海を一望できる場所に露天風呂の共同浴場が誕生し、観光客に喜ばれている。その近くに、夕陽台展望台や足湯も設置されている。また、ウトロ港の温泉街にはゴジラ岩とゴジラ手湯が設置されている。

交通：JR 釧網本線斜里駅、バス1時間

⑦ **泉川（ルスツ）** 36万人、64位
<small>いずみかわ</small> 塩化物泉

　道南西部、洞爺湖北部に位置する留寿都村に開発されたルスツリゾートは、2009（平成21）年にオープンした。温泉施設も整備されており、通年型の温泉リゾートとしての機能を有するとともに、リゾートホテルを中心にスキー場、ゴルフ場、遊園地が配置され、大自然の真っ只中でリゾート気分を満喫できる。温泉は塩化物泉であり、日帰り入浴のみの客にも開放されている。リゾートホテル周辺にはペンションやホテルなどの宿泊施設が増えている。

交通：JR 室蘭本線洞爺駅、バス1時間

⑧ **北湯沢** 32万人、77位
<small>きたゆざわ</small> 国民保養温泉地
単純温泉

　道南西部、洞爺湖の北東にある北湯沢は、1897（明治30）年に北海道庁の技師が発見し、4年後に温泉旅館を開業した温泉地である。1957（昭和32）年に厚生省（現環境省）の国民保養温泉地に指定され、静かな温泉地として利用されてきた。単純温泉の湧出量は毎分3,000ℓもあり、その後の温泉地の発展をもたらした。雄大な山岳景観に囲まれた環境にあり、温泉地を流れる長流川の河床は緑色凝灰岩の幅広い川床が「白絹の床」の見事な景勝地をつくり、北湯沢温泉の観光資源となっている。

　この閑静な保養温泉地は、1996（平成8）年に観光会社経営の大規模ホ

テルが進出したことで、宿泊客数は一気に5倍の24万人を数えることになった。バイキングを中心とした格安宿泊料金のもとに集客力を高めてきたので、現在の宿泊客は年間延べ32万人に達している。ホテルの敷地の一角に小型ヨットを浮かべた温泉ビーチもあって温泉浴を楽しむ日帰り客も増え、温泉地の性格が大きく変化した。一帯にはスキー場や温泉病院、温泉利用のリハビリセンターもあり、国民保養温泉地としての機能を果たしている。

交通：JR室蘭本線伊達紋別駅、バス40分

⑨**十勝川**（とかちがわ）　31万人、82位
　　　　　　　　単純温泉

　道中南部、十勝平野の中心都市である帯広市の東、音更町にある温泉地である。地下約500〜700mの植物が腐蝕した泥炭層（モール層）から琥珀色の単純温泉が湧出している。そのユニークさから北海道遺産に指定されているほどで、年間延べ31万人の宿泊客を集めている。温泉については、1874（明治7）年の『北海道地誌要領』にある「音更川湯、河東郡ニアリ、泉質未詳」が最も古い文献であり、生ぬるい湯が湧いて周辺は冬も凍らず、鳥獣の休息場になっており、アイヌの人々は薬の湯と伝えていた。1900（明治33）年に依馬嘉平がこの湯を利用したのが十勝川温泉の始まりといい、その後、前田友三郎が1913（大正2）年に手掘りで掘削して30℃以上の温泉を得て温泉旅館を開業し、1928（昭和3）年には雨宮駒平が機械ボーリングで42℃の有力な温泉を得た。こうして、温泉地名は下士幌温泉となり、雨宮温泉を経て昭和初期に十勝川温泉とよぶようになった。旅館が増え料理屋や土産品店もできて温泉街が形成された。

　現在、光と音のファンタジックショー「十勝川白鳥まつり」、アウトドア・インストラクターによる野遊び、川遊びの案内、5〜9月までの早朝にはバルーンで5分間ほど十勝平野の景観を楽しむこともできる。

交通：JR根室本線帯広駅、バス25分

⑩**洞爺湖**（とうやこ）　22万人、99位
　　　　　　　炭酸水素塩泉、塩化物泉、硫酸塩泉

　道南西部、支笏洞爺国立公園の洞爺湖南西岸にあり、背後に有珠岳と昭和新山の活火山が聳える観光温泉地である。温泉は1910（明治43）年に有珠山の側火山である四十三山（よそみやま）の噴火で湧出し、1917（大正6）年に湖畔

で温泉宿が開業して床丹温泉とよばれていた。泉質は炭酸水素塩泉、塩化物泉、硫酸塩泉などであるが、温度は40℃未満で温泉湧出量は毎分600ℓと温泉資源性は高くはない。湖には中島、観音島、弁天島などが浮かび、蝦夷富士の羊蹄山を眺望できる景勝地に温泉街が形成されている。

　昭和前期の1940（昭和15）年には、ホテルと旅館が10軒あり、自炊制度も併用されていた。案内書には保養、慰安、療養向きと記され、療養のための滝湯や紫外線浴もあった。湖上ではモーターボートの遊覧を楽しめ、近くにゴルフ場も開設されていた。第2次世界大戦後は、中山峠を経由して札幌と2時間で結ばれるルートが開け、観光化の波に合わせて大規模な宿泊施設が林立する一大温泉地となった。森林博物館がある中島を巡る遊覧船は国内最大級の双胴船である。湖畔を取り巻いて56基の彫刻が点在するアートギャラリーもある。洞爺湖観光の最大のイベントは、毎年4月末から10月末まで毎日450発の花火を打ち上げるロングラン花火大会であり、これは1982（昭和57）年以来30年の歴史を有する。また、11月から3月末までの夜間には、温泉街が12,000ものイルミネーションで飾られる。

　昭和新山は、1944（昭和19）年に溶岩ドームが盛り上がり、高さ398 mの山となった。郵便局長であった三松正夫は、ドームが刻々と成長する様を観察して貴重なダイアグラムを作成した。近くに100頭ものヒグマが飼育されている昭和新山熊牧場や世界各地から集めたガラスの館もある。1977（昭和52）年8月と2000（平成12）年には有珠山が大爆発し、温泉街の背後まで火砕流が押し寄せて大被害を受けた。現在、温泉街に接して火山活動と自然災害の実態を観察できるルートや火山科学館が整備され、ジオパークとして教育観光の振興に一役買っている。有珠山ロープウェイ山頂の展望台からは、洞爺湖、昭和新山を見下ろし、有珠山の噴火口を間近に観察できる。その他の行事として、伊達武者まつり（8月第1土曜日から1週間）がある。

交通：JR室蘭本線洞爺駅、バス15分

⑪**カルルス**　国民保養温泉地
　　　　　　　単純温泉

　道南部、登別温泉から8km、オロフレ山麓の原生林に囲まれた環境にあり、札幌から車で1時間半で到達できる。泉質は単純温泉であり、ここは湯治場としての特性を有しており、1957（昭和32）年に北湯沢ととも

に北海道で最初の国民保養温泉地に指定された。1886（明治19）年、室蘭郡役所の日野愛憙が測量で山に入った際に温泉を発見した。彼の養子が温泉を飲んで慢性胃カタルが治ったので温泉地開発に意欲を燃やし、室蘭の市田重太郎と共同で事業を起こした。幌別からの道路を開削し、1899（明治32）年にカルルス温泉が誕生した。その地名は、札幌病院で温泉分析をした結果、チェコの世界的に有名なカルルスバード（カルロヴィ・ヴァリ）温泉に似ていることから命名された。昭和初年、室蘭病院の板澤庄五郎院長が胃腸病や神経痛によいことを示した。

　第2次世界大戦後、開発者の曾孫が温泉を掘削し、50℃を超える毎分1,200ℓもの温泉を数軒の小規模旅館の内湯へ給湯した。閑静な環境にあるため、浴客のストレス解消に最適である。また、国民宿舎、国設スキー場が開設され、1986（昭和61）年には雇用促進事業団経営の全天候型テニスコート、ゲートボール場、多目的グラウンドや森林浴散歩コースが整備された。リフト、ジャンプ台、ナイター施設を完備したスキー場も開設され、日帰り客を加えて賑わう。近くに火口湖の橘湖、大自然を楽しめるオロフレ峠、登山や動植物の自然観察ができる来馬岳があり、豊かな滞在生活が送れる。3月第1日曜日にカルルス冬祭りが行われる。
交通：JR室蘭本線登別駅、バス登別温泉15分、乗り換えカルルス温泉20分

⑫洞爺・陽だまり　国民保養温泉地
塩化物泉、硫酸塩泉、単純塩泉

　道南西部、札幌から国道230号で留寿都を経由し、2時間ほどの洞爺湖北岸にある保養温泉地である。1997（平成9）年に国民保養温泉地に指定された。洞爺村では、1982（昭和57）年に村当局の温泉掘削が成功して温泉地開発が進んだ。地下1,000mを超える4本の温泉大深度掘削が成功し、44〜68℃の高温の塩化物泉と硫酸塩泉が毎分810ℓほど湧出した。適応症はリウマチ、高血圧症、神経痛、筋肉痛などで、洞爺温泉病院では温泉リハビリに利用している。8月の気温は26℃ほどで涼しく、秋は紅葉がきれいで、冬は洞爺湖が雪で囲まれる。

　洞爺村は、1887（明治20）年5月に香川県財田町の旧丸亀藩士三橋政之が、実弟や募集した22戸、76名を引率して開拓の足跡を記したのが始まりである。日帰り温泉施設の村営「洞爺いこいの家」も開業し、洞爺湖を見下ろす展望浴場が好評である。「洞爺ふれ愛センター」の温泉浴場は

デイサービスにも利用され、一般客でも温泉浴場と運動施設を利用できる。宿泊施設は民間ホテルがある。環境省自然公園関係直轄事業として、水辺の里、財田キャンプ場、ふれあいパーク、大原ホロヌップや少年自然の家3カ所には各18ホールのパークゴルフ場が新設された。カヌーが体験できる洞爺湖ガイドセンターや夢遊館もある。湖畔に沿って、浮見堂公園をはじめ園地が連続し、洞爺湖を取り巻く町村が一体となって配置した彫刻が、洞爺村には16基も点在する。洞爺村を有名にした「洞爺村国際彫刻ビエンナーレ」は1993（平成5）年に始まったが、現在は休止している。ソウベツ川には9月中旬から1カ月間、サクラマスの遡上がみられ、親水公園と遊歩道が整備されている。

交通：JR室蘭本線洞爺駅、バス35分

⑬ ニセコ温泉郷（昆布・湯本・新見・五色）

国民保養温泉地

塩化物泉、炭酸水素塩泉、硫黄泉、硫酸塩泉

道南西部、ニセコ温泉郷は羊蹄山の西方のニセコアンヌプリ山をはじめ、連山の山麓一帯が支笏洞爺国立公園とニセコ積丹小樽海岸国定公園に属し、風光明媚な景観と温泉資源に恵まれている。温泉地はニセコアンヌプリ、ニセコ五色、ニセコ昆布、ニセコ薬師、ニセコ湯の里、ニセコ湯本、ニセコ新見（秘湯）などが点在してニセコ温泉郷を構成し、1958（昭和33）年に国民保養温泉地に指定された。

明治期には温泉旅館があり、昭和前期にスキー場が開発され、夏はハイキング、冬はスキーの理想郷といわれた。各温泉地には数軒の宿泊施設があり、自噴の温泉湧出量が多くて塩化物泉、硫黄泉、炭酸水素塩泉などの泉質や自然環境など、それぞれに特色がある。豊富な温泉を利用した露天風呂は、各温泉地の観光価値を高めており、登山、ハイキング、スキーの客や保養滞在客の心身を癒している。源泉の大湯沼があるニセコ湯本温泉は、1996（平成8）年に環境省の「ふれあいやすらぎ温泉地」にも指定され、温泉沼を巡る遊歩道や自然展示館が整備された。大湯沼の湖面には、硫化水素が球状の泡となっており、珍しい。近年、オーストラリアからのスキーヤーが数多く訪れており、国際色が強まった。

交通：JR函館本線ニセコ駅、タクシー25分（湯本温泉）

⑭**恵山（恵山・恵山岬）** 国民保養温泉地
硫酸塩泉、塩化物泉

　道南西部、函館市に属し、亀田半島南端の津軽海峡を望む恵山に位置し、1965（昭和40）年に国民保養温泉地に指定された。恵山は活火山であり、温泉は40℃の高温の硫酸塩泉と塩化物泉が湧き、海岸の岩場と一体化した露天風呂は心身を癒してくれる。一帯は恵山道立自然公園に指定されており、エゾヤマツツジの群落が広がっている。恵山の山頂から有珠山、羊蹄山や青森県の下北半島を遠望できる。

交通：JR函館本線函館駅、バス1時間半

⑮**十勝岳（十勝岳・吹上）** 国民保養温泉地
酸性泉

　道中央部、大雪山国立公園に属し、標高1,200mの十勝岳の高原に十勝岳温泉がある。1967（昭和42）年に国民保養温泉地に指定された。近くに吹上温泉もあり、大自然の景観を楽しめる岩場に褐色の温泉に浸かれる露天風呂が設けられている。一帯はエゾマツ、トドマツの針葉樹林で覆われ、6～7月には高原に色とりどりの高山植物が咲き乱れる。秋には、紅葉が見事であり、冬には十勝岳温泉周辺がスキー場となり、雪質は東洋一ともいわれる。吹上温泉保養センターは、豊富な温泉を活かした健康増進、保養のための研修施設である。

交通：JR富良野線上富良野駅、バス50分

⑯**然別峡** 国民保養温泉地
塩化物泉、炭酸水素塩泉

　道中央部、大雪山国立公園の南東に位置し、標高1,836mのウペペサンケ山南麓の温泉地である。1971（昭和46）年に国民保養温泉地に指定された。大自然の真っ只中に約40～78℃の高温の温泉が30カ所以上の泉源から自噴しており、湧出量は毎分2,800ℓにもなる。この源泉地帯は半径約2kmに及び、地熱の温度は90℃にもなるという。「かんの温泉」の露天風呂は黄土色の温泉が溢れ、内湯は洞穴にあって透明な温泉を楽しめる。一帯はユーヤンベツ川、シーシカリベツ川の清流が「岩戸の滝」「洞門の滝」「夫婦の滝」をつくり、7月にはエゾイソツツジ、ガンコウラン、エゾシャクナゲなどをはじめ50種もの花が咲き乱れ、9月中旬から1カ月間は紅葉が美しい。

交通：JR 根室本線帯広駅、送迎 1 時間半

⑰芦別（あしべつ）　国民保養温泉地
炭酸水素塩泉、塩化物泉

　道中央部、旭川の南西に位置し、森林で覆われた自然環境のもとに「星の降る里」といわれる芦別市の温泉地がある。1973（昭和48）年に国民保養温泉地に指定され、保養と健康づくりの客を対象に、露天風呂、サウナのある大浴場「星遊館」が整備された。夏は花菖蒲園が彩りを添え、オートキャンプ場が開かれ、パークゴルフ、テニスなどが盛んになり、秋の紅葉シーズンを迎える。冬は銀世界となり、スキー、スノーボードの客で賑わう。

交通：JR 根室本線芦別駅、バス20分

⑱雌阿寒（めあかん）　国民保養温泉地
硫酸塩泉、塩化物泉

　道東部、この温泉地は阿寒国立公園内の南西、雌阿寒岳、阿寒富士などの西麓に位置し、アカエゾマツの純林で覆われている。1973（昭和48）年に国民保養温泉地に指定された。温泉は42℃を超える高温の硫酸塩泉、塩化物泉が毎分2,000ℓも湧き出ている。雌阿寒オンネトー（アイヌ語で老いた大きな沼）は火山性堰止湖であり、青く澄んだ水の色が変化するので「五色沼」ともよばれる。雌阿寒岳と阿寒富士が並んで湖面に映る神秘的な景色は、大自然の一大絶景であると称される。

　オンネトーから1.4kmほどの阿寒富士山麓に、43℃の温泉が30mの高さから2条の滝に分かれて流れ落ちる「湯の滝」がある。苔むした岩と温泉の流れが調和して美しいが、流れに沿って黒い酸化マンガンが堆積し、その生成を陸上で観察できる唯一のものとして国の特別天然記念物に指定されている。さらに、湖畔には国設キャンプ場が整備され、一帯は自然休養林や自然休養村にも指定されている。

交通：阿寒湖畔バス20分、雌阿寒登山口下車、オンネトー行きバス20分

⑲湯ノ岱（ゆのたい）　国民保養温泉地
炭酸水素塩泉

　道南西部、津軽海峡を挟んで津軽半島と対峙する渡島半島南端の温泉地である。1974（昭和49）年、国民保養温泉地に指定された。この温泉は炭酸水素塩泉が毎分1,200ℓも自噴しているが、宿泊施設は 1 軒のみであ

る。天ノ川の清流ではイワナやアユなどの釣りや山菜採り、秋の紅葉とナメコ、山葡萄の採取、冬はスキー場でのレジャーなど、四季を通じて楽しめ、湯量豊富な温泉で疲れを癒すことができる。

交通：JR 江差線湯ノ岱駅、10分

⑳ 盃（さかずき）　　国民保養温泉地
　　　　　　　　　塩化物泉

　道中西部、北海道入口の渡島半島に続く積丹半島には、日本海に突き出た雄大な海岸線が連続する。半島付け根の泊村はニシン漁で栄えた歴史を有する。盃温泉は泊村北端の海岸にあり、切り立った海食崖と高さ55 mの象徴的な弁天島が海岸線に変化を与えている。

　温泉は昭和初期に発見され、46℃、毎分280ℓの塩化物泉は、村当局が集中管理方式で村営国民宿舎と旅館に配湯している。温泉は慢性関節炎、リウマチや神経痛などによいといわれ、1975（昭和50）年に国民保養温泉地に指定された。1973（昭和48）年の延べ宿泊客数は15万人、日帰り客数は24万人を数えたが、近年でも宿泊客数は13万人を維持している。海を眺望できる高台の旅館が露天風呂を設置して以後は、日帰り客が増加した。温泉地内の海水浴場は、夏の格好のレクリエーション地である。遊歩道が整備されて弁天橋が架けられ、夜間照明のあるパークゴルフ場やテニス場、多目的広場がある。さらに、通年利用ができるアイスリンクがあり、スケート、カーリングのほかにトレーニング施設も整備された。その他、歴史的建造物を保存した「鰊（にしん）御殿とまり」や泊原子力発電所があり、PR センターの「とまりん館」や風力発電の風車が並ぶ泊ウインドヒルズなどもある。

交通：岩内バス停、バス40分

㉑ 貝取潤（かいとりま）　　国民保養温泉地
　　　　　　　　　炭酸水素塩泉

　道南西部、渡島半島西部の日本海に面した温泉地であり、50℃を超える高温の炭酸水素塩泉が毎分約500ℓほど湧出している。日本海の離島の奥尻島と相対し、日本海追分ソーランラインの観光の一翼を担っている。一帯は檜山道立自然公園に隣接し、荒海に削られた岩石海岸が続いており、磯釣りの適地である。

　温泉地は海岸線から400 mほど内陸の崖に沿って立地している。貝取潤

川上流に形成された渓谷遊歩道は、四季折々の散策に適している。1976（昭和51）年、国民保養温泉地に指定されており、拠点の国民宿舎にはガラス張りの屋内浴場とともに、屋外の黄土色の温泉で彩られた露天風呂があり、温泉好きにはたまらない。

交通：JR函館本線八雲駅、バス55分、熊石停留所より送迎バス、1時間半

㉒**幕別**（まくべつ）　国民保養温泉地
　　　　　　　　塩化物泉

　道中南部、十勝平野の中心都市の帯広に近い標高90mの台地上にあり、50℃に近い高温の塩化物泉が湧く温泉地である。1977（昭和52）年に国民保養温泉地に指定された。広大な平野は火山灰が堆積した洪積台地をなし、麦、ジャガイモなどの畑作地帯となっており、北に石狩山地、西に日高山脈が連なる景観を展望できる。温泉地にはパークゴルフ場、郷土資料館、散策路や家族連れで楽しめるガーデンパークがある。

交通：JR根室本線帯広駅、バス15分

㉓**ながぬま**　国民保養温泉地
　　　　　　　　塩化物泉

　道中西部、石狩平野の南端の台地にあり、温泉は50℃の高温の塩化物泉が湧き、湧出量は毎分1,900ℓに及ぶ。1988（昭和63）年、国民保養温泉地に指定された。札幌から車を利用すれば1時間で到達でき、高台から石狩平野の農村景観を展望するだけで心身が癒される。温泉地には、オートキャンプ場、パークゴルフ場などが整備されている。近くにはハイジ牧場をはじめ、多くの牧場があり、動物とふれあえる。冬季には長沼スキー場がオープンする。

交通：JR函館本線札幌駅、バス1時間半、JR千歳線北広島駅、バス30分

㉔**豊富**（とよとみ）　国民保養温泉地
　　　　　　　　塩化物泉

　道北部、宗谷本線に沿って北上すると、サロベツ原野が広がる中に日本最北端の温泉といわれる豊富温泉がある。大正時代末の油田開発に伴って温泉が湧出し、1927（昭和2）年に旅館が開業したユニークな温泉地である。塩化物泉の温泉が利用され、6軒の旅館に約6万人の宿泊客が来訪している。観光客が増加している利尻島、礼文島にも近いので、その宿泊客を誘致するなど新たな展開が期待されている。1992（平成4）年に国民保

養温泉地に指定され、アトピーなどの皮膚病の患者の滞在が増えており、豊富観光協会は大都市圏からの湯治ツアーを実施している。そのため、遠隔地からの湯治客が多く、これらの湯治客のための情報センターも兼ねる日帰り温泉施設「ふれあいセンター」があり、日帰り入浴客は9万人を数える。

交通：JR宗谷本線豊富駅、バス15分

㉕川湯　硫黄泉

　道東部、屈斜路湖に近い活火山の硫黄山麓にあり、阿寒国立公園の拠点である。温泉は硫黄泉であり、湧出量は毎分4,500ℓと豊富で温泉資源に恵まれている。温泉地は硫黄を採取するために入植した安田善次郎によって1886（明治19）年に開かれた。初夏になると、噴気地帯の近くでは白樺林と調和したシロエゾイソツツジの群落が広がり、観光資源性を高めている。20軒を超える旅館の年間宿泊客数は20万人に達する。

　屈斜路湖岸には碁石が浜のある仁伏温泉、砂湯や赤湯のある池ノ湯温泉、湖中の熱泉や噴気孔の多い和琴温泉などが点在している。川湯温泉への交通の拠点として弟子屈温泉や鐺別温泉があるので、川湯から多様な温泉地を巡ることができる。川湯は原田康子のベストセラー小説『挽歌』の舞台であり、後に映画化された。また、32回の優勝を誇る大横綱・大鵬の出身地であり、大鵬相撲記念館が設置されている。

交通：JR釧網本線川湯温泉駅、バス10分

㉖糠平　塩化物泉

　道中央部、大雪山系の音更川上流の糠平湖畔にあり、ニペソツ山、ウペペサンケ山を仰ぐ景勝の地に立地している。42℃以上の高温泉が毎分750ℓほど自噴し、温泉資源と景観に恵まれた山の温泉地として年間6万人の宿泊客が訪れる。行楽、登山やスキーの拠点として、宿泊施設は11軒あり、収容人数も1,000人に達する。

交通：JR根室本線帯広駅、バス1時間40分

㉗天人峡　硫酸塩泉、塩化物泉

　道中央部、大雪山国立公園に属し、旭岳南麓の忠別川上流の天人峡にあ

る温泉地である。高温の硫酸塩泉と塩化物泉が毎分400ℓほど自噴しており、3軒の宿があり宿泊客は5万人を超えている。峡谷に沿って歩くと北海道最大の羽衣ノ滝があり、さらに上流には敷島ノ滝が続いている。大雪山やトムラウシ山の登山基地として知られる。

交通：JR函館本線旭川駅、バス1時間

㉘温根湯（おんねゆ）　単純温泉

　道中央部、道東と旭川を結ぶ国道39号沿いの無加川河畔に立地している北見市（旧瑠辺蘂町）の温泉地である。1899（明治32）年、国沢嘉右衛門と大江與四蔵によって温泉旅館が開業したという歴史がある。その後、旅館の数も増えたが、現在では宿泊施設は4軒であり、収容人数は約2,000人で規模が大きい。高温の温泉が毎分1,200ℓも湧出しており、温泉資源性は高い。かつては歓楽的色彩もあったが、現在は1mものイトウが40匹もいる日本一の「山の水族館」が開業するなど多様な観光客を集めており、年間延べ宿泊客数は約16万人を数える道央東部の有力な観光温泉地となっている。

交通：JR石北本線留辺蘂駅、バス20分

㉙朝里川（あさりがわ）　塩化物泉、硫酸塩泉

　道南西部、1954（昭和29）年に小樽市南東郊外の朝里川沿岸で開発された新興温泉地である。小樽や札幌といった大都市に近く観光や行楽の客が多い。朝里川背後の台地一帯は、スキー場として知られ、ゴルフ場やテニスコートもある。温泉資源性は高くはないが、大都市隣接の行楽地として機能しており、年間延べ宿泊客数は13万人を数える。

交通：JR函館本線小樽駅、バス20分

執筆者 / 出典一覧

※参考参照文献は紙面の都合上割愛
しましたので各出典をご覧ください

Ⅰ 歴史の文化編

【遺　跡】　石神裕之　（京都芸術大学歴史遺産学科教授）『47都道府県・遺跡百科』(2018)

【国宝 / 重要文化財】　森本和男　（歴史家）『47都道府県・国宝 / 重要文化財百科』(2018)

【城　郭】　西ヶ谷恭弘　（日本城郭史学会代表）『47都道府県・城郭百科』(2022)

【戦国大名】　森岡　浩　（姓氏研究家）『47都道府県・戦国大名百科』(2023)

【名門 / 名家】　森岡　浩　（姓氏研究家）『47都道府県・名門 / 名家百科』(2020)

【博物館】　草刈清人　（ミュージアム・フリーター）・可児光生　（美濃加茂市民ミュージアム館長）・坂本　昇　（伊丹市昆虫館館長）・髙田浩二　（元海の中道海洋生態科学館館長）『47都道府県・博物館百科』(2022)

【名　字】　森岡　浩　（姓氏研究家）『47都道府県・名字百科』(2019)

Ⅱ 食の文化編

【米 / 雑穀】　井上　繁　（日本経済新聞社社友）『47都道府県・米 / 雑穀百科』(2017)

【こなもの】　成瀬宇平　（鎌倉女子大学名誉教授）『47都道府県・こなもの食文化百科』(2012)

【くだもの】　井上　繁　（日本経済新聞社社友）『47都道府県・くだもの百科』(2017)

【魚　食】　成瀬宇平　（鎌倉女子大学名誉教授）『47都道府県・魚食文化百科』(2011)

【肉　食】　成瀬宇平　（鎌倉女子大学名誉教授）・横山次郎　（日本農産工業株式会社）『47都道府県・肉食文化百科』(2015)

【地　鶏】　成瀬宇平　（鎌倉女子大学名誉教授）・横山次郎　（日本農産工業株式会社）『47都道府県・地鶏百科』(2014)

【汁　物】　野﨑洋光　（元「分とく山」総料理長）・成瀬宇平　（鎌倉女子大学名誉教授）『47都道府県・汁物百科』(2015)

【伝統調味料】　成瀬宇平　（鎌倉女子大学名誉教授）『47都道府県・伝統調味料百科』(2013)

【発　酵】　北本勝ひこ　（日本薬科大学特任教授）『47都道府県・発酵文化百科』(2021)

【和菓子 / 郷土菓子】　**亀井千歩子**　（日本地域文化研究所代表）『47都道府県・和菓子 / 郷土菓子百科』(2016)

【乾物 / 干物】　**星名桂治**　（日本かんぶつ協会シニアアドバイザー）『47都道府県・乾物 / 干物百科』(2017)

Ⅲ　営みの文化編

【伝統行事】　**神崎宣武**　（民俗学者）『47都道府県・伝統行事百科』(2012)

【寺社信仰】　**中山和久**　（人間総合科学大学人間科学部教授）『47都道府県・寺社信仰百科』(2017)

【伝統工芸】　**関根由子・指田京子・佐々木千雅子**　（和くらし・くらぶ）『47都道府県・伝統工芸百科』(2021)

【民　話】　**阿部敏夫**　（元北星学園大学文学部教授）/ 花部英雄・小堀光夫編『47都道府県・民話百科』(2019)

【妖怪伝承】　**遠藤忠保**　（北海道博物館アイヌ民族文化研究センター研究主査）/ 飯倉義之・香川雅信編、常光 徹・小松和彦監修『47都道府県・妖怪伝承百科』(2017)イラスト©東雲騎人

【高校野球】　**森岡 浩**　（姓氏研究家）『47都道府県・高校野球百科』(2021)

【やきもの】　**神崎宣武**　（民俗学者）『47都道府県・やきもの百科』(2021)

Ⅳ　風景の文化編

【地名由来】　**谷川彰英**　（筑波大学名誉教授）『47都道府県・地名由来百科』(2015)

【商店街】　**杉山伸一**　（大阪学院大学准教授）/ 正木久仁・杉山伸一編著『47都道府県・商店街百科』(2019)

【花風景】　**西田正憲**　（奈良県立大学名誉教授）『47都道府県・花風景百科』(2019)

【公園 / 庭園】　**西田正憲**　（奈良県立大学名誉教授）・**飛田範夫**　（庭園史研究家）・**井原 緑**　（奈良県立大学地域創造学部教授）・**黒田乃生**　（筑波大学芸術系教授）『47都道府県・公園 / 庭園百科』(2017)

【温　泉】　**山村順次**　（元城西国際大学観光学部教授）『47都道府県・温泉百科』(2015)

索　　引

47都道府県ご当地文化百科・北海道

令和 6 年 6 月 30 日　発　行

編　者　丸　善　出　版

発行者　池　田　和　博

発行所　丸善出版株式会社
〒101-0051 東京都千代田区神田神保町二丁目17番
編集：電話 (03) 3512-3264／FAX (03) 3512-3272
営業：電話 (03) 3512-3256／FAX (03) 3512-3270
https://www.maruzen-publishing.co.jp

組版印刷・富士美術印刷株式会社／製本・株式会社 松岳社

ISBN 978-4-621-30924-7　C 0525　　　　　　　Printed in Japan